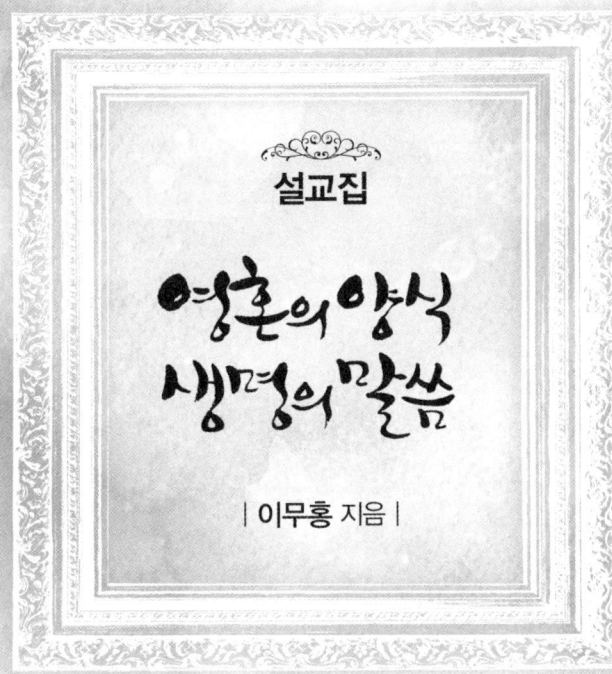

추천사

영혼을 밝히는 메시지

언행이 신중하고 한결같았던 50년 지기 이무홍 목사가 첫 설교집을 출간했다. 대기만성이라더니 과연 그렇다. 몇 갈래 특징들을 꼽아 본다.

첫째, 본문 중심의 주제 설교다.

설교 전편이 텍스트에서 벗어나지 않고, 도입과 전개, 그리고 대단원까지도 본문의 핵심 메시지를 선명하게 강조한다. 성경이 담고 있는 복음을 희석시키지 않는 순수 메시지다.

둘째, 확고한 정통신학의 바탕이다.

이무홍 목사는 오랫동안 신학교와 선교현장에서 조직신학을 강의해 온 목회자요 신학자다. 성경적 개혁신학의 토대 위에서 균형 잡힌 주제들을 다양하게 접근하고 있다. 그리스도 중심의 적용은 그가 현역 목회자이기 때문에 더욱 빛난다.

셋째, 투명한 메시지다.

본문 해석이 난해하거나 현란한 수사를 차용하지 않는다. 간결한 문체로써 교의신학에 바탕을 두고 있으면서 선언적이다. 그래서 그의 설교는 바울의 신학적 골격과 베드로의 우렁찬 나팔소리

와도 같은 투명한 진리 선포다.

　넷째, 생명에 접근하는 진정성이다.

　그의 설교는 언행일치의 삶으로 하는 설교이기에 생명력이 약동한다. 이 목사는 필자와 고교 시절 학생신앙운동을 함께 전개했던 멤버다. 그는 길이 아니면 기웃거리지 않았으며, 진리 아닌 것에 관심을 두지 않았다. 목양의 현장에서도 그는 바른 씨앗의 진솔한 파종자다.

　다섯째, 바른 복음, 바른 신앙의 길라잡이다.

　신앙사조가 혼미한 현대 상황 속에서 난감해 하는 현대인들에게 바른 방향을 제시한다. 다원화된 크리스천의 삶을 바르게 이끄는 길라잡이다. 그래서 그의 설교에는 진리사랑 영혼사랑이 짙게 묻어난다.

　설교 준비의 격무에 탈진한 오늘의 한국교회 설교자들에게 향기롭고 맑은 샘물을 선물한다.

2015년 12월 10일
〈월간 목회〉 발행인
박종구 목사

머리말

나의 진언을 드린다.

나는 이 책을 출판하여 보급하려고 한다.

이 책은 특히 영혼이 살아 있는 사람들에게 기쁜 마음으로 드리고 싶다. 이 책의 내용이 영혼의 양식인 생명의 말씀이기에 더욱 그러하다.

영혼이 산 사람은 성경을 하나님의 말씀으로 믿고 순종하며 좋아한다. 그들은 이 말씀을 모두 영혼의 양식 생명의 말씀으로 받을 수 있다. 이 책을 받은 사람은 영적으로 성장하여 장성한 분량에 이르기를 바란다.

또한 이 책을 받는 이들에게 씨앗을 한 알씩 드리고 싶다.

씨앗 속에 생명이 있다. 씨앗은 반드시 싹이 나고 줄기가 자라며 꽃이 피고 열매를 맺을 수 있다.

씨앗 속에 있는 생명은 그리스도다.

그리스도를 믿는 자들은 모두 이 생명을 소유한 사람이다.

그리스도인은 영혼이 산 자들이다.

그리스도와 함께 부활의 소망이 있다.

이 씨앗을 소유한 사람은 참으로 행복하다. 진정한 행복은 그리스도를 통하여 주어진다. 이 행복을 소유한 사람은 하나님 앞에서 구원의 은총을 누리며 그리스도 안에서 자유와 참 평안과 기쁨을 누릴 수 있고 안식한다. 이 사람은 하나님을 의존하므로 주신 은혜를 따라 자족함이 있다.

　자족이 있는 곳에 풍요로움과 강한 역사와 행복이 있다.

　이 책을 통해 영혼의 양식인 생명의 말씀으로 진정한 행복을 체험하시기를 바란다.

　그동안 신학교에서 강의할 수 있도록 협력해 주신 국제신학대학원대학교 이사장 나원 목사와 이 일에 협력한 모든 분들과 목회의 선후배들 그리고 태평제일교회 성도들에게 감사한다.

　이 책을 출판하는 데 협력해 준 신앙의 동지요 친구인 〈월간목회〉 박종구 목사에게 감사하며, 보수주의 신학을 위하여 한국선교 130주년을 기념하여 출판한 히브리어 헬라어 《원문·번역주석》 성경을 출판한 고영민 박사에게 축하드리며, 이 출판을 도와주신 쿰란출판사 대표 이형규 장로와 오완 과장 그리고 정연숙 자매에게 진심으로 감사를 드린다.

　특별히 나의 목회를 협력하며 도와주고 잘 따라준 아내에게 감사하며 함께 기쁨을 나누고 싶다.

2015년 12월 1일
대전유등천변 목양실에서
이무홍 목사

차례

- 추천사 … **2**
- 머리말 … **4**

1_ 질적, 양적 성장의 해(행 9:31) · **10**
2_ 예배를 드리는 일과 주일 성수(요 20:19-23) · **14**
3_ 하나님의 약속을 믿고 전진하자(시 119:89-92) · **18**
4_ 성경은 하나님 약속의 계시의 말씀(벧전 1:22-25) · **23**
5_ 기도에 항상 힘쓰며 깨어 있으라(골 4:2-6) · **27**

6_ 하나님과 동행한 사람(창 5:21-24) · **32**
7_ 그리스도인의 성숙한 흔적을 보이자(딤전 4:15-16; 요 15:4) · **37**
8_ 성도는 그리스도 안에서 한 몸의 지체(롬 12:3-5) · **42**
9_ 겸손과 지혜의 열정은 승리의 생활(잠 30:5-9) · **47**
10_ 하나님은 성도들을 어떻게 인도하시는가?(요 16:12-15) · **52**

11_ 기드온의 승리가 주는 교훈(삿 7:15-18) · **58**
12_ 성도의 영적인 생활(롬 8:5-9) · **64**
13_ 교회의 성장을 이루자(행 2:46-47) · **70**
14_ 복음 전파의 목적(행 14:14-15) · **74**
15_ 종려주일의 영적 의미(눅 19:37-40) · **79**

16_ 죽음에 대한 승리인 그리스도의 부활(고전 15:20-22) · **83**
17_ 하나님이 이루신 화해의 길(요 14:25-28) · **88**
18_ 어린이의 영혼에 대한 최대의 관심(마 18:1-5) · **93**
19_ 그리스도인의 효도(엡 6:1-3) · **98**
20_ 가족이 마땅히 행할 법도(골 3:18-21) · **106**

21_ 믿음이 있는 그리스도인의 가정(갈 6:6-10) · **114**
22_ 그리스도의 명령인 복음 전파(막 16:15-16) · **119**
23_ 죄인을 향한 사랑의 복음 전파(요일 3:13-16) · **124**
24_ 어떻게 복음을 전할 것인가?(딤후 4:1-2) · **129**
25_ 성도간의 아름다운 교제(고전 12:12-13) · **134**

26_ 하나님이 우리를 어떻게 구원하시는가?(롬 8:28-30) · **139**
27_ 수확하게 하심을 감사하자(출 23:16) · **145**
28_ 성도에게 허락하신 영생의 복(요 10:25-29) · **149**
29_ 성도의 경건한 생활(약 1:26-27) · **154**
30_ 용서의 생활(마 6:14-15) · **165**

31_ 자족한 생활에 나타난 능력(빌 4:10-13) · **170**
32_ 성도의 3대 생활 원리(마 16:21-24) · **175**
33_ 믿음의 진보인 성장을 이루자(히 5:11-14) · **180**
34_ 질그릇에 보배가 담긴 성도의 생활(고후 4:7-10) · **185**
35_ 신앙의 형식과 형식주의적 신앙(미 6:6-8) · **190**

36_ 성령에 의하여 깨닫는 지혜(고전 2:10-16) · **196**
37_ 우리가 실천할 사도의 사랑(고후 7:2-4) · **201**
38_ 진실한 그리스도인의 표적(창 6:9-10, 7:1) · **205**
39_ 은혜를 주신 그리스도의 풍성함(엡 3:7-13) · **209**
40_ 세상을 이기는 생활(요일 5:1-5) · **213**

41_ 충만한 심령 변화의 생활(마 17:1-8) · **217**
42_ 위선자가 되지 말라(마 7:1-5) · **221**
43_ 거짓 선지자들을 삼가라(마 7:15-23) · **226**
44_ 허비가 아닌 거룩한 소비(마 26:6-13) · **231**
45_ 하나님께 속한 공력 있는 자의 생활(고전 3:10-15) · **236**

46_ 감사로 하나님께 영광을 돌리자(시 145:1-10) · **241**
47_ 평안을 얻는 비결(마 11:28-30) · **246**
48_ 시험을 기쁘게 여기는 성도의 생활(약 1:12-18) · **250**
49_ 신앙생활에 실패한 교인(요일 2:15-17) · **255**
50_ 성도는 하나님의 형상을 가진 사람(딤전 2:4-6) · **259**

51_ 우리가 가야 할 소망인 본향(계 22:1-5) · **263**
52_ 성례의 의미를 바르게 알고 실천하자(고전 11:23-29) · **267**
53_ 큰 기쁨의 좋은 소식(눅 2:8-14) · **272**
54_ 진정한 성도의 성공적 생활(약 4:13-17) · **277**

■ **부록_** 사랑이 실천되는 교회 ··· **282**

01 질적, 양적 성장의 해

"그리하여 온 유대와 갈릴리와 사마리아 교회가 평안하여 든든히 서 가고 주를 경외함과 성령의 위로로 진행하여 수가 더 많아지니라"(행 9:31).

올 한 해 동안 온 성도들은 질적, 양적으로 성장하여 성숙한 생활을 해야겠습니다. 하나님이 기뻐하시는 온전한 교회를 이룹시다.

본문을 보면, "그리하여 온 유대와 갈릴리와 사마리아 교회가 평안하여 든든히 서 가고 주를 경외함과 성령의 위로로 진행하여 수가 더 많아지니라"고 하였습니다. 우리 교회는 초대교회들처럼 평안하여 든든히 서 가고, 주를 경외함과 성령의 위로로 진행하여 수가 더 많아지는 성장을 해야겠습니다.

질적, 양적으로 성장하려면 초대교회와 같은 교회가 되어야 합니다
초대교회는 하나님이 인정하시는 주님의 교회였습니다. 마태복음 16장 15-18절을 보면, 예수님께서 "너희는 나를 누구라 하느냐"

라고 물으셨습니다. 그때 시몬 베드로가 "주는 그리스도시요 살아 계신 하나님의 아들이시니이다"라고 대답하였습니다.

이 고백을 들으신 예수께서는 "바요나 시몬아 네가 복이 있도다 이를 네게 알게 한 이는 혈육이 아니요 하늘에 계신 내 아버지시니라"고 말씀하시며, "너는 베드로라 내가 이 반석 위에 내 교회를 세우리니 음부의 권세가 이기지 못하리라"고 하셨습니다.

우리 교회가 바로 이 신앙고백의 터 위에 세워진 주님의 교회임을 확신해야 합니다.

또한 에베소서 1장 23절에 "교회는 그의 몸"이라고 하였습니다. 에베소서 5장 23절을 보면 "그리스도께서 교회의 머리"임을 밝혀 주었습니다. 그리고 골로새서 1장 18절에서 예수님은 "몸인 교회의 머리시라"고 하였습니다.

이 교회의 모델은 "아시아에 있는 일곱 교회"(계 1:4)입니다. 우리 교회도 바로 이러한 주님의 교회가 되어야 하겠습니다. 그렇게 될 때 하나님의 성령이 임하여 역사하는 교회로 성장했다는 증거가 됩니다.

교회는 주님의 교회로서 평안하여 든든히 서 가야 합니다

교회는 사랑이 넘치며 평안해야 합니다. 주님께서는 성도들에게 사랑과 평안을 주셨습니다. 주신 이 은혜를 따라 성도들 간에 섬김과 사랑의 교제가 넘쳐야 합니다.

예수님은 우리의 구속을 위하여 죽으신 후 부활하시고 찾아오셔서 "평안하냐"(마 28:9)라고 인사하셨고, 제자들에게 나타나셔서 "너희에게 평강이 있을지어다"(눅 24:36)라고 하셨습니다.

주님은 그 몸의 지체 된 모든 성도들에게 성령을 통하여 평안을 주셨습니다. 진정한 주님의 교회에는 사랑과 평안이 있습니다. 그리고 그 사랑과 평안으로 든든하게 세워지며 질적, 양적 성장을 하게 됩니다.

교회는 주님의 교회로서 주를 경외함으로 성령의 위로로 진행하게 됩니다

시편 112편 1절에 "할렐루야, 여호와를 경외하며 그의 계명을 크게 즐거워하는 자는 복이 있도다"라고 하였습니다.

성도는 하나님을 경외하는 것이 마땅합니다. 우리 교회의 모든 성도들은 하나님만을 경외하는 복 있는 사람들입니다. 성령님께서 우리를 그렇게 하신 것입니다. 우리를 성령님께서 위로하시며 그리스도인의 생활을 진행하게 하십니다.

요한복음 14장 16-17절을 보면, "내가 아버지께 구하겠으니 그가 또 다른 보혜사를 너희에게 주사 영원토록 너희와 함께 있게 하리니 그는 진리의 영이라 세상은 능히 그를 받지 못하나니 이는 그를 보지도 못하고 알지도 못함이라 그러나 너희는 그를 아나니 그는 너희와 함께 거하심이요 또 너희 속에 계시겠음이라"고 하였습니다.

그리고 요한복음 16장 12-14절에서는 "내가 아직도 너희에게 이를 것이 많으나 지금은 너희가 감당하지 못하리라 그러나 진리의 성령이 오시면 그가 너희를 모든 진리 가운데로 인도하시리니 그가 스스로 말하지 않고 오직 들은 것을 말하며 장래 일을 너희에게 알리시리라 그가 내 영광을 나타내리니 내 것을 가지고 너희에게 알리시겠음이라"고 하였습니다.

성령님께서는 성도 된 우리와 동행하시고 함께하시며 생활을 진행하게 하십니다.

교회는 수가 더 많아지는 양적 성장을 이루어야 합니다

사도행전 1장 8절에 "오직 성령이 너희에게 임하시면 너희가 권능을 받고 예루살렘과 온 유대와 사마리아와 땅 끝까지 이르러 내 증인이 되리라"고 하였습니다.

또한 디모데후서 4장 1-5절에는 "하나님 앞과 살아 있는 자와 죽은 자를 심판하실 그리스도 예수 앞에서 그가 나타나실 것과 그의 나라를 두고 엄히 명하노니 너는 말씀을 전파하라 때를 얻든지 못 얻든지 항상 힘쓰라 범사에 오래 참음과 가르침으로 경책하며 경계하며 권하라 때가 이르리니 사람이 바른 교훈을 받지 아니하며 귀가 가려워서 자기의 사욕을 따를 스승을 많이 두고 또 그 귀를 진리에서 돌이켜 허탄한 이야기를 따르리라 그러나 너는 모든 일에 신중하여 고난을 받으며 전도자의 일을 하며 네 직무를 다하라"고 하였습니다.

우리는 전도하지 않으면 안 됩니다. 반드시 전도해야 합니다. 전도는 구원으로 인도하는 방법입니다. 전도는 주님께서 하신 최고의 명령입니다. 전도를 실천함으로 수가 더해지게 됩니다. 이 일을 실천하여 질적, 양적 성장을 이룹시다.

02 예배를 드리는 일과 주일 성수

"이날 곧 안식 후 첫날 저녁때에 제자들이 유대인들을 두려워하여 모인 곳의 문들을 닫았더니 예수께서 오사 가운데 서서 이르시되 너희에게 평강이 있을지어다 이 말씀을 하시고 손과 옆구리를 보이시니 제자들이 주를 보고 기뻐하더라 예수께서 또 이르시되 너희에게 평강이 있을지어다 아버지께서 나를 보내신 것같이 나도 너희를 보내노라 이 말씀을 하시고 그들을 향하사 숨을 내쉬며 이르시되 성령을 받으라 너희가 누구의 죄든지 사하면 사하여질 것이요 누구의 죄든지 그대로 두면 그대로 있으리라 하시니라"(요 20:19-23).

하나님께 드리는 예배는 하나님을 섬기는 성도들의 당연한 응답이며 교회의 가장 중심적인 행사입니다. 그러므로 성도들이 하나님께 예배드릴 때에는 인위적인 행사나 행위로 할 것이 아니라 하나님의 말씀에 따라서 행해야 합니다.

교단마다 헌법이 있고 그 헌법에는 모든 교회와 교회적 행사에 필요한 모범을 정하고 이를 시행하도록 하고 있습니다. 그중에서 예배와 주일 성수에 대하여 말씀한 바를 교훈으로 삼아 실천하기를 강권하고자 합니다.

주님의 날(주일)에 대하여 생각해 봅시다
주일의 역사와 그 의미를 알아서 주의 날 곧 주일을 잘 성수해야 할 것입니다.

1) 주일의 역사를 살펴봅시다.
① 하나님은 창조의 기념일, 구원의 기념일로서 안식일을 지키도록 하나님의 백성들에게 계명을 주셨습니다(출 20:11; 신 5:15).
② 예수 그리스도는 안식일의 주인으로 오셔서 대속의 죽으심과 부활로써 구원사역을 성취하셨습니다(마 12:8; 롬 4:25). 특히 주님은 한 주간이 시작되는 첫날에 부활하셨습니다(요 20:1).
③ 주님은 이날에 제자들이 모인 곳에 찾아오셨고(요 20:19, 26), 사도들은 이날에 하나님께 예배하였습니다(행 20:7; 계 1:10). 그러므로 주일은 초대교회 시대부터 거룩한 안식일로 지켜오고 있는 날입니다(고전 16:2).
④ 하나님은 그리스도의 부활 이전까지는 한 주간의 끝 날을 안식일로 명하셨고, 그 후부터 세상 끝 날까지는 한 주간의 첫날을 명하여 그리스도인의 안식일이 되게 하셨습니다(성경 소요리문답 제59문답).

2) 주일의 성경적 의미를 살펴봅시다.
① 주일은 성도의 안식일입니다. 그러나 주일은 단순히 쉬는 날이 아니라 하나님께 예배드리는 날입니다(눅 4:16; 고전 16:2). 예배를 드림으로 하나님께 영광을 돌리고 더욱 은혜를 받는 날입니다.

② 또한 이 세상에서의 안식일은 장래 일의 그림자입니다(골 2:16-17). 그리하여 안식일은 영원한 하늘나라에 가서 하나님과 교제하며 안식할 예표가 되는 것입니다(요 14:1-3).

주일은 거룩하게 지켜야 합니다

주의 날을 거룩하게 지키는 방법을 살펴봅시다.

첫째로 주일은 성도의 안식일이요, 주님을 위한 날입니다. 그러므로 하나님께 예배하는 데 힘써야 합니다. 따라서 부득이한 경우 외에는 사람이나 짐승이나 각종 기계까지라도 세상에 속한 일들을 중단해야 합니다(출 20:10).

둘째로 하나님은 시간과 공간을 초월해 계시는 영이십니다. 그러므로 성도는 언제 어디서든지 하나님께 예배드릴 수 있습니다. 그러나 주일에 교회당에서의 예배는 모든 예배의 기본이 됩니다.

셋째로 주일에 하나님께 예배드릴 때에는 다음과 같이 해야 합니다.

① 예배 준비

성도들은 이른 아침부터 예배드리는 데 거리끼는 생각과 말과 행동을 삼가야 합니다. 그리고 하나님의 말씀을 묵상하고, 특히 주일 예배를 인도할 목사를 위하여 기도하며, 그 예배 가운데서 하나님과 교통하는 특별한 은총을 받도록 준비해야 합니다.

② 예배 시간

특히 주일 예배 시간에는 예배와 성례 이외에 다른 예식을 해서는 안 됩니다. 그리고 어떤 개인을 기념, 축하, 위안, 치하하는 일을 행하지 말아야 합니다. 온전히 하나님께만 예배드려야 합니다.

그러므로 예배드릴 때에는 예배의 처음부터 끝까지 예배 순서에 따라서 엄숙하고 단정하며 경건한 자세를 가져야 합니다. 그리하여 신령과 진정으로 온몸과 마음을 하나님께 드려야 합니다.

③ 예배가 끝났을 때

성도는 주일의 공적 예배가 마친 후에도 음식을 사먹거나 모든 상업행위를 하지 말아야 하며, 연회나 세속적인 쾌락을 삼가야 합니다. 은혜 안에서 성장하기 위하여 기도, 찬송, 성경공부, 기타 신앙 서적을 읽어야 합니다. 또한 병자 위문, 가난한 자를 위한 구제, 불신자 전도로 하나님께 영광을 돌려야 합니다. 단 병자를 위문할 때 그에게 안수하는 것은 헌법에 의해 성직을 받은 자만이 할 수 있습니다.

우리 모든 성도들은 하나님이 기뻐하시는 예배를 바르게 드려야 하고, 주일을 거룩하게 지키며, 하나님의 뜻을 이루는 일에 최선을 다해야 합니다.

03 하나님의 약속을
믿고 전진하자

"여호와여 주의 말씀은 영원히 하늘에 굳게 섰사오며 주의 성실하심은 대대에 이르나이다 주께서 땅을 세우셨으므로 땅이 항상 있사오니 천지가 주의 규례들대로 오늘까지 있음은 만물이 주의 종이 된 까닭이니이다 주의 법이 나의 즐거움이 되지 아니하였더면 내가 내 고난 중에 멸망하였으리이다"(시 119:89-92).

세상에는 영원히 변하지 않고 지속될 만큼 견고하고 튼튼한 것은 아무것도 없습니다. 세상에 있는 것은 아무리 단단한 암석으로 세워진 건축물이라도 세월이 지나면 깎이고 허물어집니다.

그렇지만 영원히 변하지 않고 지속되는 견고한 것이 있습니다. 그것은 바로 하나님께서 성도 된 우리와 맺으신 약속입니다. 이 언약은 세상 마지막 날, 약속이 성취되는 그 순간까지 결코 변경되거나 폐기되지 않습니다.

처음 약속하신 그대로 완전하게 성취됩니다.

성도 된 우리는 이 견고한 하나님의 약속에 의지하여 구원을 얻게 된 것입니다. 하나님의 약속이 완전히 성취된 성도의 구원은 절대적이고 불변하며, 완전한 것입니다.

신구약 성경의 말씀은 하나님의 백성에게 약속하신 말씀입니다. 하나님의 약속은 견고하며 우리에게 큰 위로와 소망이 됩니다. 이 하나님의 약속을 믿고 전진합시다. 성도가 질적, 양적 성장을 하기 위해서는 하나님의 실존을 믿어야 합니다. 그럴 때 그분의 약속을 확신하고 전진할 수 있습니다.

하나님은 불변하십니다

"여호와의 계획은 영원히 서고 그의 생각은 대대에 이르리로다"(시 33:11).

1) 불변하신 하나님은 전지하십니다.

하나님이 전지하신 분이시기에 그분의 약속은 견고합니다.

하나님은 모든 것을 다 아십니다. 장래의 일도 아시고, 사람의 마음속 깊은 곳까지도 다 아십니다. 그러므로 구원할 자와 버릴 자를 창세 전에 다 예정하셨습니다. 이미 세상과 인간의 모든 장래를 아시는 분이 구원을 예정하시고, 인류의 역사를 결정하셨기에 한 치의 실수도 없이 진행되었습니다. 그러므로 하나님의 약속은 변하지 않고 견고합니다.

사람은 무지하고 어리석어서 상대방을 오해하고 잘못된 결정을 내리기도 합니다. 그러나 하나님은 전지하시기에 모든 것을 바르게 결정하시고, 또 그 결정대로 약속을 이루어 나가시는 것입니다. 이러한 하나님의 약속은 결코 변경될 수 없습니다.

2) 하나님은 불변하신 분으로 항상 동일하십니다.

사람은 때와 장소에 따라 쉽게 변하고 감정의 기복도 심합니다. 그래서 금방 약속한 것도 변경하고 취소합니다. 그렇지만 하나님은 어제나 오늘, 또 영원무궁토록 동일하십니다. 하나님은 약속을 마음대로 바꾸지 않으십니다. 만약 하나님이 사람처럼 감정대로 쉽게 변하시는 분이라면 우리가 어떻게 하나님을 믿고 구원을 확신할 수 있겠습니까?

그러나 하나님은 영원히 동일하신 분이시기에 그분의 약속은 반석과도 같이 견고합니다. 하나님은 변함이 없으시므로 그분의 약속을 믿고 살아갈 수 있습니다.

하나님은 영원하십니다

"주 하나님이 이르시되 나는 알파와 오메가라 이제도 있고 전에도 있었고 장차 올 자요 전능한 자라 하시더라"(계 1:8).

1) 영원한 하나님은 시작이 되십니다.

하나님은 태초부터 스스로 계셨습니다. 우주 만물이 생기기 전부터 하나님은 스스로 존재하셨습니다. 따라서 하나님은 만물의 지배를 받지도 않으시고 시간과 공간을 초월하는 영원한 분이시기에 그분의 언약은 견고하고 변함이 없습니다.

사실 사람은 시간과 공간의 제약 아래 있기에 환경의 제약을 많이 받으므로 상황이 바뀌면 약속을 지키지 못할 경우도 생깁니다. 그렇지만 태초부터 존재하시고 시공을 초월하시는 영원한 하나님께는 이런 제약이 전혀 없습니다. 그러기에 하나님의 언약은 견고합니다.

2) 영원한 하나님은 마지막도 되십니다.

하나님은 스스로를 가리켜 '오메가'라고 하셨습니다. 이 말은 곧 마지막이 되신다는 뜻이요, 세상 마지막 날 세상을 심판하시는 심판주가 되신다는 뜻이기도 합니다. 한번 생각해 봅시다. 자신이 약속을 지키지 않는 자가 다른 사람을 꾸짖고 책망할 수 있겠습니까? 그럴 수는 없습니다. 하나님은 심판주가 되시기에 철저하게 약속을 지키십니다. 또한 흠이 없으십니다.

하나님은 전능하십니다

"오직 우리 하나님은 하늘에 계셔서 원하시는 모든 것을 행하셨나이다" (시 115:3).

1) 전능하신 하나님이 만물을 다스리십니다.

하나님은 만물을 다스리시고 주관하시는 전능하신 분입니다. 우주 만물의 운행을 주관하시고, 질서를 세우실 정도로 능치 못함이 없으신 전능하신 분이십니다.

그러기에 하나님의 약속을 어기거나 변경하지 않으십니다.

시편 기자는 고백하기를, 하나님은 하늘에 계시는 전능하신 분이시기에 원하시는 모든 것을 다 행하셨고, 앞으로도 행하신다고 하였습니다.

중요한 일은 하나님의 능력 여부가 아니라 성도의 믿음 여부입니다. 전능하신 하나님의 능력을 붙잡고 의지해야 합니다.

2) 전능하신 하나님은 생사를 주관하십니다.

하나님은 인간의 삶과 죽음까지도 주관하십니다. 하나님은 구약에서 그리스도의 성육신과 공생애, 십자가의 죽음과 부활을 약속하셨습니다. 그리고 그 약속들은 신약에서 일점일획도 틀림없이 그대로 성취되었습니다. 심지어는 그리스도의 부활까지도 이루어졌습니다.

죽은 사람의 생명까지도 능히 살리시는 분이신데 하나님이 세상에서 하실 수 없는 일이 있겠습니까? 하나님은 성도와 맺은 언약을 반드시 이루십니다. 하나님의 견고한 언약은 반드시 이루어집니다. 우리가 믿는 하나님은 죽은 자도 능히 살리시는 분이십니다.

그러므로 성도 여러분, 유한하고 연약한 세상을 의지하지 마시기 바랍니다. 그리고 불변하시는 하나님, 영원하신 하나님, 전능하신 하나님께서 그리스도를 통해 우리와 맺으신 그 구원 언약만을 굳게 믿고 의지하시기 바랍니다. 세상 만물이 다 사라지고 변해도 이 견고한 구원 언약만은 결단코 소멸되지 않을 것입니다. 이처럼 소멸되지 않을 견고한 언약을 받은 우리 성도들은 참으로 복된 자들입니다.

04 성경은 하나님
약속의 계시의 말씀

"너희가 진리를 순종함으로 너희 영혼을 깨끗하게 하여 거짓이 없이 형제를 사랑하기에 이르렀으니 마음으로 뜨겁게 서로 사랑하라 너희가 거듭난 것은 썩어질 씨로 된 것이 아니요 썩지 아니할 씨로 된 것이니 살아 있고 항상 있는 하나님의 말씀으로 되었느니라 그러므로 모든 육체는 풀과 같고 그 모든 영광은 풀의 꽃과 같으니 풀은 마르고 꽃은 떨어지되 오직 주의 말씀은 세세토록 있도다 하였으니 너희에게 전한 복음이 곧 이 말씀이니라"(벧전 1:22-25).

성경은 하나님의 약속의 기록이며 그분의 뜻을 우리에게 알려주시려는 계시의 말씀입니다. 성경은 하나님의 권위가 있는 책입니다.

성경은 기독교의 유일한 경전입니다. 그래서 기독교라고 부르는 종교는 모두 성경이 하나님의 말씀이라고 하면서 심지어 이단까지도 성경을 이용하고 있습니다. 이러한 현실에서 우리는 성령의 도우심을 받아 성경을 바르게 이해하고 깨달아 이단을 구별하며 성공적인 그리스도인이 되어야 하겠습니다.

우리 교회 성도들은 '성경은 하나님 약속의 계시의 말씀'임을 확실히 알고, 믿음으로 그 약속의 말씀을 따라 순종하는 생활로 은혜와 복을 누리시기를 바랍니다.

성경은 하나님의 영감에 의해 기록된 하나님의 말씀입니다

디모데후서 3장 16절 말씀대로 "모든 성경은 하나님의 감동으로 된 것"입니다. 성경은 하나님의 영감에 의하여 기록된 하나님의 말씀입니다. 하나님의 영감을 받은 저자들에 의해서 기록된 책입니다.

성경은 인간적 지혜나 사상이나 철학의 산물이 아니라 하나님의 주권적 역사에 의하여 주어진 책입니다. 성경은 인간의 작품이 아니라 하나님이 직접 주시는 말씀이 기록된 책입니다.

성경은 구약 39권과 신약 27권인 66권으로 되어 있고, 40여 명의 기록자에 의하여 1,500-1,600여 년 동안 기록되었습니다. 오랜 세월 동안 기록된 메시아의 예언의 말씀이고 그 예언은 그대로 성취되었습니다. 성경을 기록한 이들이 40여 명이고 살았던 시대도 다르지만 한 주제인 메시아에 관한 말씀으로 통일되어 있습니다. 기록자들에게 하나님이 영감을 주셨기에 가능한 것입니다.

성경은 하나님 아버지께서 주신 계시의 책입니다. 그 주제는 성자 그리스도이시며, 깨우쳐 주시는 분은 보혜사 성령이십니다. 이렇듯 성경은 삼위일체 하나님의 계시의 말씀을 기록한 책입니다. 성경은 절대적인 하나님의 말씀으로 우리로 하여금 믿음과 순종을 요구하며, 그 요구에 응함으로 주신 은혜를 따라 살게 합니다.

성경은 인간을 향한 하나님의 특별계시의 말씀입니다

'계시'(revelation)라는 말은 '드러내다', '벗기다', '보여주다'라는 것으로 종교적으로 '묵시', '현시'라는 의미입니다. 하나님은 성경 말씀을 통하여 하나님 자신과 뜻을 계시하십니다. 선지자 이사야는 이사야 34장 16절에서 성경이 하나님의 말씀으로 된 여호와의 책이며 성령의 역사로 기록되었음을 증언합니다.

계시는 일반계시와 특별계시로 구분됩니다. 일반계시는 자연이나 역사, 그리고 양심에 나타난 하나님의 계시를 의미합니다. 특별계시는 성경에 나타난 하나님의 구속사적 계시를 의미합니다.

성경은 하나님의 특별계시입니다. 이 계시는 구속의 역사 속에서 우리를 구원하시는 일들로 나타납니다. 성경은 인간 편에서 이성으로 이해하려면 깨달아 알 수 없습니다. 오직 하나님의 계시에 의존할 때 성령을 통하여 알고 깨달을 수 있게 됩니다. 하나님의 말씀인 성경이 우리에게 무엇을 나타내 보여주시는가를 찾아보아야 합니다. 그러므로 먼저 기도하는 중에 성령의 인도를 받아야 합니다.

성경은 하나님의 말씀으로 자기 백성에게 주신 약속이 담겨 있는 책입니다

기독교는 언약의 종교입니다. 그래서 많은 성경학자들이 계약신학(covenant Theology)적 측면에서 성경을 연구하고 묵상합니다.

실제로 성경의 구속 역사는 하나님께서 죄악된 인간들과 구속언약을 맺으시고 그 언약을 성취시켜 나가시는 언약 성취의 역사입니다.

이런 하나님의 놀라우신 약속의 결과, 우리 죄인들은 구원을 받고 천국을 상속 받는 축복을 누리게 되었습니다.

하나님은 많은 약속을 하셨습니다. 하나님은 성도들에게 기도 응답을 약속해 주셨습니다. 정욕으로 구하지 아니하고 끝까지 인내하며 믿음으로 간구하면 응답하십니다.

또한 우리 성도의 모든 재물은 하나님이 주신 복의 결과입니다. 성도는 자신의 모든 재물이 하나님께로부터 왔으며, 자신의 건강도 하나님의 축복의 결과라는 사실을 잊어서는 안 됩니다. 그리고 하나님은 물질의 풍성함뿐만 아니라 존귀와 영광까지 약속해 주셨습니다.

하나님께서 성도에게 주신 약속들 중 가장 대표적인 것은 구원과 영생입니다. 사실 아무리 세상 재물이 많고 풍성해도, 또한 아무리 세상에서 존귀와 영광을 누린다 하더라도 영혼이 구원을 받지 못한다면 가장 비참한 결과를 얻게 될 것입니다. 하나님은 성도들에게 영생을 약속해 주셨으며, 이 영생은 세상 어떤 값진 보화보다 더 귀하고 소중합니다. 성도는 이러한 영생과 구원과 천국을 약속받았습니다. 아무리 세상이 아름답고 좋아도 세상 마지막 날에 임할 천국과는 감히 비교할 수 없습니다.

하나님의 말씀인 성경을 가감해서는 안 되며, 그 해석도 잘못되어서는 안 됩니다. 이 말씀의 어느 부분도 없애면 안 되며, 다른 사상을 그 말씀 위에 더해서도 절대로 안 됩니다. 오직 성경대로 믿고 그 말씀에 순종하면서 하나님의 약속을 따라 전진합시다.

05 기도에 항상 힘쓰며 깨어 있으라

• • •

"기도를 계속하고 기도에 감사함으로 깨어 있으라 또한 우리를 위하여 기도하되 하나님이 전도할 문을 우리에게 열어 주사 그리스도의 비밀을 말하게 하시기를 구하라 내가 이 일 때문에 매임을 당하였노라 그리하면 내가 마땅히 할 말로써 이 비밀을 나타내리라 외인에게 대해서는 지혜로 행하여 세월을 아끼라 너희 말을 항상 은혜 가운데서 소금으로 맛을 냄과 같이 하라 그리하면 각 사람에게 마땅히 대답할 것을 알리라" (골 4:2-6).

• • •

성도들이 질적, 양적으로 성장하려면 하나님의 약속의 말씀이 우리 생활에 적용되어야 합니다. 그런데 성령님의 역사가 없이는 아무것도 적용할 수 없습니다. 성령님의 도우심을 받는 방법은 기도밖에는 없습니다. 기도의 응답을 통하여 하나님의 말씀이 우리의 생활에 적용되어야 합니다.

기도는 계속해야 합니다

본문 2절에 "기도를 계속하고"라고 말씀합니다. 기도를 해야 응답을 받습니다. 기도는 우리가 반드시 해야 할 영적 호흡입니다. 응답을 받으려면 기도를 계속해야 합니다. 여기서 '항상'은 기도의 지속성과 연속성을 의미합니다.

데살로니가전서 5장 17절에 "쉬지 말고 기도하라"고 합니다. 기도는 포기하거나 중단해서는 안 된다는 것입니다. 쉬지 않고 계속하는 기도는 하나님의 뜻을 이루어 유익한 생활을 하게 됩니다.

기도생활을 하는 성도가 얻는 가장 유익하고 중요한 것은 항상 하나님 보좌로 나아갈 수 있다는 것입니다. 믿음으로 기도하면 하나님께 담대하게 나아갈 용기가 주어집니다.

하나님과 교제하는 성도는 항상, 어디서나, 어떤 일을 만나도 하나님께 담대하게 나아가 간구할 수 있게 됩니다. 그 기도의 응답을 통하여 계속 하나님의 도우심을 얻는 생활을 할 수 있습니다. 그러므로 항상 올바른 길로 인도함을 받게 됩니다.

기도에는 감사가 있어야 합니다

우리는 대개 '기도'라고 하면 간구만 생각하기 쉽습니다. 그렇지만 하나님께 간구하기 전에 감사하는 기도를 먼저 드려야 합니다. 그 이유는 하나님과의 영적 교제인 기도는 그분을 향한 본질적 요소이자 응답의 결과인 감사가 포함되어 있어야 하기 때문입니다.

기도를 드릴 때에는 감사하는 마음이 반드시 필요합니다. 빌립보서 4장 6절에 "아무것도 염려하지 말고 다만 모든 일에 기도와 간구로, 너희 구할 것을 감사함으로 하나님께 아뢰라"고 합니다. "기도를 계속하고 기도에 감사함으로 깨어 있으라"고 하였습니다. 기도는 감사함으로 깨어 있어야 응답이 가능합니다.

우리는 믿음으로 살아야 합니다. 신앙인은 '오직 하나님이 지시하시고 인도하시는 길'로 가야만 합니다. 거듭난 성도일지라도 성령의 인도하심과 도우심을 항상 얻어야 합니다. 우리는 기도를 통하여 약속하신 말씀을 성취할 수 있습니다.

기도생활은 감사함으로 깨어 있어야 합니다

기도로 하나님과의 관계가 계속 유지되어야 합니다. 하나님과의 관계 속에서 성도의 생활이 유지되어야 신앙인의 길을 갈 수 있습니다.

우리는 내일을 알지 못하는 유한한 존재입니다. 우리는 내일을 예측하지 못합니다. 주님께서 재림하실 때를 생각해 봅시다. 주께서 언제 오실지, 그 시와 때를 정확히 아는 사람은 한 명도 없습니다. 그러므로 우리는 늘 깨어 있어야 합니다. 육신은 잠을 자도 우리의 영혼은 늘 깨어 있어야 합니다.

주님께서 재림하실 때 우리가 깨어 있느냐의 여부에 따라 그 결과가 주어집니다. 우리의 영혼이 깨어 기도할 때 범사에 하나님의 뜻을 좇아 살아갈 수 있으며, 주님께서 오실 때 칭찬받을 수 있습니다.

이 세상을 사는 동안 우리에게 허락하신 소망을 바라보고 나아갈 때에 항상 깨어 있는 생활을 해야 합니다. 기도생활을 계속하면서 감사함으로 깨어 있어야 응답이 가능하고 하나님의 뜻을 이룰 수 있습니다.

기도는 우리를 위하여 해야 합니다

본문을 보면, "또한 우리를 위하여 기도하되 하나님이 전도할 문을 우리에게 열어 주사 그리스도의 비밀을 말하게 하시기를 구하라"고 하였습니다. 우리는 기도를 통하여 전도의 문을 열어 그리스도의 비밀을 알아서 우리의 생활에 적용하며 주님께서 하신 최고의 명령에 순종하여 증인의 사명을 다해야 하겠습니다.

기도생활로 외인에 대하여 지혜로 행하여 세월을 아껴야 합니다

본문에 "내가 이 일 때문에 매임을 당하였노라 그리하면 내가 마땅히 할 말로써 이 비밀을 나타내리라 외인에게 대해서는 지혜로 행하여 세월을 아끼라 너희 말을 항상 은혜 가운데서 소금으로 맛을 냄과 같이 하라 그리하면 각 사람에게 마땅히 대답할 것을 알리라"고 하였습니다.

우리는 외인에게는 지혜로 행하여 세월을 아끼는 생활을 해야 합니다. 외인은 '교회 밖에 있는 사람', 즉 불신자를 가리킵니다. 이들에게 지혜로 행하여 세월을 아껴야 합니다. 세월을 아끼라는 말씀은 '기회를 사서 자기 것으로 하라'는 의미입니다. 이는 시간과 기회를 포착하여 많은 영혼을 속량시키는 그리스도에게로 인도하라는 말씀입니다.

응답 받을 수 있는 기도를 드려야 합니다

성령 안에서 하나님의 뜻을 구하는 기도여야 합니다. 기도는 인간의 정성이나 열심만으로 되는 것이 아닙니다. 하나님 앞에서 기도하는 일은 최선을 다해야 합니다. 그러나 그 기도의 내용이 하나님의 뜻을 구하는 것이 아니라 자기 뜻을 관철시키고자 하는 경우가 되어서는 안 됩니다.

성령 안에서 드리는 기도는 먼저 주의 나라와 그 의를 구하게 합니다. 그리고 하나님의 뜻을 위해 때로는 자신의 생각마저 포기하게 합니다. 우리 안에 임하신 성령님은 우리의 기도를 도우시며 응답을 받게 하십니다. 오순절에 강림한 성령께서는 지금도 함께하시며, 오고 오는 모든 세대의 성도들의 마음속에 임하여 내주하셔서 그 영적 생활을 주관하며 인도해 주십니다.

성령의 인도하심을 따라 육신의 소욕을 버리는 기도를 드려야 합니다. 타락하고 부패한 인간의 마음은 육신의 정욕과 안목의 정욕과 이생의 자랑으로 가득합니다. 이런 상태에서 올바른 기도를 드리기는 불가능합니다. 야고보는 야고보서 4장 3절에서 "구하여도 받지 못함은 정욕으로 쓰려고 잘못 구하기 때문이라"고 했습니다.

성령 안에서 기도한다는 것은 성령의 인도에 따름으로써 우리 속에 있는 육신의 정욕을 억제하고 하나님의 뜻에 따라 기도한다는 것입니다.

여기서 주목해야 할 사항은, 육신의 정욕을 억제하고 나서 성령을 따르는 것이 아니라, 성령의 인도에 온전히 자신을 복종시킬 때 육신의 정욕을 물리칠 수 있다는 것입니다.

성령은 우리의 연약함을 잘 아십니다. 그러므로 그분께 간절하고 순수한 마음으로 맡기기만 하면 우리의 죄악된 생각과 습성을 제하고 성결하고 깨끗하게 하실 것입니다.

06 하나님과
동행한 사람

• • •

"에녹은 육십오 세에 므두셀라를 낳았고 므두셀라를 낳은 후 삼백 년을 하나님과 동행하며 자녀들을 낳았으며 그는 삼백육십오 세를 살았더라 에녹이 하나님과 동행하더니 하나님이 그를 데려가시므로 세상에 있지 아니하였더라"(창 5:21-24).

• • •

기도에 항상 힘쓰며 깨어 있는 생활을 하는 온 성도들은 하나님과 동행하는 사람이 되어야 합니다.

성경에서 하나님과 동행하며 사는 모범을 보여준 사람으로 에녹을 들 수 있습니다. 에녹은 므두셀라를 낳은 후 300년을 하나님과 동행하며 살았던 사람입니다. 에녹은 이렇게 동행하다가 하나님이 데리고 가시므로 세상에 있지 않게 되었습니다.

에녹은 하나님이 인정하시는 행복한 사람입니다.

히브리서 11장 5절을 보면, "믿음으로 에녹은 죽음을 보지 않고 옮겨졌으니 하나님이 그를 옮기심으로 다시 보이지 아니하였느니라 그는 옮겨지기 전에 하나님을 기쁘시게 하는 자라 하는 증거를 받았느니라"고 하였습니다.

에녹은 승천하기 전에 하나님을 기쁘시게 하는 자로 인정을 받았습니다.

하나님께서는 우리에게 성령을 보내주셔서 성령으로 말미암아 살게 하십니다.

하나님을 기쁘시게 하는 자는 반드시 믿음이 있어야 합니다

에녹은 반드시 하나님이 존재하신 것을 믿었습니다. 그리고 하나님은 자기를 찾는 자들에게 상 주심을 믿었습니다.

히브리서 11장 6절 말씀에 "믿음이 없이는 하나님을 기쁘시게 하지 못하나니 하나님께 나아가는 자는 반드시 그가 계신 것과 또한 그가 자기를 찾는 자들에게 상 주시는 이심을 믿어야 할지니라"고 하였습니다.

믿음은 하나님의 구원계획인 예정 가운데 선택을 받은 백성들에게 주신 선물입니다.

이 믿음을 주신 목적은 구원을 얻게 하는 데 있음을 알 수 있습니다.

에베소서 2장 8절에 "너희는 그 은혜에 의하여 믿음으로 말미암아 구원을 받았으니 이것은 너희에게서 난 것이 아니요 하나님의 선물이라"고 하였습니다.

이 믿음이 있어야 구원을 얻을 수 있고, 구원을 얻어야 하나님을 기쁘시게 할 수 있습니다.

하나님이 주신 믿음이 있어야 합니다. 성령께서 믿음을 주셔서 그 믿음으로 살게 하십니다. 그러므로 믿음이 없이는 아무것도 할 수 없습니다.

믿음이 있는 자는 하나님과 함께 걷는 생활을 합니다

하나님과 동행하는 삶은 변함없는 믿음의 생활입니다. 에녹은 300년이라는 세월 동안 하나님과 동행했습니다. 하나님은 순결한 영이십니다. 볼 수 없는 분이시지만 그분과 동행한 것입니다.

이 동행은 '하나님과 함께 걷다'라는 의미입니다. 에녹은 함께 걷는 것과 같이 하나님과 함께 있었고 함께 살았습니다. 하나님이 동행하신 삶의 흔적이 에녹에게 있었습니다. 우리도 이 흔적을 가져야 합니다.

에녹은 하나님을 믿는 믿음으로 변함없이 하나님과 같이 살았습니다. 하나님께서는 우리 안에 내재하시는 성령을 따라 그 인도하심을 받아 살게 하십니다.

에녹이 하나님과 동행했다는 것은 '하나님의 뜻을 좇는 올바른 삶'인 경건한 생활을 했음을 보여줍니다

본문의 '동행하다'(קָלַךְ, 하라크)의 원래 뜻은 '걷다'이지만 종종 '뜻을 좇다', '삶을 살다'의 뜻으로 사용되었습니다.

이 말씀은 에녹이 '하나님의 뜻을 좇아 올바른 삶을 살았다'는 의미입니다.

에녹이 살던 그 당시에 가인의 후예들은 매우 포악하고 범죄를 많이 저질렀습니다. 이러한 죄악이 창궐한 시대에 하나님과 함께한다는 것은 대단히 어려운 일이었습니다.

이러한 어려움 중에 에녹은 '하나님의 뜻을 추구하며 그분의 형상을 닮으려는 노력'을 했습니다. 에녹은 하나님 앞에서 지속적인 순종으로 경건의 삶을 살았습니다.

에녹은 평범한 사람이었습니다. 가정적인 사람이었습니다. 따라서 그에게도 역시 다른 사람들이 겪는 많은 문제들이 있었을 것입니다. 가정 내에서도 여러 갈등이 있었을 것으로 충분히 상상해 볼 수 있습니다. 그러나 그는 믿음으로 확신 있게 그것들에 대처해 나갔습니다. 왜냐하면 하나님이 그의 동반자였기 때문입니다.

에녹은 하나님이 동행하심을 인정한 것입니다. 그의 생활은 착실하게 믿음을 따르는 것이었습니다.

동행하는 삶이란 생각과 말과 행동에 있어서 하나님만을 기쁘시게 하는 삶이며, 자신의 욕망이나 의지보다 하나님의 뜻을 받들며 오직 그 일에만 깊은 관심을 갖는 경건의 삶입니다. 에녹은 이러한 생활을 실천하면서 산 경건한 사람이었습니다.

에녹은 사악한 당대 사람의 죄를 책망하며 하나님의 뜻을 전파한 인물입니다

유다서 1장 14-15절을 보면, "아담의 칠대 손 에녹이 이 사람들에 대하여도 예언하여 이르되 보라 주께서 그 수만의 거룩한 자와 함께 임하셨나니 이는 뭇 사람을 심판하사 모든 경건하지 않은 자가 경건하지 않게 행한 모든 경건하지 않은 일과 또 경건하지 않은 죄인들이 주를 거슬러 한 모든 완악한 말로 말미암아 그들을 정죄하려 하심이라"고 하였습니다.

동행하는 삶은 적극적으로는 뜨거운 마음으로 하나님의 말씀을 전파하며 죄에 대하여 꾸짖는 생활입니다. 에녹은 이러한 말씀 전파의 삶으로 하나님을 기쁘시게 하였던 것입니다.

우리 모두 에녹과 같이 뜨거운 마음으로 꾸준하게 말씀을 전하는 선지자적 사명을 완수합시다.

에녹은 하나님과 동행한 결과로 죽음을 보지 않고 승천하게 된 것입니다

본문 24절에 "에녹이 하나님과 동행하더니 하나님이 그를 데려가시므로 세상에 있지 아니하였더라"고 하였습니다.

인간은 불멸의 존재입니다. 이 세상에서만 존재하는 것이 아니라 영원히 존재할 인간인 것입니다.

에베니저 엘리엇(Ebenezer Elliott)이라는 사람은 죽음에 대하여 "땅 속에 묻히는 것은 결코 잃어버려지는 것이 아니라 돌아가는 것이다"라고 했습니다.

사람은 죽음으로 육체는 흙에 묻히지만 그곳에서 없어지지 않습니다. 믿음으로 사는 성도들은 다시 사는 역사로 부활하는 은혜를 입게 됩니다. 그리고 영원한 하나님의 나라가 완성되며 나타날 것입니다. 하나님과 동행한 우리는 영생복락을 누리게 될 것입니다.

07 그리스도인의
성숙한 흔적을 보이자

"이 모든 일에 전심전력하여 너의 성숙함을 모든 사람에게 나타나게 하라 네가 네 자신과 가르침을 살펴 이 일을 계속하라 이것을 행함으로 네 자신과 네게 듣는 자를 구원하리라"(딤전 4:15-16).
"내 안에 거하라 나도 너희 안에 거하리라 가지가 포도나무에 붙어 있지 아니하면 스스로 열매를 맺을 수 없음같이 너희도 내 안에 있지 아니하면 그러하리라"(요 15:4).

그리스도인은 믿음과 영육 간의 진보를 보여야 합니다. 그리고 열매를 맺어야 합니다. 성숙한 흔적은 사람에게 보이기 위함이 아닙니다. 하나님이 진실로 원하시는 진보가 나타나야 합니다.

온 성도들은 하나님 앞에서 성숙한 믿음과 영육 간의 진보를 보이며 성령님이 함께하시는 열매를 맺어야 하겠습니다.

본문 디모데전서 4장 15절을 보면, "이 모든 일에 전심전력하여 너의 성숙함을 모든 사람에게 나타나게 하라"고 하였습니다.

사도 바울은 디모데가 '그리스도 예수의 선한 일꾼'이 되도록 모든 일에 전심전력을 다했습니다. 그것이 곧 우리에게 한 일이었습니다.

바울은 그의 가르침으로 깨우치는 일에 힘썼고, 경건에 이르도록 스스로 훈련하였습니다. 그리고 친히 본을 보였고, 참과 거짓을 분별하며 영적 분별력을 가졌고, 모든 사람에게 관대한 마음을 가졌습니다.

모든 일에 전심전력한 바울은 "너의 성숙함을 모든 사람에게 나타나게 하라"고 권면하였습니다. 성도 된 우리는 성숙함의 흔적으로 믿음과 영육 간의 진보를 보여야 합니다.

성숙한 믿음의 흔적이 성도들의 생활에 나타나야 합니다

히브리서 11장 1절에 "믿음은 바라는 것들의 실상이요 보이지 않는 것들의 증거"라고 합니다. 이 믿음은 하나님이 주신 믿음이요, 성도들에게 반드시 있어야 할 것이며, 이 믿음으로 성도는 생활을 하게 됩니다.

히브리서 11장 6절에 "믿음이 없이는 하나님을 기쁘시게 하지 못하나니"라고 하였습니다. 성도는 하나님을 기쁘시게 하는 삶을 살아야 합니다. 하나님의 뜻을 이루어 가는 성도들은 말씀에 순종해야 합니다.

그런데 누가복음 18장 8절에서 예수님은 "인자가 올 때에 세상에서 믿음을 보겠느냐"라고 한탄하셨습니다. 세상의 종말에는 믿음이 있는 자들이 적을 것을 말씀하고 있습니다.

하나님과 동행하는 자들은 믿음이 있는 자들입니다. 에녹과 같은 사람은 믿음을 보여줄 수 있는 모범적인 사람입니다. 이러한 사람은 자기를 쳐서 하나님께 순복할 수 있는 사람입니다.

이 사람은 먼저 줄 수 있으며, 다른 사람을 섬길 수 있고, 낮아지는 겸손한 사람입니다. 믿음이 있는 자이기에 생활에 증거가 나타납니다. 믿음이 있는 자는 성령의 도우심을 받아 하나님의 기뻐하시고 온전하시며 선하신 뜻을 이루게 됩니다.

성도는 성숙한 믿음의 흔적을 가지고 신령한 생활을 합니다.

아브라함은 믿음의 사람으로 순종하여 믿음의 조상이 되었습니다.

"믿음으로 노아는 아직 보이지 않는 일에 경고하심을 받아 경외함으로 방주를 준비하여 그 집을 구원하였으니 이로 말미암아 세상을 정죄하고 믿음을 따르는 의의 상속자가 되었느니라 믿음으로 아브라함은 부르심을 받았을 때에 순종하여 장래의 유업으로 받을 땅에 나아갈새 갈 바를 알지 못하고 나아갔으며 믿음으로 그가 이방의 땅에 있는 것같이 약속의 땅에 거류하여 동일한 약속을 유업으로 함께 받은 이삭 및 야곱과 더불어 장막에 거하였으니 이는 그가 하나님이 계획하시고 지으실 터가 있는 성을 바랐음이라 믿음으로 사라 자신도 나이가 많아 단산하였으나 잉태할 수 있는 힘을 얻었으니 이는 약속하신 이를 미쁘신 줄 알았음이라 이러므로 죽은 자와 같은 한 사람으로 말미암아 하늘의 허다한 별과 또 해변의 무수한 모래와 같이 많은 후손이 생육하였느니라"(히 11:7-12).

성숙한 흔적으로 진보가 있어야 합니다

씨앗은 싹이 나면 잎이 나고 줄기가 나오며, 꽃이 피고 열매를 맺게 됩니다. 영적인 일도 마찬가지입니다. 거듭난 사람은 믿음이 있게 됩니다. 사람이 태어나서 어린아이가 되었다가 성장하면 어른

이 됩니다. 마찬가지로 성도들은 장성한 분량에 이르는 성숙한 자가 됩니다.

정상적인 그리스도인은 반드시 자라게 되어 있습니다. 진보하지 않는 것은 죽은 것과 마찬가지입니다. 만일 살았다고 하지만 자라지 않는다면, 그는 난쟁이나 앉은뱅이와 같은 병든 자일 것입니다.

사도 바울은 에베소서 4장 15절에서 "범사에 그에게까지 자랄지라"고 했습니다. 베드로는 베드로후서 3장 18절에서 "우리 주 곧 구주 예수 그리스도의 은혜와 그를 아는 지식에서 자라가라"고 부탁했습니다.

성도는 주님의 은혜와 주님을 아는 지식에서 자라게 됩니다. 그러므로 복음에 대한 바른 이해를 하며 복음으로 살게 됩니다.

성도는 믿음의 생활에서 성화를 통하여 진보를 보입니다. 디모데는 진보를 모든 사람에게 나타낸 사람입니다. 그리하여 그는 많은 사람을 주님께로 인도하였습니다. 이러한 모습이 모범적인 성도의 모습입니다.

디모데전서 4장 16절에 "네가 네 자신과 가르침을 살펴 이 일을 계속하라 이것을 행함으로 네 자신과 네게 듣는 자를 구원하리라"고 하였습니다. 디모데는 이 말씀을 이룬 사람이며, 우리도 그러한 사람이 되어야 합니다.

성숙한 흔적으로 열매가 맺어져야 합니다

예수님은 "나는 포도나무요 너희는 가지라 그가 내 안에, 내가 그 안에 거하면 사람이 열매를 많이 맺나니 나를 떠나서는 너희가 아무것도 할 수 없음이라"(요 15:5)고 하셨습니다. 그리스도인은 누구나 마땅히 열매가 있어야 합니다. 그리고 그 열매는 좋은 열매여야 합니다.

마태복음 3장 10절에 "이미 도끼가 나무 뿌리에 놓였으니 좋은 열매를 맺지 아니하는 나무마다 찍혀 불에 던져지리라"고 하였습니다.

에베소서 5장 9절에는 "빛의 열매는 모든 착함과 의로움과 진실함에 있느니라"고 하였으며, 갈라디아서 5장 22-23절에서는 "오직 성령의 열매는 사랑과 희락과 화평과 오래 참음과 자비와 양선과 충성과 온유와 절제니 이같은 것을 금지할 법이 없느니라"고 하였습니다.

좋은 열매는 빛의 열매입니다. 또한 성도에게 임한 성령을 통해 성숙한 자에게 충만함이 주어집니다. 그리고 성령님의 지배와 인도함을 받아 성령의 열매를 맺을 수 있습니다.

요한복음 15장 4절에 "내 안에 거하라 나도 너희 안에 거하리라 가지가 포도나무에 붙어 있지 아니하면 스스로 열매를 맺을 수 없음같이 너희도 내 안에 있지 아니하면 그러하리라"고 하였습니다.

우리는 그리스도 안에 거함으로 좋은 열매를 맺을 수 있습니다.

08 성도는 그리스도 안에서 한 몸의 지체

● ● ●

"내게 주신 은혜로 말미암아 너희 각 사람에게 말하노니 마땅히 생각할 그 이상의 생각을 품지 말고 오직 하나님께서 각 사람에게 나누어 주신 믿음의 분량대로 지혜롭게 생각하라 우리가 한 몸에 많은 지체를 가졌으나 모든 지체가 같은 기능을 가진 것이 아니니 이와 같이 우리 많은 사람이 그리스도 안에서 한 몸이 되어 서로 지체가 되었느니라"(롬 12:3-5).

● ● ●

성도 된 우리의 몸은 그리스도께서 그의 피로 사신 것이기에 하나님의 것입니다. 성도들이 드리는 예배는 억지나 형식적인 것이 아니라 진정한 감사의 마음으로 드려야 합니다. 이것이 하나님이 기뻐하시는 참된 예배입니다.

성도는 각자 받은 은혜를 지혜롭게 생각하여, 그 받은 은혜가 자기 자신을 위한 것이 아니므로 그 몸으로 하나님의 교회를 위해 봉사해야 합니다. 성도는 하나님의 택하심을 받아 부름을 받은 교회의 일원이요, 하나님 나라의 백성이 된 자입니다.

성도의 모임이 교회요, 교회의 모임이 노회이며, 노회의 모임이 총회입니다. 노회나 총회는 모두 교회입니다. 성도를 살피기 위하여 교회가 필요하고, 교회를 살피기 위하여 노회가 있어야 하며, 노회를 살피기 위하여 총회가 존재해야 합니다. 그러므로 교회나 노회나 총회가 필요합니다. 이 모두 그리스도의 몸으로 같은 것입니다. 모두 주님을 위하여 필요한 것입니다.

교회의 머리는 그리스도이십니다

골로새서 1장 18절을 보면, "그는 몸인 교회의 머리시라 그가 근본이시요 죽은 자들 가운데서 먼저 나신 이시니 이는 친히 만물의 으뜸이 되려 하심이요"라고 하였습니다.

머리 됨은 그가 근본이시며 부활의 첫 열매가 되셨고 만물 위에 계시기 때문입니다. 진정한 교회의 머리는 오직 그리스도밖에 없습니다.

또한 에베소서 1장 22절에서는 "또 만물을 그의 발 아래에 복종하게 하시고 그를 만물 위에 교회의 머리로 삼으셨느니라"고 하였습니다.

모든 지체 된 교회가 그리스도에게 복종하도록 하기 위하여 교회의 머리로 주신 것입니다. 유형교회 안에 당회장, 노회장, 총회장이 존재합니다. 이들은 주님의 대리자입니다. 주님보다 더 높을 수는 없습니다. 우리는 성도로서 주님의 말씀에 절대 순종을 해야 합니다.

몸 된 교회에는 다양한 지체들이 있습니다

로마서 12장 4-5절에 "우리가 한 몸에 많은 지체를 가졌으나 모든 지체가 같은 기능을 가진 것이 아니니 이와 같이 우리 많은 사람이 그리스도 안에서 한 몸이 되어 서로 지체가 되었느니라"고 하였습니다. 교회에는 다양한 직분과 다양한 은사들이 나타납니다. 그 지체로 한 몸을 구성하고 있습니다.

고린도전서 12장 12절에는 "몸은 하나인데 많은 지체가 있고 몸의 지체가 많으나 한 몸임과 같이 그리스도도 그러하니라"고 하였습니다. 또한 27절에도 "너희는 그리스도의 몸이요 지체의 각 부분이라"고 하였습니다. 왜 이렇게 다양하게 하셨습니까? 그 이유는 서로를 도와주며 협력하여 하나님의 뜻을 이루는 일을 하도록 하기 위함입니다.

또한 에베소서 4장 12절에 "이는 성도를 온전하게 하여 봉사의 일을 하게 하며 그리스도의 몸을 세우려 하심이라"고 하였습니다.

많은 지체들은 오직 그리스도의 영광을 위하여 일해야 합니다

고린도전서 10장 31절에 "그런즉 너희가 먹든지 마시든지 무엇을 하든지 다 하나님의 영광을 위하여 하라"고 하였습니다. 성도된 우리는 사나 죽으나 무엇을 하든지 하나님의 영광을 위하여 살아야 합니다.

에베소서 4장 24-25절에서는 "하나님을 따라 의와 진리의 거룩함으로 지으심을 받은 새사람을 입으라 그런즉 거짓을 버리고 각각 그 이웃과 더불어 참된 것을 말하라 이는 우리가 서로 지체가 됨이라"고 하였습니다.

우리는 서로 지체이기에 의와 진리와 거룩함으로 새사람을 입어야 하며, 거짓을 버리고 이웃과 더불어 참된 것을 말하는 사람이 되어야 합니다.

에베소서 4장 30절에는 "하나님의 성령을 근심하게 하지 말라 그 안에서 너희가 구원의 날까지 인치심을 받았느니라"고 하였습니다.

지체 된 성도들에게는 반드시 성령님이 임재하셔서 성령을 좇아 행하게 하시고 도와주시며 함께하십니다.

성도 된 우리는 성령의 충만함을 유지해야 합니다. 만약 성도가 범죄하면 성령님이 소멸됩니다. 그때 죄를 자백하여 용서함을 받고 다시 충만함을 구하면 회복을 얻게 됩니다.

우리는 성령님의 은혜를 따라 살아야 합니다. 성도는 성령을 받은 자입니다. 그러므로 범죄하여 성령을 근심하게 해서는 안 됩니다. 성령님은 구속의 날까지 인치시는 분으로 우리의 구원의 보증이 되십니다.

지체 된 성도들은 주님을 생각하며 그분의 명령에 순종하며 살아야 합니다

에베소서 4장 15절에 "오직 사랑 안에서 참된 것을 하여 범사에 그에게까지 자랄지라 그는 머리니 곧 그리스도라"고 하였습니다.

성도 된 우리는 사랑 안에서 참된 일을 하여 범사에 그리스도의 분량에 이르도록 성장해야 합니다.

우리는 주님의 모든 말씀에 순종해야 합니다. 그렇게 할 때 장성한 분량으로 성장하여 하나님의 영광을 나타낼 수 있습니다.

본문에는 "내게 주신 은혜로 말미암아 너희 각 사람에게 말하노니 마땅히 생각할 그 이상의 생각을 품지 말고 오직 하나님께서 각 사람에게 나누어 주신 믿음의 분량대로 지혜롭게 생각하라 우리가 한 몸에 많은 지체를 가졌으나 모든 지체가 같은 기능을 가진 것이 아니니 이와 같이 우리 많은 사람이 그리스도 안에서 한 몸이 되어 서로 지체가 되었느니라"고 하였습니다.

우리는 그리스도 안에서 한 몸이 되어 서로 지체가 되었습니다. 그리스도는 머리이시며, 그 지체는 우리입니다. 몸은 머리에서 내려 주는 명령에 따라 움직입니다. 지체들이 머리를 따라 순종하면 건강한 몸이 됩니다. 하나님의 말씀인 성경을 바르게 이해하고 그 진리를 따라 살아갈 때에 정상적인 그리스도인의 생활을 하게 됩니다.

우리 교회는 정상적인 몸의 지체의 기능을 잘 감당해야 할 것입니다. 이것이 우리가 나아갈 길입니다. 교회나 노회나 총회도 한 몸의 지체입니다. 그러므로 모두 오직 교회를 세우는 일에 최선을 다해야 할 것입니다.

09 겸손과 지혜의 열정은 승리의 생활

"하나님의 말씀은 다 순전하며 하나님은 그를 의지하는 자의 방패시니라 너는 그의 말씀에 더하지 말라 그가 너를 책망하시겠고 너는 거짓말 하는 자가 될까 두려우니라 내가 두 가지 일을 주께 구하였사오니 내가 죽기 전에 내게 거절하지 마시옵소서 곧 헛된 것과 거짓말을 내게서 멀리 하옵시며 나를 가난하게도 마옵시고 부하게도 마옵시고 오직 필요한 양식으로 나를 먹이시옵소서 혹 내가 배불러서 하나님을 모른다 여호와가 누구냐 할까 하오며 혹 내가 가난하여 도둑질하고 내 하나님의 이름을 욕되게 할까 두려워함이니이다"(잠 30:5-9).

우리는 정치, 경제, 사회, 교육, 문화, 남북관계 등 매우 어려운 불황의 시대에 살고 있습니다. 이러한 시대에 본문 말씀은 우리의 삶을 유익한 길로 인도할 것입니다. 우리는 하나님의 말씀을 따라 겸손과 지혜에 대한 뜨거운 열정으로 승리하는 삶을 이루어야 하겠습니다.

인간의 무지는 염려와 걱정에서 오는 스트레스에 의하여 사람을 고통으로 이끌어 병들게 하고 마침내 죽음에 이르게 합니다.

어느 기록을 보았습니다. 오래전 미국 중서부의 한 변호사가 심한 우울증에 빠졌습니다. 주변 사람들은 이 변호사가 혹시 자살을 한다든지 충동적인 사건을 일으킬지 모르니 칼이나 가위, 예리한 물건을 근처에서 치워야 한다고 말하며 걱정했습니다. 이 변호사는 당시 상황을 기록하기를, "나는 지금 아주 비참한 상태다. 더 나아질 수 있을 것 같지 않다"라고 했습니다. 그러던 중에 이 변호사는 성경을 읽다가 큰 용기를 얻고 우울증에서 벗어나 지금까지도 미국에서 가장 존경받는 위대한 대통령이 되었습니다. 그 주인공이 바로 에이브러햄 링컨입니다. 하나님의 말씀인 성경이 그의 심각한 문제를 해결해 주었습니다.

베드로전서 5장 7절에 "너희 염려를 다 주께 맡기라 그가 너희를 돌보심이라"고 하셨습니다. 하나님의 말씀은 염려를 주께 맡겨 버리면 스트레스를 받는 일에 방패가 되어 오히려 기쁨과 평안을 얻게 됩니다.

이런 이야기를 읽어 보았습니다. 어느 날 전깃줄에 앉은 두 마리의 새가 서로 이야기를 했습니다.

"우리 새들을 하나님이 길러 주시고 돌보아 주시는데 사람들은 근심 걱정하며 사니, 웬일일까?"

"아마 하나님이 사람들은 돌보아 주시지 않나 봐."

하나님께 자신의 삶을 맡기지 못하고 사는 사람들이 교훈을 받도록 하기 위하여 만들어진 얘기라고 생각합니다.

마태복음 6장 26절을 보면 예수님께서 "공중의 새를 보라 심지도 않고 거두지도 않고 창고에 모아들이지도 아니하되 너희 하늘 아버지께서 기르시나니 너희는 이것들보다 귀하지 아니하냐"라고 말씀하셨습니다.

하나님을 믿는 우리가 왜 맡기지 못합니까? 우리는 맡기는 삶을 이루지 못하는 무지에서 맡길 수 있는 지혜에 이르는 믿음으로 변화되어 모든 부분에서 승리하는 생활을 해야 합니다.

우리는 먼저 하나님을 알고 그를 의지하는 지혜와 겸손의 신앙으로 승리하는 생활을 해야 합니다. 우리가 겪는 모든 불황의 문제를 하나님께 맡기며 사는, 믿음 있는 사람들이 되시기를 바랍니다.

하나님의 말씀은 순수합니다. 그 말씀을 가하는 일이나 감하는 일이 없어야 합니다.

신명기 12장 32절에 "내가 너희에게 명령하는 이 모든 말을 너희는 지켜 행하고 그것에 가감하지 말지니라"고 하였습니다.

잠언 1장 7절에는 "여호와를 경외하는 것이 지식의 근본이거늘 미련한 자는 지혜와 훈계를 멸시하느니라"고 하였습니다.

우리는 하나님의 말씀을 바르게 알고 의지하여 하나님을 피난처로 삼아 그분이 우리의 방패가 되심을 믿고 살아갑시다.

우리는 이 하나님의 말씀으로 책망을 받기도 하고 깨닫기도 하며, 허탄과 거짓을 행하지 않도록 힘써야 하겠습니다. 여기에 승리하는 삶의 비결이 있습니다. 겸손하게 하나님의 말씀을 받아 지혜롭게 "아멘" 하여 순종하는 삶으로 승리하며 생활합시다. 이것이 어려운 시대를 극복하는 비결이 됩니다.

시험에 승리하기 위해서는 지혜가 있어야 합니다.

예수님께서는 마태복음 10장 16절에서 "보라 내가 너희를 보냄

이 양을 이리 가운데 보냄과 같도다 그러므로 너희는 뱀같이 지혜롭고 비둘기같이 순결하라"고 하셨습니다.

양이 이리들의 세계에서 살아남으려면 주의 뜻을 분별할 줄 아는 지혜가 있어야 합니다. 그리고 그 뜻의 원칙과 정도를 지켜 현실을 바로 헤쳐나갈 수 있어야 합니다. 하나님의 말씀이 하나님의 뜻의 원칙이며 정도의 기준입니다. 이 말씀에 대한 가감이 없이 그 말씀을 믿고 순종해야 합니다. 우리는 지혜와 겸손과 삶의 열정을 따라 살아야 합니다.

우리는 모든 불황 중에 오는 염려와 걱정을 하나님께 맡기는 기도의 응답으로 해결을 받는 삶을 살아야 합니다.

빌립보서 4장 6절에 "아무것도 염려하지 말고 다만 모든 일에 기도와 간구로, 너희 구할 것을 감사함으로 하나님께 아뢰라"고 하였습니다. 우리는 염려와 근심거리를 오히려 감사함으로 하나님께 기도해야 합니다.

본문을 기록한 아굴은 "내가 두 가지 일을 주께 구하였사오니 내가 죽기 전(前)에 내게 거절하지 마시옵소서"라고 기도하였습니다.

우리가 인생을 살면서 하고 싶은 것들이 얼마나 많습니까? 욕심이 너무 많고, 그 탐욕을 이루지 못하면 염려하고 걱정하며 괴로워합니다.

기독교 신문에 게재된 글을 소개합니다. 제2차 세계대전 당시에 전쟁으로 죽은 청년들이 30만 명이었다고 합니다. 그런데 아들과 남편을 전쟁에 보내고 염려와 불안 중에 죽은 미국 국민이 100만 명이 넘었다고 합니다.

염려와 걱정은 우리의 문제를 해결해 주지 못하고 오히려 더 큰 문제를 일으킵니다. 마태복음 6장 27절에 "너희 중에 누가 염려함으로 그 키를 한 자라도 더할 수 있겠느냐"라고 하였습니다. 우리는 스스로 이러한 문제를 해결할 수 없습니다. 오직 해결 방법은 염려와 걱정을 하나님께 맡기며 기도하는 길밖에 없습니다.

우리는 현재 처한 불황의 환경 속에서 말씀을 통한 지혜를 얻어 믿음으로 하나님의 은혜를 누리며 승리함으로 해결 받을 수 있습니다.

오늘의 본문에서 아굴은 "곧 헛된 것과 거짓말을 내게서 멀리하옵시며 나를 가난하게도 마옵시고 부하게도 마옵시고 오직 필요한 양식으로 나를 먹이시옵소서 혹 내가 배불러서 하나님을 모른다 여호와가 누구냐 할까 하오며 혹 내가 가난하여 도둑질하고 내 하나님의 이름을 욕되게 할까 두려워함이니이다"라고 하였습니다.

아굴은 하나님의 뜻을 따라 진실하게 살 것을 구하였고, 정욕으로 말미암은 부를 구하지 않았습니다. 이러한 기도는 하나님의 뜻을 이룰 수 있으며, 그 뜻에 합당한 생활은 모든 삶에서 승리하게 합니다.

우리가 사는 시대는 어렵고 힘든 시대입니다. 모든 것을 하나님께 맡기고 우리의 정욕을 따라 살지 말고 그분의 선하시고 기뻐하시고 온전하신 뜻에 따라 사는 일에 열심을 다하면 주 안에서 형통한 삶을 이루게 됩니다. 하나님의 말씀은 성도의 삶에 있어서 방패가 됩니다.

10 하나님은 성도들을 어떻게 인도하시는가?

> "내가 아직도 너희에게 이를 것이 많으나 지금은 너희가 감당하지 못하리라 그러나 진리의 성령이 오시면 그가 너희를 모든 진리 가운데로 인도하시리니 그가 스스로 말하지 않고 오직 들은 것을 말하며 장래 일을 너희에게 알리시리라 그가 내 영광을 나타내리니 내 것을 가지고 너희에게 알리시겠음이라 무릇 아버지께 있는 것은 다 내 것이라 그러므로 내가 말하기를 그가 내 것을 가지고 너희에게 알리시리라 하였노라"(요 16:12-15).

    성도들이 믿는 하나님은 순결한 영이시므로 육안으로는 볼 수 없는 분이십니다. '눈으로 볼 수 없는 하나님께서 눈으로 볼 수 있는 세계에 있는 우리를 어떻게 인도해 주실까?'라는 질문은 누구나 한 번쯤은 생각해 보았을 것입니다.

    교회 안에서도 이 사실을 깨닫지 못하는 사람들이 있기 때문에 잘못된 일들이 교회 안에서 자주 일어나 성도들의 신앙생활에 혼란을 가져옵니다. 그리고 진리에 대한 오해로 인해 많은 문제가 발생하여 기독교의 순수성이 사라지는 것을 볼 수 있습니다.

어떤 사람은 능력을 받으면 직접적으로 하나님의 직통계시를 받을 수 있다고 하여 직접 인도함을 받으려고 합니다. 그래서 이들은 이 시대에도 직통으로 계시를 받으려고 기도를 많이 합니다.

또한 어떤 사람은 능력을 받았다고 하여 꿈을 해석하고, 음성을 듣고, 환상을 보며 하나님께서 자기들에게 계시를 하고 있다고 착각하는 자들이 있습니다. 이러한 사람들은 무당이나 점쟁이 같은 행동을 하고 있는 것입니다.

이러한 일은 사탄의 역사가 있는 무속의 세계에서도 얼마든지 일어나고 있습니다. 이러한 일은 불완전합니다. 그러나 하나님이 하시는 일은 완전해야 합니다. 이러한 오해가 일어날 것을 아신 예수님은 이 세상을 떠남이 오히려 유익함을 말씀하시며 성령을 보내주실 것을 약속하셨습니다.

본문 12-13절을 보면, "내가 아직도 너희에게 이를 것이 많으나 지금은 너희가 감당하지 못하리라 그러나 진리의 성령이 오시면 그가 너희를 모든 진리 가운데로 인도하시리니 그가 스스로 말하지 않고 오직 들은 것을 말하며 장래 일을 너희에게 알리시리라"고 하셨습니다.

또한 산상보훈의 마태복음 7장 21-23절에서는 "나더러 주여 주여 하는 자마다 다 천국에 들어갈 것이 아니요 다만 하늘에 계신 내 아버지의 뜻대로 행하는 자라야 들어가리라 그날에 많은 사람이 나더러 이르되 주여 주여 우리가 주의 이름으로 선지자 노릇 하며 주의 이름으로 귀신을 쫓아내며 주의 이름으로 많은 권능을 행하지 아니하였나이까 하리니 그때에 내가 그들에게 밝히 말하되 내가 너희를 도무지 알지 못하니 불법을 행하는 자들아 내게서 떠나

가라 하리라"고 하셨습니다. 주님의 말씀에서 '주님이 알지 못하는 불법을 행하는 자들'이 있음을 알 수 있습니다.

하나님은 인간이 깨달을 수 있는 인간의 언어로 하나님의 특별한 계시를 기록하여 완성해 주셨습니다. 이 계시의 말씀이 성경말씀입니다.

성도 된 우리는 하나님의 계시를 통하여 완전하게 인도함을 받을 수 있게 된 것입니다. 하나님이 성도 된 우리를 어떻게 인도하시는가를 기록된 하나님의 말씀의 조명을 받아 알 수 있습니다.

우리는 그 방법이 무엇인지 알아야 하겠습니다.

예수 그리스도께서 약속하시고 보내주신 보혜사 성령의 인도함을 받을 수 있습니다

요한복음 16장 7절에 "그러나 내가 너희에게 실상을 말하노니 내가 떠나가는 것이 너희에게 유익이라 내가 떠나가지 아니하면 보혜사가 너희에게로 오시지 아니할 것이요 가면 내가 그를 너희에게로 보내리니"라고 하였습니다.

예수님은 성령이 오시면 성도 된 우리를 진리 가운데로 인도하시며 진리에 대하여 깨닫게 하신다고 하셨습니다.

하나님은 오늘의 세대를 사는 성도들의 마음에 성령을 보내주셔서 그분의 인도하심을 받게 하셨습니다. 성령님은 진리를 깨닫게 하시며 진리 가운데로 우리를 인도하십니다. 성령님이 없이는 하나님의 인도하심을 받을 수 없습니다. 진리는 곧 예수 그리스도이십니다.

어느 추운 겨울날, 선물과 장난감을 진열해 놓은 상점이 많이 있는 거리에서 세 명의 소녀들이 한 가게 앞에 서 있었습니다. 그 세

소녀 중에 두 소녀가 다른 한 소녀에게 진열장 안의 물건을 들여다 보면서 열심히 설명하고 있었습니다. 앞을 못 보는 소녀에게 두 소녀가 그렇게 열심히 진열장 안의 물건을 설명해 주고 있었던 것입니다. 하나님의 말씀과 영적인 진리를 설명한다는 것도 이렇게 힘든 일입니다. 아무리 설교를 듣고 성경을 읽어도 깨닫지 못하는 이가 많습니다.

그러나 그 소녀가 눈만 떠서 볼 수 있다면 훤히 알 수 있는 것처럼 하나님의 말씀과 하늘의 신령한 비밀은 성령께서 우리에게 오셔서 영의 눈을 뜨게 해주시고 깨닫게 해주시면 쉽게 알 수 있는 것입니다.

고린도전서 2장 10-12절에 보면, "오직 하나님이 성령으로 이것을 우리에게 보이셨으니 성령은 모든 것 곧 하나님의 깊은 것까지도 통달하시느니라 사람의 일을 사람의 속에 있는 영 외에 누가 알리요 이와 같이 하나님의 일도 하나님의 영 외에는 아무도 알지 못하느니라 우리가 세상의 영을 받지 아니하고 오직 하나님으로부터 온 영을 받았으니 이는 우리로 하여금 하나님께서 우리에게 은혜로 주신 것들을 알게 하려 하심이라"고 하였습니다.

하나님의 말씀은 성령이 오셔서 깨닫게 해주셔야 합니다. 그렇지 않으면 닫힌 책이요, 잠긴 책입니다.

하나님은 성도들에게 주신 하나님의 말씀, 곧 성경으로 우리를 인도하십니다

성령님께서는 기록된 하나님의 말씀인 성경을 깨달아 알게 하시고, 그 말씀대로 믿고 순종하게 하십니다. 성령님이 하시는 일은 무한하십니다. 성령님은 우리를 하나님의 말씀인 성경으로 인도하십니다.

요한복음 16장 8절에 성령께서 오시면 "죄에 대하여, 의에 대하여, 심판에 대하여 세상을 책망하시리라"고 하였습니다.

시편 119편 105절에는 "주의 말씀은 내 발에 등이요 내 길에 빛이니이다"라고 하였습니다.

영국 엘리자베스 여왕은 성경을 얼마나 사랑했던지 "영국의 모든 영토를 버릴지라도 성경은 버릴 수가 없다"라고 했습니다.

보나르 목사님은 다음과 같이 성경을 예찬하는 시를 읊었습니다. "내가 피곤할 때에 성경이 나의 침대가 되고, 내가 어둠 속에 있을 때에 성경이 나의 빛이 되고, 내가 굶주릴 때에 성경이 나의 떡이 되고, 내가 무서울 때에 성경이 나의 갑옷이요, 내가 병들었을 때에 성경이 나를 고치는 양약이 되며, 적적할 때에는 성경에서 내가 많은 친구를 찾는다. 만일 내가 일하려면 성경이 나의 기구요, 놀 때에는 성경이 나의 즐거운 풍류로다. 만일 내가 무식하면 성경이 나의 학교요, 만일 내가 빠지게 되면 성경이 나의 굳은 땅이로다. 만일 내가 추우면 성경이 나에게 열이 되며, 만일 내가 떠오르면 성경은 나의 날개로다. 성경은 나의 지도자, 의복, 피난처, 꽃동산, 태양, 샘물, 신선한 공기로다. 위대한 책이여!"

하나님은 주의 말씀 곧 성경말씀으로 우리의 인생길을 인도하십니다.

하나님은 성령님을 통하여 성도 된 우리의 생활에 그분의 말씀을 적용하여 인도하십니다

성경은 정확무오한 하나님의 말씀입니다. 성령님은 이 말씀대로 믿게 하여 그 말씀대로 살도록 인도하십니다. 하나님은 성령님으로 말씀을 성도들에게 적용(適用)하게 하십니다. 성령님께서는 우리를 구원의 길로 인도하시기에 충분합니다. 성령님의 도우심이 없이는 하나님의 나라를 이루는 일에 아무것도 행할 수가 없습니다. 믿음은 보이지 않는 것을 믿는 것이요, 보이는 것을 믿는 것이 아닙니다.

오늘날 성경은 1,250여 방언으로 번역되었고 15억 권 이상 팔렸으며, 역사상 가장 많은 박해를 받은 책입니다.

로마 제국에서 큰 핍박이 있을 때에 항상 성경을 빼앗아 불살랐습니다. 중세기에는 천주교회에서 성경을 핍박했습니다. 즉 일반인이 읽지 못하게 했습니다. 현대에는 공산당이 사람들에게 성경을 읽지 못하게 하고 있습니다.

영원한 베스트셀러인 성경이 보급되는 곳에는 변화의 모습이 나타납니다. 이것이 성도의 생활에 적용되고 있는 결과이기에 성경을 읽지 못하도록 핍박한 것입니다.

예수 그리스도께서 약속하시고 보내주신 보혜사 성령을 통해 우리는 삶의 인도함을 받을 수 있습니다. 하나님은 성도들에게 주신 하나님의 말씀, 곧 성경으로 우리를 인도하십니다. 하나님은 성령님을 통하여 성도 된 우리의 생활에 그분의 말씀을 적용하여 인도하십니다.

11 기드온의
승리가 주는 교훈

• • •

"기드온이 그 꿈과 해몽하는 말을 듣고 경배하며 이스라엘 진영으로 돌아와 이르되 일어나라 여호와께서 미디안과 그 모든 진영을 너희 손에 넘겨주셨느니라 하고 삼백 명을 세 대로 나누어 각 손에 나팔과 빈 항아리를 들리고 항아리 안에는 횃불을 감추게 하고 그들에게 이르되 너희는 나만 보고 내가 하는 대로 하되 내가 그 진영 근처에 이르러서 내가 하는 대로 너희도 그리하여 나와 나를 따르는 자가 다 나팔을 불거든 너희도 모든 진영 주위에서 나팔을 불며 이르기를 여호와를 위하라, 기드온을 위하라 하라 하니라"(삿 7:15-18).

• • •

하나님의 꿈의 계시를 받은 기드온이 먼저 하나님께 경배하고 군사를 지휘하여 미디안 전쟁에서 군대를 격파한 사실이 기록되어 있습니다. 이 전투에서 기드온의 승리가 주는 교훈이 오늘의 전투적 교회에도 필요하다는 것을 깨달을 수 있습니다. 성도들의 헌신과 봉사가 승리의 결과로 나타난 것입니다. 오늘을 사는 성도들도 승리의 삶으로 영광을 드러내는 삶을 살아야 할 것입니다.

기드온의 승리는 오늘의 교회와 성도들이 영적 전투에서 승리하는 모형입니다.

영적 전투는 하나님을 경외함으로 승리하게 됩니다

본문 15절에 "기드온이 그 꿈과 해몽하는 말을 듣고 경배하며 이스라엘 진영으로 돌아와 이르되 일어나라 여호와께서 미디안과 그 모든 진영을 너희 손에 넘겨주셨느니라"라고 하였습니다.

기드온은 먼저 여호와 하나님께 경배하고 명령에 순종하였습니다. 영적 전투의 승리는 오직 여호와 하나님께 그 근원이 있습니다.

예수님은 성부 하나님의 모든 계획의 계시 말씀에 순종하여 다 행하심으로 최후의 승리를 이루셨습니다. 하나님의 계시에 의하여 기드온이 승리했던 것처럼 성도 된 우리의 영적 전투는 반드시 승리할 것입니다. 이것은 너무도 자명한 일입니다.

하나님 없이 사는 사람들의 세상은 요지경입니다. 사기 수법이 천태만상입니다. 중국 쌀을 섞어 놓고 경기미라고 속여 수십 톤씩 팔아 사기를 치고, 대기업 취업을 미끼로 수억 원을 가로채는 사기를 치며, 은행원을 사칭해 카드를 받아 2억여 원을 인출하는 사기를 치기도 합니다. 불탄 숭례문 앞에 제사상을 차려 놓고 시민들이 낸 조의금을 받은 자가 적발되기도 했습니다.

성도 된 우리는 이러한 생활을 할 수 없습니다. 왜냐하면 우리는 하나님을 경외하고 있기 때문입니다.

영적 전투는 하나님을 대적한 자에 대한 것입니다

기드온의 대적은 미디안, 아말렉과 동방의 모든 사람들이었습니다. 오늘날 교회의 대적은 하나님을 대적하는 것들입니다. 우리의 대적은 마귀입니다.

사도행전 19장 15-16절에 "악귀가 대답하여 이르되 내가 예수도 알고 바울도 알거니와 너희는 누구냐 하며 악귀 들린 사람이 그들에게 뛰어올라 눌러 이기니 그들이 상하여 벗은 몸으로 그 집에서 도망하는지라"라고 기록되어 있습니다.

우리의 대적은 세상입니다. 리츠는 "기독교의 목적은 사람으로 하여금 세상을 이기게 하는 데 있다"라고 하였습니다.

요한복음 16장 33절에 "이것을 너희에게 이르는 것은 너희로 내 안에서 평안을 누리게 하려 함이라 세상에서는 너희가 환난을 당하나 담대하라 내가 세상을 이기었노라"고 하셨습니다.

또한 환난, 곤고, 박해, 기근, 적신, 위험이나 칼도 우리를 그리스도의 사랑에서 끊을 수 없다고 하였습니다.

아리스토텔레스는 "가장 어려운 승리는 자기 자신에 대한 승리이다"라고 하였습니다.

로마서 8장 35절에 "누가 우리를 그리스도의 사랑에서 끊으리요 환난이나 곤고나 박해나 기근이나 적신이나 위험이나 칼이랴"라고 기록되어 있습니다. 이 말씀은 하나님의 사랑은 영원 전부터 계획되고 정해진 것으로 불변하기 때문에 그 어느 누구도 끊을 수 없다는 승리의 표현입니다.

악이 우리의 대적입니다. 로마서 12장 21절에 "악에게 지지 말고 선으로 악을 이기라"고 하였습니다.

야고보서 2장 13절에 "긍휼을 행하지 아니하는 자에게는 긍휼 없는 심판이 있으리라 긍휼은 심판을 이기고 자랑하느니라"고 하였습니다.

요한일서 2장 14절에는 "청년들아 내가 너희에게 쓴 것은 너희가 강하고 하나님의 말씀이 너희 안에 거하시며 너희가 흉악한 자를 이기었음이라"고 하였습니다. 흉악한 자가 우리를 넘어지게 하려 함을 알 수 있습니다.

다양한 우리의 대적에 대한 정체를 알고 항상 깨어 있는 전투적 자세를 가지고 영적 전쟁을 준비하는 사람들이 됩시다.

사탄은 세상의 사기, 도박, 공짜, 협박, 사칭, 부동산 사기, 오락실, 전화 사기, 장애인 빙자, 전화금융 사기, 외국인 사기, 유학 알선, 교수 사칭 등을 이용하여 공격해 옵니다. 이러한 모든 것을 이겨야 합니다.

영적 전투는 하나님과 그의 말씀의 계시로만 승리할 수 있습니다

기드온은 여호와 하나님의 계시 말씀에 순종함으로 대승을 거둘 수 있었습니다.

본문 16-18절을 보면, "삼백 명을 세 대로 나누어 각 손에 나팔과 빈 항아리를 들리고 항아리 안에는 횃불을 감추게 하고 그들에게 이르되 너희는 나만 보고 내가 하는 대로 하되 내가 그 진영 근처에 이르러서 내가 하는 대로 너희도 그리하여 나와 나를 따르는 자가 다 나팔을 불거든 너희도 모든 진영 주위에서 나팔을 불며 이르기를 여호와를 위하라, 기드온을 위하라 하라 하니라"고 하였습니다.

이 말씀은 하나님의 계시의 말씀입니다. 이 말씀에 기드온이 순종한 것입니다. 오늘의 성도 된 우리도 여호와 하나님을 경외하며 그의 말씀을 따라 살게 되면 반드시 승리하게 될 것입니다.

우리는 하나님의 전신갑주를 입고 전투하는 것입니다.

에베소서 6장 10-20절을 보면, "끝으로 너희가 주 안에서와 그 힘의 능력으로 강건하여지고 마귀의 간계를 능히 대적하기 위하여 하나님의 전신 갑주를 입으라 우리의 씨름은 혈과 육을 상대하는 것이 아니요 통치자들과 권세들과 이 어둠의 세상 주관자들과 하늘에 있는 악의 영들을 상대함이라 그러므로 하나님의 전신 갑주를 취하라 이는 악한 날에 너희가 능히 대적하고 모든 일을 행한 후에 서기 위함이라 그런즉 서서 진리로 너희 허리 띠를 띠고 의의 호심경을 붙이고 평안의 복음이 준비한 것으로 신을 신고 모든 것 위에 믿음의 방패를 가지고 이로써 능히 악한 자의 모든 불화살을 소멸하고 구원의 투구와 성령의 검 곧 하나님의 말씀을 가지라 모든 기도와 간구를 하되 항상 성령 안에서 기도하고 이를 위하여 깨어 구하기를 항상 힘쓰며 여러 성도를 위하여 구하라 또 나를 위하여 구할 것은 내게 말씀을 주사 나로 입을 열어 복음의 비밀을 담대히 알리게 하옵소서 할 것이니 이 일을 위하여 내가 쇠사슬에 매인 사신이 된 것은 나로 이 일에 당연히 할 말을 담대히 하게 하려 하심이라"고 하였습니다.

어떻게 사탄과의 싸움에서 승리할 수 있겠습니까? 야고보서 4장 7절에 "그런즉 너희는 하나님께 복종할지어다 마귀를 대적하라 그리하면 너희를 피하리라"고 하였습니다.

세상을 향한 승리를 맛보시기 바랍니다. 요한일서 5장 4절에 "무릇 하나님께로부터 난 자마다 세상을 이기느니라 세상을 이기는 승리는 이것이니 우리의 믿음이니라"고 하였습니다.

육신의 승리를 이룰 수 있습니다. 갈라디아서 5장 16절에 "내가 이르노니 너희는 성령을 따라 행하라 그리하면 육체의 욕심을 이루지 아니하리라"고 하였습니다.

  세상에 있는 모든 삶에서 하나님의 말씀에 비추어서 잘못되었으면 행해서는 안 됩니다. 잘못된 것은 모두 버려야 합니다. 기드온의 승리가 우리에게 주는 교훈은, 오직 그리스도 안에서는 어떠한 대적자들이 있다 할지라도 반드시 승리가 있음을 교훈하고 있는 것입니다.

12 성도의 영적인 생활

"육신을 따르는 자는 육신의 일을, 영을 따르는 자는 영의 일을 생각하나니 육신의 생각은 사망이요 영의 생각은 생명과 평안이니라 육신의 생각은 하나님과 원수가 되나니 이는 하나님의 법에 굴복하지 아니할 뿐 아니라 할 수도 없음이라 육신에 있는 자들은 하나님을 기쁘시게 할 수 없느니라 만일 너희 속에 하나님의 영이 거하시면 너희가 육신에 있지 아니하고 영에 있나니 누구든지 그리스도의 영이 없으면 그리스도의 사람이 아니라"(롬 8:5-9).

예수 그리스도의 십자가 은혜 안에서 하나님의 자녀로 거듭난 성도는 어떤 변화보다도 놀라운 변화가 시작됩니다. 그것은 그리스도 안에서 얻은 '하나님의 생명'이 성도의 인격과 생활을 지배하기 때문입니다.

베드로후서 1장 4절에서 베드로는 "이로써 그 보배롭고 지극히 큰 약속을 우리에게 주사 이 약속으로 말미암아 너희가 정욕 때문에 세상에서 썩어질 것을 피하여 신성한 성품에 참여하는 자가 되게 하려 하셨느니라"고 하면서 성도를 가리켜 '신의 성품에 참여하는 자'라고 선언했습니다. 이와 같은 사실을 생각하면서 구원받은 성도로서의 '영적인 생활'을 깨달아서 믿음으로 살아야겠습니다.

성도의 영적인 생활은 믿음으로 사는 삶입니다

"믿음은 바라는 것들의 실상이요 보이지 않는 것들의 증거니 선진들이 이로써 증거를 얻었느니라 믿음으로 모든 세계가 하나님의 말씀으로 지어진 줄을 우리가 아나니 보이는 것은 나타난 것으로 말미암아 된 것이 아니니라"(히 11:1-3).

성도는 믿음을 가진 사람들입니다. 사도 바울은 "인간이 구원을 얻는 것은 믿음으로 된 것이며, 그 믿음은 하나님이 주시는 선물"이라고 말합니다.

이 믿음은 "바라는 것들의 실상이요 보이지 않는 것들의 증거"라고 말합니다. 우리는 바라는 것을 실상으로 믿고, 보지 못한 일이지만 증인으로 살고 있습니다. 이 생활은 '예수 그리스도를 구주로 고백하고, 나의 주인으로 모시면서, 그 뜻대로 살아가며, 증인이 되는 것'입니다.

예수 그리스도로 인하여 구원받은 성도의 영적인 생활은 믿음을 생활화하는 데 있습니다. 그 이유는 믿음이 하나님의 은혜에 대한 인생의 전인적인 응답이며, 구원의 열매를 그 생활로 맺어야 할 책임이 있기 때문입니다. 하나님은 믿음만 주신 것이 아니라 그 믿음으로 사는 구원에 합당한 열매를 맺을 수 있게 하셨습니다.

사도 야고보는 "영혼 없는 몸이 죽은 것같이 행함이 없는 믿음은 죽은 것이니라"(약 2:26)고 하였습니다. 세례 요한은 마태복음 3장 8절에서 '회개에 합당한 열매'를 맺지 못한다면 자신을 구원에 참여한 자로 여기지 말라고 했습니다. 따라서 구원받은 성도는 구원에 합당한 열매를 맺어 생활로 가치관의 변화를 나타내야 합니다.

성도의 영적인 생활은 성령님에 의하여 사는 것입니다

"만일 너희 속에 하나님의 영이 거하시면 너희가 육신에 있지 아니하고 영에 있나니 누구든지 그리스도의 영이 없으면 그리스도의 사람이 아니라" (롬 8:9).

성도의 영적인 생활은 과거의 생활과는 그 질과 가치에 있어서 전혀 다른 모습의 새 생활입니다. 성도의 신앙생활에 큰 영향을 주는 것은 성령의 사역입니다.

성령님은 성도의 마음에 임하여 계심으로, 그 마음을 감동시켜 진리의 길로 인도하십니다. 성령님은 닫힌 마음을 가진 자를 열린 마음으로 변화시키시고, 죄를 알게 하고 깨닫게 하셔서 거룩한 삶을 살게 하십니다.

바울은 로마 교회의 성도들에게 구원에 대한 확신을 주면서 성도가 처할 위치에 대하여 권면합니다. 그리고 누구든지 그리스도의 영이 없으면 그리스도의 사람이 아니라고 하였습니다.

성령이 임한 성도는 성령의 역사로 회개의 은혜를 받으며, 복음을 깨닫고 성결한 생활을 하게 됩니다. 영적인 생활은 하나님의 나라와 관계가 있고, 육신의 영역이 아닌 성령 안에서의 영역이며, 성령의 조명을 통해서 나타납니다.

성도의 최종 목표는 하나님 나라의 도래(到來)입니다. 그 나라는 성도의 기쁨의 근원입니다. 이와 같은 하나님 나라를 소망하는 성도는 항상 그 행위에 있어서 성령의 열매를 맺는 생활을 하게 됩니다.

성령의 열매는 육체의 소욕을 따라 살면 맺을 수 없습니다.

"육체의 일은 분명하니 곧 음행과 더러운 것과 호색과"(갈 5:19).

신앙의 열매는 인간의 노력에 의한 것이 아니요, 성도와 함께 연합하여 아름다운 신앙의 열매를 맺으시는 성령의 역사로 말미암는 것입니다.

예수님은 성령을 보내주신다는 약속에 따라 보혜사 성령을 보내주셨습니다. 보혜사는 성령을 가리킵니다. 예수께서 승천하신 후 성령이 오셔서 신자와 함께 계시고 신자 가운데 거하시면서(요 14:16-17), 그리스도를 증거하시고(요 15:26), 그리스도의 영광을 나타내십니다(요 16:14).

성령은 진리의 영으로서 믿는 자를 가르치시고, 진리 가운데로 인도하시며, 장래 일을 알려 주십니다(요 16:13). 또한 그는 죄에 대하여, 의에 대하여, 심판에 대하여 세인의 눈을 여십니다(요 16:8).

또한 기도하는 것을 가르쳐 주시고, 연약함을 도우시며, 말로 할 수 없는 간절한 탄식으로써 우리를 위해 친히 간구해 주십니다(롬 8:26-27). 그리하여 보혜사 성령은 제자들로 하여금 예수님 이상의 큰일도 하게 하십니다(요 14:12). 이는 인간에게 베푸시는 하나님의 최대의 은사입니다.

성령님은 우리를 인도하십니다. 성도는 보혜사 성령 안에서 "사랑과 희락과 화평과 오래 참음과 자비와 양선과 온유와 충성과 절제"의 생활이 실제 삶 속에서 나타나고, 그 열매가 우리의 생활에 적용되는 삶을 살게 되며, 이 일에 힘쓰게 됩니다.

성도의 영적인 생활은 생명에 의한 삶입니다

"그러므로 우리가 그의 죽으심과 합하여 세례를 받음으로 그와 함께 장사되었나니 이는 아버지의 영광으로 말미암아 그리스도를 죽은 자 가운데서 살리심과 같이 우리로 또한 새 생명 가운데서 행하게 하려 함이라"(롬 6:4).

생명에 의한 생활은 '부활의 생명을 소유한 삶'입니다. 로마서 4장 25절에서 예수님께서는 우리를 의롭다 하시기 위해 살아나셨다고 하였습니다.

예수님의 부활은 그를 믿는 성도들을 의롭게 함으로 영원한 생명을 얻게 하였습니다. 부활 이후 생명은 예수 안에서만 인정을 받습니다. 그리고 그것은 믿음으로만 얻을 수 있습니다.

인간은 믿음으로 예수님과 만나고, 그의 생명에 동참함으로써 생명을 얻습니다. 믿음은 부활을 약속 받습니다. 그리고 부활은 영원한 생명을 믿는 자에게 주어집니다. 예수 그리스도, 부활, 생명, 이 모든 것들은 믿음 안에 있습니다. 영원한 생활은 그리스도 안에서 하나님과 교제하는 삶입니다.

이 화목한 교제를 통하여 우리는 죄의 결과인 형벌로부터 면제를 받고, 믿음으로 말미암아 예수 그리스도의 의를 값없이 얻는 자가 되었습니다.

  우리는 예전에 죄와 사망 가운데서 고통 받던 비참한 상태에서 구원을 받아 영생을 누리게 되었습니다. 구원받은 성도들은 성령의 인도를 받아 그리스도를 닮아 가는 영적인 생활을 해야 합니다.

  성도는 자신의 생활을 통하여 그리스도를 나타내야 합니다. 이러한 것은 내적으로 하나님과 사람 앞에 감사와 찬송 생활로 표현되어야 하며, 기쁨이 넘치는 생활이 따라야 합니다. 믿음 안에서 성령의 인도하심에 따른 믿음의 행위가 표출되어야 합니다.

13 교회의 성장을 이루자

"날마다 마음을 같이하여 성전에 모이기를 힘쓰고 집에서 떡을 떼며 기쁨과 순전한 마음으로 음식을 먹고 하나님을 찬미하며 또 온 백성에게 칭송을 받으니 주께서 구원받는 사람을 날마다 더하게 하시니라"(행 2:46-47).

교회는 성장을 소망합니다. 우리는 주님의 뜻에 따른 교회 성장을 추구해야만 합니다. 교회의 성장은 예외 없이 누구에게나 적용되어야 하고, 그 성장은 멈추지 않아야 합니다. 성장은 질적, 양적 성장뿐만 아니라 모든 부분에서 포괄적으로 성장해야 합니다. 부족함이 없이 온전한 성장을 이루어야 합니다.

본문을 보면 "날마다 마음을 같이하여 성전에 모이기를 힘쓰고 집에서 떡을 떼며 기쁨과 순전한 마음으로 음식을 먹고 하나님을 찬미하며 또 온 백성에게 칭송을 받으니 주께서 구원받는 사람을 날마다 더하게 하시니라"고 하였습니다.

교회의 성장은 교회에 속해 있는 우리에게 달려 있습니다.

우리 모두는 그리스도인이 되어 성령님의 인도하심을 따라 마음을 같이하며, 모이기를 힘쓰고, 서로 사랑의 교제를 행하며, 모든 사람에게 칭찬을 받으며 복음을 전함으로 구원받는 수가 날마다 더하는 성장을 이루어야 합니다. 우리 모두 함께 교회 성장을 위하여 최선을 다합시다.

교회 성장을 위해 우리 모두 말씀과 기도에 성실해야 합니다

우리는 하나님의 말씀인 성경을 삶의 표준으로 삼아 그 말씀대로 믿고 순종하는 생활을 해야 합니다. 하나님의 말씀은 완전합니다.

성장은 '자라는 것'입니다. 교회와 성도에게는 생명이 있습니다. 그리고 성장에는 조화가 따라야 합니다. 조화가 배제된 성장은 참된 성장이라 할 수 없습니다.

성경은 순전한 하나님의 말씀으로 우리를 새롭게 하며, 온전하게 합니다. 우리의 인격을 온전하게 하고, 판단하는 지혜가 있게 하며, 바른길로 행하게 합니다.

어린아이에게 젖이 필요하듯이 성도들에게는 구원의 양식인 성경이 꼭 필요합니다. 우리 가운데는 성경을 경시하고 은사에만 치중하는 사람들이 더러 있는데, 그것은 옳지 못합니다. 우리는 조화로운 성숙을 위해 성경을 읽고 배워 우리의 심비(深秘)에 새겨야 합니다. 뿐만 아니라 우리를 변화시키는 응답이 필요한 기도가 있어야 합니다.

기도는 지속적으로 하는 것입니다. 바울은 "쉬지 말고 기도하라"(살전 5:17)고 하였습니다. 기도하지 않고서는 결코 놀라운 역사가 일어날 수 없습니다.

기도는 하나님의 능력이 임하는 통로입니다. 기도는 성도의 호흡입니다. 호흡이 정지되면 아무리 건강한 사람도 죽습니다. 기도가 없는 가정이나 성도는 죽은 상태와 다를 바 없습니다. 하나님의 말씀의 실천은 기도를 통하여 이루어집니다.

기도하지 않고서는 성장을 기대할 수 없습니다. 그러므로 이 일을 위하여 우리는 열심히 모여야 합니다.

교회 성장을 위해서는 영혼 구원의 자세를 가져야 합니다

성경은 한 영혼의 가치를 '온 천하보다 귀하다'고 표현하고 있습니다. 이것이 하나님의 마음입니다. 우리는 이러한 마음을 기억하면서 모든 사람을 위하여 기도하며 전도해야 합니다.

남녀노소, 빈부귀천의 구별 없이 그들의 생명의 귀중함을 깨닫고 맡겨진 의무를 다하여, 우리는 항상 주님이 분부하신 지상명령에 순종해야 할 것입니다. 또한 성도는 부여된 책임과 의무를 다할 때 성장하게 됩니다.

생명은 천하보다 귀한 것입니다(마 16:26). 그래서 주님은 그 귀한 생명을 인도하도록 우리에게 책임과 의무를 부여하셨습니다. 이것은 우리가 피할 수 없는 사명입니다. 우리는 전도활동에 적극적으로 참여하고, 또한 열매를 거둘 수 있도록 주님 앞에서 책임과 의무를 다해야 하겠습니다.

교회 성장을 위하여 적극적이고 능동적인 자세를 가져야 합니다

성도들 모두가 한 몸의 지체라는 사실을 인식해야 합니다. 성경은 교회가 그리스도의 몸이요, 성도는 각 지체들이라고 합니다.

우리는 서로 독립된 인격체이면서도 그리스도 안에서 하나의 공동체를 이루고 있습니다. 따라서 우리는 서로 사랑의 대상입니다. 무엇이든지 나눌 수 있는 교제가 가능합니다.

신약의 교회는 현세에서 영적인 전투를 해야 합니다. 성도의 교제는 사랑으로 충만해야 합니다. 사랑을 깨뜨리는 그 어떤 것도 용납해서는 안 됩니다.

이 일이 실천될 때에 칭송을 받을 수 있고, 전하는 복음은 능력이 됩니다. 그리고 성장은 우리의 것이 될 것입니다.

우리는 사랑의 위력을 잘 알고 있습니다. 하나님은 항상 사랑을 요구하십니다. 우리는 교회가 따뜻한 사랑으로 채워지도록 적극적이고 능동적으로 최선을 다해야 할 것입니다.

교회에 처음 나온 사람들은 물론이지만, 신앙 연륜이 있는 성도들도 사랑받기를 원합니다. 사랑이 넘치는 거룩한 모임이 되도록 우리는 노력해야 합니다. 한 사람이라도 소외감을 느끼게 해서는 안 됩니다.

예수님은 사랑이 넘치는 모습을 우리에게 보여주셨습니다. 주님처럼 섬기고 무조건적인 사랑을 베푸는 교제가 이루어져야 합니다. 우리의 사랑이 인간의 이해관계나 판단에 의한 교제라면 아무 가치도 없습니다.

주님이 우리에게 요구하시는 것은 자신의 생각과 의지를 포기하는 것입니다. 그 이유는 포기가 구원과 관련된 중대한 문제이기 때문입니다. 우리 모두 교회 성장에 최선을 다합시다.

14 복음 전파의
목적

> "두 사도 바나바와 바울이 듣고 옷을 찢고 무리 가운데 뛰어 들어가서 소리 질러 이르되 여러분이여 어찌하여 이러한 일을 하느냐 우리도 여러분과 같은 성정을 가진 사람이라 여러분에게 복음을 전하는 것은 이런 헛된 일을 버리고 천지와 바다와 그 가운데 만물을 지으시고 살아 계신 하나님께로 돌아오게 함이라"(행 14:14-15).

　복음 전파는 성도들에게 주어진 가장 중요한 임무입니다. 이 일은 이미 그리스도께서 세상에 오셔서 행하신 것이고, 그 안에서 구속받은 모든 성도들에게 주어진 사명입니다.
　예수님이 세상에 오신 목적이 복음 전파였듯이 성도들의 생활에 있어 제일의 목적 또한 복음 전파입니다. 왜냐하면 복음 전파의 목적은 바로 죄악 중에 거하는 인간을 구원하는 일이기 때문입니다. 또한 교회 성장은 하나님 나라를 확장시키는 중대한 일이기 때문입니다. 오늘은 복음 전파의 목적에 대해서 생각하며 함께 은혜를 나누고자 합니다.

복음 전파의 목적은 죄인을 구원하기 위함입니다

고린도전서 15장 2절을 보면, "너희가 만일 내가 전한 그 말을 굳게 지키고 헛되이 믿지 아니하였으면 그로 말미암아 구원을 받으리라"고 하였습니다.

사도 바울은 고린도 성도들에게 자신이 전해 준 복음을 굳게 지킬 것을 권면하였습니다. 그가 전한 복음은 그리스도의 대속과 부활이었습니다. 율법 준수에 의한 구원이나 선행을 행함으로 구원을 얻는 것이 아닙니다. 율법은 우리에게 죄를 깨닫게 할 뿐, 구원의 수단은 아닙니다. 그러므로 복음을 굳게 지킨다는 것은 그리스도의 대속과 부활에 대한 확실한 믿음을 말합니다.

하나님의 말씀인 성경이 전해 준 복음에 대한 확실한 믿음, 바로 그것이 죄인을 구원하고 생명을 주는 하나님의 능력이 됩니다. 복음을 굳게 지키고, 그 복음을 전해야만 죄인이 구원받게 됩니다.

또한 복음 전파를 통해서 복음이 죄인들에게 들려졌을 때, 성령의 조명으로 깨우침을 받아 그것을 받는 사람들에게 변화가 있게 됩니다. 이것은 죄의 종 노릇에서 해방되어 하나님의 백성, 하나님의 자녀가 되는 변화입니다.

이러한 변화는 예수님의 재림 때에 이루어지는 장래의 사건이 결코 아닙니다. 이것은 복음을 듣고 성령의 조명과 믿음으로 받아들여 굳게 지킬 때 즉시 그 순간에 이루어지는, 현재에 나타나는 구원입니다.

"구원을 받으리라"는 말씀은 미래가 아니라 현재입니다. 즉 복음을 듣고 믿음에 굳게 서는 자들은 현재 그 순간에 구원의 기쁨을 누리게 됩니다.

복음 전파의 목적은 교회 성장에 있습니다

교회는 복음을 듣고 믿음에 굳게 서 있는, 구원을 얻은 무리들의 모임입니다. 그러므로 교회는 복음 전파와 불가분리의 관계에 있으며, 교회가 성장하기 위해서는 반드시 복음 전파라는 매개체를 동반해야만 합니다.

복음 전파는 교회의 중요한 사명입니다. 복음 전파가 없는 교회는 교회가 될 수 없고, 복음 전파가 없는 교회에는 성장이 있을 수 없습니다. 올바른 복음 전파가 있는 교회는 성장합니다. 왜냐하면 복음 전파만이 사람을 구속하는 능력이 있기 때문입니다.

교회의 성장을 위하여 복음을 전파하는 일에는 서로 권면하는 것이 필요합니다. 구속받은 무리인 성도는 서로 허물을 덮어 주고 사랑을 나누면서 그리스도 안에서 온전히 설 수 있도록 권면합니다. 그럴 때에 교회에는 복음 전파의 능력이 나타나게 됩니다.

서로 권면한다는 것은 사랑의 끈으로 묶는 일이고, 그러한 사랑의 결속은 그리스도 안에서 폭발적인 복음 전파의 능력을 나타내어 교회 성장을 이루게 합니다.

데살로니가전서 5장 11절에 "그러므로 피차 권면하고 서로 덕을 세우기를 너희가 하는 것같이 하라"고 하였습니다. 서로 권면하여 유익이 되게 해야 합니다. 복음 전파를 통한 교회 성장의 또 다른 일은 덕을 세우는 일입니다.

교회 성장과 깊은 함수 관계를 갖고 있는 복음 전파는 단순히 세상에 나가서 복음을 전파하는 것만을 뜻하지는 않습니다. 물론 복음 전파는 그것을 포함해야 하지만 보다 중요한 일은 서로 덕을 세우는 것입니다.

성도의 덕이란 그리스도의 향기이며, 그리스도의 사랑을 나타내 보이는 것입니다. 이 일은 교회 성장의 중요한 요인입니다.

복음 전파의 목적은 하나님 나라를 확장하는 데 있습니다

누가복음 13장 18-21절에서 예수님은 하나님 나라를 '겨자씨와 누룩'으로 비유하셨습니다. 복음 전파를 통해 이루어지는 하나님 나라의 확장과 완성도 겨자씨와 누룩과 같다는 것입니다.

겨자씨와 누룩은 매우 작습니다. 겨자씨는 어떻게 자라는지, 누룩은 어떻게 퍼져 나가는지 실제로 사람의 눈으로 확인하기 어렵습니다. 복음 전파를 통한 하나님 나라의 확장도 이와 같습니다. 하나님의 나라도 복음 전파를 통해 겨자씨나 누룩처럼 자라고 퍼지는 확장이 있게 됩니다.

성도들은 염려하거나 좌절하지 말고 때를 얻든지 못 얻든지 복음을 전파하기만 하면 하나님의 나라는 확장됩니다.

겨자씨가 자라는 과정이나 누룩이 퍼지는 과정은 보이지 않습니다. 그러나 어느 순간에 보면 겨자씨는 새들이 깃들일 정도로 크게 자라나 있고, 누룩도 온 사방에 퍼져 있습니다. 하나님 나라의 확장도 이와 같습니다. 지금 당장은 확장이 보이지 않지만 하나님의 나라는 여전히 확장되고, 사람이 상상할 수 없는 결과로 변화가 일어납니다.

하나님은 그의 나라를 처음에는 미약하나 마지막에는 창대하게 하실 것입니다.

복음 전파의 궁극적인 목적은 복음으로 죄인인 인간을 구원하는 것입니다. 그리고 죄인의 구원은 구속된 무리인 교회 성장과 하나님 나라의 확장이라는 결과를 가져옵니다. 복음 전파와 죄인의 구원, 복음 전파와 교회 성장 및 하나님 나라의 확장은 불가분리의 함수관계를 맺고 있습니다.

15 종려주일의 영적 의미

"이미 감람산 내리막길에 가까이 오시매 제자의 온 무리가 자기들이 본 바 모든 능한 일로 인하여 기뻐하며 큰 소리로 하나님을 찬양하여 이르되 찬송하리로다 주의 이름으로 오시는 왕이여 하늘에는 평화요 가장 높은 곳에는 영광이로다 하니 무리 중 어떤 바리새인들이 말하되 선생이여 당신의 제자들을 책망하소서 하거늘 대답하여 이르시되 내가 너희에게 말하노니 만일 이 사람들이 침묵하면 돌들이 소리 지르리라 하시니라"(눅 19:37-40).

종려주일은 두 가지 의미가 있는데, 먼저는 이날 이후에 고난주간이 시작되어 그 고난의 당사자이신 그리스도께서 인류의 죄를 대속하기 위해 십자가를 지셨다는 것입니다. 그리고 그다음은 인간의 부패와 오염된 본성을 보여준 날로서, 예루살렘으로 들어오시는 예수님을 열렬히 환영했던 사람들이 불과 몇 날이 못 되어 그를 십자가에 못 박으라고 외치는 자들로 변한 것입니다.

우리는 이날의 의미를 깊이 되새기고, 우리 생활의 현장에서 새롭게 조명해 보아야 하겠습니다.

그리스도의 수난은 하나님이 작정하신 일입니다

그것은 우연적인 일도, 사람들의 요구에 의해 발생한 일도 아닙니다. 하나님의 계획하신 작정 안에 있는 일입니다. 우리는 모든 일이 하나님의 섭리안에 있다는 사실을 염두에 두고 역사와 사건들을 바라보아야 하겠습니다.

하나님은 역사의 주관자이십니다. 그러나 대다수의 사람들은 역사의 주관자가 인간인 것처럼 생각하고 행동하는 무지함 속에 있습니다.

주님께서 작정하신 바가 아니었다면, 그리스도의 수난을 유대인이나 로마 군대가 임의로 주관하는 일은 결코 일어날 수 없습니다. 하나님은 모든 일을 계획하시고 실행하시는 분이십니다. 성도들은 주의 뜻을 바르게 분별하고, 세상 사람들에게 이것을 전파해야 할 것입니다.

하나님은 그리스도의 수난을 통하여 인류의 죄를 그리스도에게 전가시켜 형벌을 받게 하심으로써 그 안에서 모든 사람이 차별 없이 의에 이르도록 길을 열어 주셨습니다.

가장 사랑하는 사람이 고난 받기를 원하는 사람은 아무도 없습니다. 하나님께서 그리스도의 수난을 작정하신 것은 인류를 위해 취하실 수 있는 다른 방법이 없었기 때문입니다.

양심이나 율법이 인류의 죄를 대신하지 못하며, 종교나 사상들도 해결할 수 없습니다. 오직 그리스도만이 인류의 구원을 이룰 수 있습니다. 로마로 통하는 길은 많아도 하나님께로 가는 길은 예수님뿐입니다. 이 일은 사람의 생각이나 의지에 따라 결정된 것이 아닙니다. 인간의 요청에 의한 것도 아닙니다. 오직 하나님의 주권적

은총에 의해 이루어진 것입니다.

그리스도의 십자가 수난은 인류를 향한 하나님의 위대한 은총을 구체적으로 나타내 보여준 사건입니다

은총은 하나님의 은혜와 사랑을 총칭합니다. 사랑은 추상이 아닙니다. 그것은 자기희생을 통한 실천적 자기 표현입니다.

예수님의 수난이 없었다면, 하나님이 인류를 사랑하신다는 말씀은 거짓이 되고 말았을 것입니다. 그러나 예수님의 수난이 있었기에 아무도 그분의 사랑을 부인할 수가 없습니다. 그리스도의 수난이 가장 확실한 증거가 되기 때문입니다. 실천적인 행동 앞에서는 더 이상 말이 필요하지 않습니다. 하나님이 인류를 사랑하신다는 이 사실은 인류에게 현재와 미래에 나타날 소망이 있게 합니다.

예수 그리스도의 수난은 아버지께 대한 순종의 결과입니다

사람은 고난 받기를 원하지 않습니다. 그러므로 예수 그리스도도 인성을 가지고 계셨기에 할 수만 있다면 십자가의 고난을 피하고자 하셨습니다.

겟세마네의 기도에서 우리는 이러한 그분의 마음을 읽을 수 있습니다. 그렇지만 이 고난의 길이 아버지의 뜻이기에 예수님께서는 묵묵히 순종하신 것입니다.

사람들은 대부분 이기적이고 자기중심적입니다. 그러나 우리는 그리스도처럼 아버지의 뜻을 최우선 순위에 두어야 합니다. 자신의 생각이나 의지, 소원 등을 온전히 하나님의 뜻에 굴복시키는 것이 성도의 생활입니다. 육신에 속한 자들은 이기적인 생활에서 돌이켜야 할 것입니다.

성도에게는 그리스도를 위한 고난이 있게 됩니다

하나님의 말씀에 성도에게는 고난이 따른다고 합니다. 이 고난은 '의를 위한 고난', '그리스도에게 속해 있으므로 세상이 미워하고 핍박하는 일', '천국으로 가는 길에서 만나게 되는 불가피한 고난', '예수 안에 있는 경건한 생활에서 오는 피할 수 없는 어려움', '성령이 함께하시므로 따르는 시험을 당하는 일' 등입니다.

이 모든 것은 우리가 피할 수 없는 고난입니다. 깨어 인내하면서 이겨내야 합니다. 주님이 우리를 위해 승리하셨듯이 우리 또한 주를 위하여 인내하면서 승리해야 합니다.

성도는 부패와 오염에서 예수님으로 인해 새롭게 변화되었으므로 이웃을 위한 헌신의 생활을 해야 합니다

그리스도의 수난은 이웃에 대하여 우리가 취해야 할 마땅한 태도와 생활을 제공합니다. 성도는 그리스도로 말미암아 옛 생활에서 벗어나 새 생활을 하게 된 자들입니다. 자기중심의 생활에서 벗어나 하나님 중심의 생활을 하게 됩니다. 이 생활은 이웃을 위한 헌신의 생활입니다.

이웃을 사랑합시다. 백 마디 말보다 하나의 실천이 훨씬 더 설득력이 있고 위력이 있습니다. 우리 모두 하나님을 한순간이라도 떠나지 말고 하나님의 뜻을 이룹시다.

16 죽음에 대한 승리인
그리스도의 부활

"그러나 이제 그리스도께서 죽은 자 가운데서 다시 살아나사 잠자는 자들의 첫 열매가 되셨도다 사망이 한 사람으로 말미암았으니 죽은 자의 부활도 한 사람으로 말미암는도다 아담 안에서 모든 사람이 죽은 것같이 그리스도 안에서 모든 사람이 삶을 얻으리라"(고전 15:20-22).

사람은 누구나 죽음을 두려워하며, 어떻게 하면 죽음을 피할 수 있을까 고민합니다. 그래서 중국의 진시황은 불로초를 구하려 했으나 결국 죽었습니다. 그리고 모든 인간은 예외 없이 죽을 수밖에 없습니다.

오늘날까지 죽음은 여전히 누구도 피할 수 없습니다. 그런데 죽음에 대한 두려움에 사로잡힌 인간들에게 기쁜 소식이 있습니다. 그것은 죽음에 대한 두려움을 해결할 수 있는 길입니다. 그 길은 그리스도께서 모든 인간에게 두려움을 주었던 사망 권세를 이기심으로 열린 것입니다.

타락한 모든 인간에게 주어진 것은 죽음입니다

로마서 5장 12절에 "그러므로 한 사람으로 말미암아 죄가 세상에 들어오고 죄로 말미암아 사망이 들어왔나니 이와 같이 모든 사람이 죄를 지었으므로 사망이 모든 사람에게 이르렀느니라"고 하였습니다. 한 사람 아담의 불순종으로 죄가 왔고, 죄로 말미암아 사망이 왔습니다. 죄는 반드시 형벌을 동반하였고, 그 형벌은 죽음입니다.

히브리서 9장 27절에 "한 번 죽는 것은 사람에게 정해진 것이요 그 후에는 심판이 있으리니"라고 하였습니다. 심판은 영적, 육체적, 영원적인 죽음을 말하며, 이는 곧 하나님과의 단절을 의미합니다. 하나님과의 단절이 사망입니다.

바울은 성도들에게 "허물과 죄로 죽었던 너희"라고 했습니다(엡 2:1-3). 죄는 하나님과의 단절, 곧 사망을 초래하였습니다. 인류는 죄 가운데 거하게 되어 사망의 두려움에 떨게 되었습니다.

하나님을 대적하고 인류가 타락하도록 유혹하였던 사탄은 자신의 가장 큰 권세인 사망을 무기로 인간을 공포에 떨게 하여 자기에게 복종하도록 하고 있습니다. 사탄은 인류가 타락한 이후에 인류를 지배하였으며, 왕 노릇을 하면서 인류로 하여금 죄의 종 노릇을 하게 하였습니다.

"이는 죄가 사망 안에서 왕 노릇 한 것같이 은혜도 또한 의로 말미암아 왕 노릇 하여 우리 주 예수 그리스도로 말미암아 영생에 이르게 하려 함이라"(롬 5:21).

따라서 인간은 죄를 지을 수밖에 없으며, 하나님의 영광에 도달하지 못하게 되었습니다. 그리스도 안에 거하지 않는 모든 인간의 주인은 사탄입니다. 그들은 사탄의 지배를 받으며, 하나님을 거부하고 대적합니다.

사탄이 사망 권세를 가지고 인류에 끼치는 영향이 무엇입니까? 사탄은 인류로 하여금 영원한 형벌을 당하게 만들었습니다. 사탄의 지배하에 있는 한 아무런 소망도 없으며 생명도 없습니다. 다만 영원한 심판과 형벌만이 그 앞에 놓여 있을 뿐입니다.

예수 그리스도의 부활은 사망 권세를 깨뜨렸습니다

부활은 사탄을 향한 승리입니다. 예수님은 십자가를 지시기 이전에 십자가의 죽음과 부활이 사탄을 이기는 것임을 아셨습니다. 그래서 예수님은 십자가를 지시기 전 제자들과의 만남에서 세상을 이겼다고 선언하신 것입니다.

> "이것을 너희에게 이르는 것은 너희로 내 안에서 평안을 누리게 하려 함이라 세상에서는 너희가 환난을 당하나 담대하라 내가 세상을 이기었노라"(요 16:33).

사탄은 예수님이 도래하게 하실 하나님의 나라를 저지하고 대적하기 위하여 유대 종교 지도자들을 이용하여 예수님을 죽이기로 결정하였습니다. 그들은 사탄의 하수인이 되어 죄가 없으신 예수님을 십자가에 못 박았습니다.

사탄은 예수님을 십자가에 못 박아 죽임으로 자신의 최대 권세인 사망 아래 놓이게 만들었다고 생각한 것입니다.

그러나 하나님은 예수님을 부활케 하심으로 사탄의 생각은 상실되었습니다. 하나님께서 이루신 그리스도의 부활은 사탄에 대한 궁극적인 승리였습니다. 부활은 죽음에서 다시 살아나는 것입니다. 그리스도의 부활은 인간이 절대로 깰 수도, 회피할 수도 없었던 공포의 대상인 사망 권세를 파괴한 일입니다(고전 15:54).

그렇기에 인간은 누구나 더 이상 사망 권세의 공포에 시달릴 필요가 없습니다. 오직 그리스도를 영접하여 그 부활의 권능에 참여하기만 하면 누구든지 사망 권세에서 벗어날 수 있게 된 것입니다.

그리스도의 부활로 인해 성도는 영원한 생명을 누리게 되었습니다
그리스도의 부활로 말미암아 생명을 얻게 되었습니다.

"한 사람의 범죄로 말미암아 사망이 그 한 사람을 통하여 왕 노릇 하였은 즉 더욱 은혜와 의의 선물을 넘치게 받는 자들은 한 분 예수 그리스도를 통하여 생명 안에서 왕 노릇 하리로다"(롬 5:17).

예수님 안에 거하는 자들은 더 이상 죄의 종 노릇을 하거나 사망에 대한 두려움에 사로잡힐 필요가 없습니다. 요한복음 5장 24절을 보면 "내가 진실로 진실로 너희에게 이르노니 내 말을 듣고 또 나 보내신 이를 믿는 자는 영생을 얻었고 심판에 이르지 아니하나니 사망에서 생명으로 옮겼느니라"고 하였습니다.

성도들은 그리스도의 부활로 말미암아 사망에서 생명으로 옮겨졌습니다. 성도들은 이제 그리스도의 부활로 말미암아 새롭게 태어나 영생을 얻게 된 것입니다.

영생은 하나님과 깊은 생명의 교제를 나누는 것입니다. 영생은 단순히 그리스도의 재림 때에 얻게 될 성도의 육체의 부활만을 가리키는 것이 아니라, 예수 그리스도로 말미암아 하나님을 알고 주님과 깊은 교제를 나누는 것을 포함합니다.

"영생은 곧 유일하신 참 하나님과 그가 보내신 자 예수 그리스도를 아는 것이니이다"(요 17:3).

영생은 바로 하나님과 예수 그리스도의 깊으신 뜻까지 알고 교제를 나누는 것입니다. 그러므로 성도는 영생을 소유한 자로서 매일의 삶 속에서 하나님과 깊은 교제를 나누며 인도함을 받아야 하는 것입니다. 영원한 생명을 누리고 있는 성도들은 사망 권세가 파괴되었으므로 그리스도 안에서 생명을 누릴 수 있게 되었습니다.

"영접하는 자 곧 그 이름을 믿는 자들에게는 하나님의 자녀가 되는 권세를 주셨으니"(요 1:12).
"아들이 있는 자에게는 생명이 있고 하나님의 아들이 없는 자에게는 생명이 없느니라 내가 하나님의 아들의 이름을 믿는 너희에게 이것을 쓰는 것은 너희로 하여금 너희에게 영생이 있음을 알게 하려 함이라"(요일 5:12-13).

17 하나님이 이루신
화해의 길

> • • •
> "내가 아직 너희와 함께 있어서 이 말을 너희에게 하였거니와 보혜사 곧 아버지께서 내 이름으로 보내실 성령 그가 너희에게 모든 것을 가르치고 내가 너희에게 말한 모든 것을 생각나게 하리라 평안을 너희에게 끼치노니 곧 나의 평안을 너희에게 주노라 내가 너희에게 주는 것은 세상이 주는 것과 같지 아니하니라 너희는 마음에 근심하지도 말고 두려워하지도 말라 내가 갔다가 너희에게로 온다 하는 말을 너희가 들었나니 나를 사랑하였더라면 내가 아버지께로 감을 기뻐하였으리라 아버지는 나보다 크심이라"(요 14:25-28).
> • • •

    인류의 조상 아담, 하와가 에덴 동산에서 타락함으로 인류에게는 불행하고 비참한 상황이 주어졌습니다. 결국 인류는 사망에 이르게 되었고, 죄로 인하여 하나님과 원수가 되었고 불화하게 되었습니다.
    하나님과 인간, 인간과 인간 사이에 문제가 된 다양한 갈등 속에 임한 불화로부터 오는 비참한 삶과 비극적인 불행을 만들게 된 것입니다. 갈등에 의해 생긴 불화는 에덴 동산에서의 범죄 후 아담과 하와의 대화에서 발견됩니다.

아담은 하와에게 죄의 사실을 전가하고, 하와는 뱀에게 전가한 것을 보게 됩니다. 아담과 하와는 '너 때문'이라고 서로 핑계합니다. 그러므로 하나님께로부터 불순종의 결과인 죄에 대한 선언을 받아 사망에 이르게 된 것입니다.

만약 인류의 대표인 아담이 불순종의 죄를 자기 때문이라고 철저하게 회개하였다면 용서가 있을 수도 있었을 것으로 추측해 볼 수 있습니다.

하나님께서는 죄인이 된 인간에게 화해의 길을 열어 주셨고, 죄악이 주는 불화로부터 화해의 길을 열어 주셨습니다. 진정한 화해의 길을 하나님이 그 크신 은혜로 우리에게 열어 주신 것입니다.

먼저 하나님과 사람 사이의 화해의 길을 열어 주셨습니다

에베소서 2장 16절을 보면, "또 십자가로 이 둘을 한 몸으로 하나님과 화목하게 하려 하심이라 원수 된 것을 십자가로 소멸하시고"라고 하였습니다.

인간은 하나님께 죄를 범하여 화목과 평화를 상실하였고, 하나님의 심판을 두려워하며 심한 내적 갈등과 혼란에 직면하게 되었습니다. 이러한 상황에서 화해의 길이 열린 것입니다.

로마서 5장 8절을 보면, "우리가 아직 죄인 되었을 때에 그리스도께서 우리를 위하여 죽으심으로 하나님께서 우리에 대한 자기의 사랑을 확증하셨느니라"고 하였습니다. 하나님의 그 크신 사랑에 의하여 그리스도께서 우리를 위하여 죽으심으로 모든 죄악을 대속하셨습니다. 예수님께서는 십자가로써 하나님과 인간 사이의 원수

관계를 해결해 주셨습니다.

로마서 5장 10절에 "곧 우리가 원수 되었을 때에 그의 아들의 죽으심으로 말미암아 하나님과 화목하게 되었은즉"이라고 하였습니다. 하나님과 사람 사이에는 예수 그리스도를 통하여 영원한 평화가 조성되었습니다. 이제 우리는 굳건한 믿음으로 그것을 누리기만 하면 됩니다.

하나님이 주시는 은혜에 대하여 감사하고 하나님과의 관계를 유지하며 행복한 생활을 합시다. 그러므로 우리 주 예수 그리스도로 말미암아 하나님으로 더불어 화평을 누립시다(롬 5:1). 하나님과 우리 사이의 불화와 갈등은 어떠한 경우에도 하나님의 공의에 의하여 발생하게 됩니다.

우리는 성령의 도우심을 통하여 하나님만 섬기고 경외하며 살아야 합니다. 우리는 그리스도 안에서 평화를 누릴 수 있습니다. 만일 우리의 마음에 하나님을 위한 신앙이 부족함으로 인하여 어떤 환난과 시련이 닥칠지라도, 하나님에 대한 우리의 신앙생활이 여전히 신실할 수만 있다면 우리의 마음은 늘 고요하고 평화가 유지될 것입니다.

하나님은 사람과 사람 사이에 화해를 이루게 하셨습니다

갈라디아서 3장 28절을 보면, "너희는 유대인이나 헬라인이나 종이나 자유인이나 남자나 여자나 다 그리스도 예수 안에서 하나이니라"고 하였습니다.

신약시대 사람들에게는 서로 뛰어넘을 수 없는 엄청난 벽이 존재했습니다. 그것은 유대인들과 이방인들 사이의 벽이었습니다.

유대인들은 이방인들을 지옥의 땔감이나 개와 같이 여기며 미워했습니다. 또한 남자와 여자 사이의 벽도 있었습니다. 남자들은 여자를 자기 재산의 소유물 중 하나로 여겼습니다. 뿐만 아니라 주인들과 종들 사이에도 벽이 있었습니다.

이러한 벽은 이 시대에도 존재하고 있습니다. 배운 사람은 못 배운 사람을 무시하고, 가진 사람은 못 가진 자를 경히 여기는 등 여전히 높은 벽이 있습니다. 이러한 사람 사이의 차별의식은 서로 간에 깊은 갈등을 조장하고 끝없이 불화와 불평을 만들어 냅니다.

예수님은 이러한 벽을 허물기 위하여 이 땅에 오신 것입니다. 사도 바울은 예수 그리스도를 가리켜 "그는 우리의 화평이신지라 둘로 하나를 만드사 원수 된 것 곧 중간에 막힌 담을 자기 육체로 허시고"(엡 2:14)라고 하였고, 갈라디아서 3장 28절에서는 "너희는 유대인이나 헬라인이나 종이나 자유인이나 남자나 여자나 다 그리스도 예수 안에서 하나이니라"고 하였습니다.

인간은 모두 그리스도 안에서 하나입니다. 하나의 공동체인 교회이기에 깨져서는 안 됩니다. 서로 불화와 갈등을 무너뜨리고 서로 낮아지고 섬기고 이해하고 관용하며 사랑을 실천해야 합니다. 그리스도 안에 있으면 어떠한 계층의 벽도 없어져야 합니다. 교회의 직분은 낮아지는 직분입니다. 군림하는 것이 아니라 섬기는 것입니다.

사탄은 하나님과의 관계, 인간과의 관계 사이에 벽이 생기도록 유혹하여 시험에 빠지게 합니다

야고보서 1장 12절에 "시험을 참는 자는 복이 있나니 이는 시련을 견디어 낸 자가 주께서 자기를 사랑하는 자들에게 약속하신 생명의 면류관을 얻을 것이기 때문이라"고 하였습니다.

불화를 일으킬 수 있는 일이 생기더라도 그것 때문에 시험에 들어서는 안 될 것입니다. 그 일이 행동으로 나오기 전에 소멸시켜야 할 것입니다. 만약 시험이 있게 되면 오래 참으면서 성령의 도우심으로 승리해야 합니다. 온갖 역경 속에서도 유혹에 휘말리지 말고 인내하며 반드시 승리하도록 힘써야 할 것입니다. 결국 승리하게 되면 참된 평안이 주어질 것입니다.

시편 23편을 보면 다윗은 고난 중에 하나님이 함께하시므로 참된 평안 중에 살았음을 알게 됩니다. 4절을 보면, "내가 사망의 음침한 골짜기로 다닐지라도 해를 두려워하지 않을 것은 주께서 나와 함께 하심이라 주의 지팡이와 막대기가 나를 안위하시나이다"라고 했습니다.

스데반 집사는 비난을 당해도(행 6:15), 죽임을 당해도(행 7:59-60) 늘 천사의 얼굴과 같이 평온을 유지하였습니다. 참된 평화는 외적인 환경의 변화에 흔들리지 않는 영원한 평화입니다. 이처럼 하나님이 주신 평화는 영원합니다.

18 어린이의 영혼에 대한 최대의 관심

• • •

"그때에 제자들이 예수께 나아와 이르되 천국에서는 누가 크니이까 예수께서 한 어린아이를 불러 그들 가운데 세우시고 이르시되 진실로 너희에게 이르노니 너희가 돌이켜 어린아이들과 같이 되지 아니하면 결단코 천국에 들어가지 못하리라 그러므로 누구든지 이 어린아이와 같이 자기를 낮추는 사람이 천국에서 큰 자니라 또 누구든지 내 이름으로 이런 어린아이 하나를 영접하면 곧 나를 영접함이니"(마 18:1-5).

• • •

영혼은 인간의 내적 자아로서 생명의 근원이고, 한 인간의 실제적인 인격이며 전 존재입니다. 이 영혼은 하나님께서 인간의 육체를 만드신 후 생기를 그 코에 불어넣으시어 생령이 된 것입니다(창 2:7).

어린이의 영혼도 귀중한 존재입니다. 하나님을 경외하는 우리는 이들의 영혼에 대하여 최대의 관심으로 사랑을 실천해야 합니다. 하나님께서 어린이들의 영혼을 사랑하시고 구원하실 것을 믿어야 합니다. 그리고 자녀들에 대하여 관심을 가지며 그 영혼을 사랑해야 합니다.

영혼은 생명의 근원입니다

우리는 영혼에 대한 바른 이해가 필요합니다. 영혼은 인간 생명의 근원이며, 본질로서 감각과 의지의 중심입니다.

인간을 창조하신 하나님께서 영혼을 주셨습니다. 그 영혼은 하나님께 속하여 하나님의 사랑의 대상이 된 것입니다. 이러한 인간의 영혼은 하나님을 갈망하고 있습니다.

인간이 만약 죄를 범하게 되면 그것은 육체와 영혼 모두가 하나님께 범죄하는 것입니다. 그러므로 인간은 하나님의 말씀을 마음에 간직하고 자신의 마음을 힘써 지킴으로 영혼과 육체 모두를 정결하게 해야 합니다.

이것은 생명이 있는 인간 모두에게 해당되는 것입니다. 그러므로 어린이를 사랑하되 그 영혼을 깊이 사랑하고, 어린이에게도 자신이 귀한 영적인 존재임을 자각시켜 스스로 귀하게 지켜 나갈 수 있도록 인도해야 합니다. 그들의 영혼도 거듭나야 할 존재임을 알아야 합니다.

'거듭남'이란 하나님의 생명을 부여받는 것을 말합니다. 즉 새로운 피조물이 되는 것입니다(고후 5:17). 타락하여 하나님과의 관계가 단절되어 죽음을 맞을 수밖에 없게 된 인간이 다시금 하나님 나라에 들어갈 수 있는 길은 오직 성령으로 거듭나는 길뿐입니다(요 3:5). 예수님께서는 "돌이켜 어린아이들과 같이 되지 아니하면 결단코 천국에 들어가지 못하리라"고 말씀하셨습니다(마 18:3).

인간이 거듭나는 길은 하나님의 말씀에 순종함으로 영혼을 깨끗하게 할 때 가능합니다. 성령을 통해 거듭난 사람은 하나님 앞에서 깨끗하게 살아갈 수 있는 사람입니다.

이러한 거듭남의 원리를 어린 시절부터 깨닫게 하여 하나님의 품에서 성장하는 어린이가 될 수 있도록 도와주는 것이 어린이를 위한 참된 사랑의 표현입니다.

성도 된 우리는 자녀들의 영혼에 관심을 가지고 그들을 사랑해야 합니다

"사람들이 예수께서 만져 주심을 바라고 자기 어린 아기를 데리고 오매 제자들이 보고 꾸짖거늘 예수께서 그 어린아이들을 불러 가까이하시고 이르시되 어린아이들이 내게 오는 것을 용납하고 금하지 말라 하나님의 나라가 이런 자의 것이니라 내가 진실로 너희에게 이르노니 누구든지 하나님의 나라를 어린아이와 같이 받아들이지 않는 자는 결단코 거기 들어가지 못하리라 하시니라"(눅 18:15-17).

우리는 영적 생명을 지닌 그리스도인들입니다. 그리스도를 영접하고 성령의 도우심을 받아 생활하는 사람은 영적인 생명을 지닌 존재입니다. 어린이를 사랑한다면 그 어린이를 예수께로 인도하여 그리스도 안에서 성장할 수 있도록 인도해 주어야 합니다. 영적 생명을 지닌 자는 육신의 욕망을 제어하고, 성령의 도우심을 따라 하나님을 의지하고, 모든 생활의 소망과 가치를 하나님께 두고 살아가게 됩니다.

사랑하는 어린이를 그리스도의 영을 지닌 그리스도의 사람으로 인도하여 하나님을 기쁘시게 해드리며(롬 8:9), 이웃을 기쁘게 하는 자로 살아갈 수 있도록 도와주어야 합니다.

어린이들의 영혼도 성령의 도우심을 원하고 있습니다. 그리스도인이 연약하여 낙심될 때, 성령은 우리 안에서 탄식하고 역사하며 연약함을 도와주십니다. 성도들이 하나님께 마땅히 간구할 바를 알지 못할 때에도 성령께서 친히 간구해 주십니다(롬 8:26-27). 이처럼 하나님의 뜻을 따라 하나님께 순종하여 간구하는 성령의 기도를 하나님께서 이루어 주십니다.

또한 성령은 성도들이 생명의 열매를 맺을 수 있도록 도와주십니다. 성령 안에 있는 사랑을 성도가 간직하고 성령에 따라 순종하면 성령의 열매인 사랑, 희락, 화평, 인내, 자비, 양선, 온유, 충성, 절제의 결실을 맺게 됩니다. 이러한 결실을 맺는 삶을 살기 위해서는 시험과 고난이 닥칠지라도 낙심하지 말고 기도하며 성령의 도우심을 기다려야 합니다.

어린이들도 영적인 삶으로 인도함을 받게 됩니다(골 3:10)

성령을 마음에 모신 성도들은 죄를 깨닫고 회개하여 완전히 변화된 자로 새 생활을 할 수 있습니다. 거듭남을 체험한 후에 변화를 받은 자는 하나님의 뜻에 합당한 삶을 영위하게 됩니다(롬 12:2).

성도들은 하나님과의 관계를 새롭게 회복하고 하나님과 사람 앞에 온유하고 겸손하여 하나님께 영광을 돌리며 이웃을 사랑하는 변화된 삶을 살아가게 됩니다.

이러한 변화는 욕망과 고집을 모두 떨쳐버리고 세상을 좇던 자기의 생활에서 완전히 벗어나 하나님의 의를 구하고 성령의 도우심을 바랄 때 이루어지는 것입니다. 먼저 어른들이 이러한 삶을 행실로 모범을 보이며 어린이들을 잘 가르쳐 변화된 삶을 살아갈 수 있도록 도와주어야 합니다.

　어른들은 영적인 성도의 행실을 가르쳐야 합니다. 그리스도인의 영적인 행실은 먼저 위로는 마음을 다하고 목숨을 다하고 뜻을 다하여 하나님을 사랑하고(마 22:37), 아래로는 이웃을 내 몸과 같이 사랑하여(마 22:39) 그리스도께서 주신 새로운 계명을 좇아 사는 것입니다.

　성도가 지켜야 할 첫째 계명인 하나님을 사랑하는 것은 성도를 부르시어 하나님 나라와 영광에 이르게 하시는 하나님께 합당히 행하는 것입니다(살전 2:12). 또한 이웃을 내 몸과 같이 사랑하는 것은 기쁨과 슬픔을 함께하며, 보상을 바라지 않는 구제를 행하는 선을 이루고 덕을 세워 나가는 것입니다.

　하나님께서 주신 계명을 좇아 하나님을 기쁘시게 하는 것이 하나님을 향한 성도의 영과 뜻을 같이하여 연합하며, 모든 물질을 서로 통용하고 사랑의 교제를 나누기에 힘쓰는 일입니다. 이러한 일들을 어린이에게 가르쳐 지키게 합시다.

　어린이의 영혼을 사랑하는 성도들은 어린이도 하나님의 거룩한 영혼을 소유한 귀한 존재인 것을 인식해야 합니다. 그리고 어린이들이 성령의 도우심을 받아 영적인 성도로서 성화된 삶을 살아갈 수 있도록 인도해 주어야 합니다.

　천하보다 귀한 한 영혼, 한 영혼을 사랑으로 인도하여 그리스도 안에서 참된 평화를 누릴 수 있도록 도와주는 것이 어린이의 영혼을 사랑하는 자의 실천 강령입니다.

19 그리스도인의 효도

"자녀들아 주 안에서 너희 부모에게 순종하라 이것이 옳으니라 네 아버지와 어머니를 공경하라 이것은 약속이 있는 첫 계명이니 이로써 네가 잘되고 땅에서 장수하리라"(엡 6:1-3).

어버이 주일을 맞이하여 여러분의 가정에 더욱 하나님의 은혜와 복이 넘치기를 바랍니다. 본문을 보면 그리스도인의 효도를 어떻게 해야 하는지 가르쳐 주고 있습니다.

부모님께 대한 효도를 절대적으로 명령하는 종교는 기독교 외에 별로 없습니다. 이 효도의 명령은 성경 전체를 통하여 변함없이 강조되고 있음을 볼 수 있습니다. 하나님의 명령 가운데 인류에 관한 최고의 계명이 부모 공경입니다.

어버이 주일을 맞이한 우리는 그리스도인으로서 효도를 어떻게 할 것인가를 깨닫고 하나님께 순종하는 생활로 영광을 돌려야 하겠습니다.

부모를 공경하려면 부모님의 은혜를 먼저 생각해야 합니다

레위기 19장 3절을 보면, "너희 각 사람은 부모를 경외하고 나의 안식일을 지키라 나는 너희의 하나님 여호와이니라" 하였습니다.

부모님의 은혜는 모든 것을 가능하게 하는 은혜임을 알아야 합니다. 부모님은 현재 이 세상에 '나'라는 존재가 있도록 해주신 분들입니다. 나를 낳으시고 기르시는 분입니다. 우리의 생명은 하나님이 창조하셨지만 그 생명을 우리에게 전달해 주신 분이 바로 부모라는 사실을 잊지 말아야 합니다.

이 세상에 우리가 한 인간으로 태어나 존재한다는 사실은 복된 일입니다. 더욱이 현재 우리는 장차 하나님 나라에서 영생을 누릴 복 있는 존재가 되었습니다. 이 모든 복된 삶의 가능성은 바로 부모님의 은혜로부터 비롯되었음을 부인할 수 없습니다.

우리는 이웃을 모르고 서로 소외될 수밖에 없는 삭막한 세상에 살고 있습니다. 그러나 사랑해야 할 이웃이 있습니다. 그 이웃에게도 공경해야 할 부모가 계십니다. 이분들은 우리 모두가 사랑해야 할 대상입니다. 우리를 반갑게 맞아 주시고 사랑해 주시는 영원한 이웃이 있습니다. 그분들이 바로 부모님이십니다.

이웃의 어르신들도 우리의 공경의 대상임을 알고 잘 섬기며 그분들을 도와 협력해야 하겠습니다. 이 일이 이웃 사랑을 실천하는 것입니다.

우리는 그리스도인으로서 효도에 대한 성경의 가르침에 절대적으로 순종해야 합니다

출애굽기 20장 12절에 "네 부모를 공경하라 그리하면 네 하나님 여호와가 네게 준 땅에서 네 생명이 길리라"고 하였습니다. 부모 공경은 하나님의 절대 명령입니다.

신구약 모든 말씀에서 오늘에 이르기까지 절대적인 구속력을 지닌 명령이 바로 십계명과 그 계명에 속한 부모에 대한 효도 명령입니다. 우리 그리스도인은 이 명령에 순종해야 합니다. 일반적이고 윤리적인 의무라는 차원을 넘어서 하나님께서 주신 절대적인 계율임을 명심하고 실행해야 합니다.

예수 그리스도께서도 모범을 보이셨습니다. 십자가에 달려 죽으시기 전에 모친 마리아의 생활 대책을 걱정하시고, 요한에게 부탁하셨습니다. 예수님은 최선을 다하여 효를 실천하는 모범을 보이는 생활을 하셨기에 온전하신 하나님의 아들로 인정받으실 수 있었습니다.

그리스도인인 우리는 하나님의 말씀인 성경의 절대 명령에 순종함으로 부모를 공경해야 할 것입니다.

그리스도인의 효도 방법을 생각해 봅시다

에베소서 6장 1절에서 "자녀들아 주 안에서 너희 부모에게 순종하라 이것이 옳으니라"고 하였습니다. 주 안에서 효도하는 길은 먼저 전인적으로 부모님을 기쁘시게 해드리는 것입니다.

우리는 아무리 나이가 드시고 정신이 혼미한 노인일지라도 인격적인 분임을 명심해야 합니다. 나이가 드실수록 더욱 자존심이 강해지는 것이 우리 인간입니다. 그러므로 부모님의 마음을 기쁘시게 해드리는 것이 기독교적인 효도 방법입니다.

기독교의 사랑의 개념은 이상적인 동시에 구체적이며 현실적인 것입니다. 입과 머리로만 사랑하는 것이 아니라 현재의 자리에서 구체적으로 사랑을 실천해야 합니다.

부모님께 대한 효도도 그러합니다. 부모님께 효도하되 지금 내 형편에서 최선을 다해야 합니다. "형편이 좀 나아지면······" 하면서 뒤로 미루거나 부모님을 찾아뵙는 것을 미루는 성도가 있다면 명심해야 합니다. 부모님의 마음은 변치 않을지 모르지만 그 몸은 세월을 이기지 못한다는 것을 알아야 합니다.

부모님께서 생존해 계실 때 좋은 것으로 효도하시기 바랍니다
불신자들처럼 세상을 떠난 후 제사로써 효도하면 될 것이라고 여기는 분이 있다면 어리석은 것입니다. 하나님의 부르심을 받아 소천하신 부모님께는 냉수 한 잔도 드릴 수 없다는 것을 알아야 합니다. 효도는 살아 계실 때 실천해야 할 일입니다. 이것이 주 안에서 효도하는 자세입니다.

부모님께 효도하지 못한 자가 있다면 회개하고 효도를 다짐하는 자녀들이 되시기를 바랍니다. 갚아도 갚을 수 없는 생명을 전해 주신 은혜를 늘 생각하고, 우리 주님과 성경의 교훈을 명심하면서 주 안에서 참되게 효도를 실천하는 자가 되어야 하겠습니다.

부모님을 기쁘시게 해드려야 합니다
1) 부모님과 자신의 일을 상의해야 합니다(잠 8:32-33, 부모에게 훈계를 받으라).
① 충분한 대화를 함.
오늘날 부모들은 자녀들에게 과다한 희망을 걸고 실력이나 능

력, 힘에 넘치는 요구들을 하는 것을 종종 보게 됩니다. 그러한 요구들은 물론 자녀들의 행복을 위한 것이지만 문제는 자녀들이 그것을 수용하지 못하고 오히려 부모의 기대를 저버리고 곁길을 걷는 데 있습니다.

자녀들은 부모들의 요구가 무리한 것일 때 힘에 겨워도 탈선의 길로 들어서서는 안 됩니다. 부모들과 충분한 대화와 상담을 거쳐 자신의 역량에 맞는 일을 찾도록 노력해야만 합니다. 왜냐하면 탈선의 마지막은 파멸이며, 그 길을 되돌이키기 위해서는 엄청난 대가를 치러야만 하기 때문입니다.

부모들이 대화에 잘 응하지 않는다고 불평하지 마십시오. 그리고 대화를 포기하지 마십시오. 계속해서 부모와의 대화를 갖기 위해 노력하면 심각한 문제들이 해결되는 결과를 얻게 될 것입니다.

② 부모의 훈계와 지도를 받음.

부모들은 자녀들에게 자주 훈계를 합니다. 이런 훈계들은 자녀들의 입장이나 생각을 고려하지 않고서 일방적으로 이뤄지는 경우가 많습니다. 그래서 자녀들은 부모와의 의견 충돌을 일으키기도 합니다.

그러나 자녀들의 그런 행위는 비록 그들이 옳을지라도 결코 옳은 것이 아닙니다. 왜냐하면 부모들은 이 세상을 오랫동안 살아온 선배들이며 인생을 살아가는 많은 경험을 가지고 있기 때문입니다. 그러므로 자녀들은 부모의 훈계와 지도를 기쁘게 받아야 하며, 인생의 지침과 교훈으로 삼아야 합니다. 성경에서도 "내 아들아 네 아비의 훈계를 들으며 네 어미의 법을 떠나지 말라"(잠 1:8)고 했습니다. 부모의 훈계와 지도를 받아 지침으로 삼을 때 자신의 성장이 있습니다. 성장은 자신의 고집과 작은 지혜로 이루어지는 것이 아닙니다. 자녀들은 부족하기 때문에 부모들의 도움과 조언이 필요한 것입니다.

2) 자기 일에 최선을 다해야 합니다(잠 11:3).
① 맡겨진 일에 최선을 다함.

자녀가 부모 원하는 대로 성장하는 것은 아닙니다. 실패를 겪기도 하고 때로는 깊은 좌절을 경험할 때도 있습니다. 어떤 경우에는 그 충격에서 잘 헤어나오지 못할 때도 있습니다. 그러나 성도 여러분, 모든 일에 승승장구하여 실패를 모르고 성장한 사람보다는 실패를 경험한 사람이 더 겸손하고 성숙하게 성장한다는 사실을 기억하십시오. 부모들은 자녀들이 도전해 보지도 않고 실패가 겁이 나서 포기하지 않도록 격려해야 합니다. 그리고 맡겨진 일에 최선을 다해 성실하게 노력하도록 도와주어야 합니다. 성경에서도 성실한 자는 여호와께서 보호하신다고 했습니다(참조, 시 31:23). 하나님의 말씀을 믿고 최선을 다할 때 좋은 결과가 나오게 됨을 믿어야 합니다.

② 좋은 친구를 택해야 함.

성경은 "지혜로운 자와 동행하면 지혜를 얻고 미련한 자와 사귀면 해를 받느니라"(잠 13:20)고 했습니다. 뿐만 아니라 "어떤 친구는 형제보다 친밀하니라"(잠 18:24)라고 했습니다. 어떤 친구를 선택하느냐에 따라서 자신의 운명이 결정되는 경우도 있음을 알아야 합니다.

그러므로 좋은 친구를 사귀는 일처럼 중요한 일은 없습니다. 그러나 문제는 현실적으로 자녀들이 그렇게 좋은 친구만을 사귈 수 없다는 것입니다. 오늘날 청소년들은 폭력, 마약, 범죄 등에 그대로 노출되어 있기 때문에 부모의 걱정이 되고 있습니다.

이러한 사회 문제는 한 개인의 의지만으로 극복되는 것이 아닙니다. 사회생활을 하다 보면 좋은 친구뿐 아니라 나쁜 친구를 사귈 수도 있는 것입니다. 그렇다고 혼자 고립된 생활을 할 수도 없습니다. 그래서 자녀는 모든 일에 성실함을 잃어서는 안 되며, 특히 친구 관계에서 올바른 관계를 유지하도록 힘써야 합니다. 그것이 자녀의 바른 도리입니다. 친구와 올바른 관계를 유지하는 것은 부모의 기쁨이요, 자신에게는 큰 유익이 될 것입니다.

3) 독립심을 키워 나가야 합니다(수 1:6).

① 부모를 의지하는 자세를 버림.

자녀는 성장함에 따라 독립된 인격체로 성숙해 갑니다. 그리고 자녀가 언제까지나 부모 곁에 머물러 있을 수도 없습니다. 그러기에 자녀는 부모와 함께 있는 동안 육체적, 정신적으로 부모를 의지하려는 자세에서 점점 벗어나 자신을 성숙시켜 나가도록 노력해야 합니다.

언제까지나 부모를 의지하려는 자세는 나약한 태도이며, 바람직한 자세가 아닙니다. 그리고 그런 태도는 부모의 걱정이 됩니다. 왜냐하면 자녀의 삶은 부모의 삶이 아니며, 부모가 대신 살아 줄 수도 없기 때문입니다.

오늘날 자녀들이 부모의 재산으로 무위도식하면서 지내는 경우가 종종 있습니다. 이러한 삶의 자세를 믿음의 자녀들은 지양해야 합니다.

성경은 "대저 여호와는 네가 의지할 이시니라 네 발을 지켜 걸리지 않게 하시리라"(잠 3:26)고 했습니다. 믿음의 자녀들이 하나님을 의지하고 독립심을 키워 가는 것이야말로 하나님이 진정 요구하시는 삶의 자세입니다.

② 바른 사회생활을 위해 준비해야 함.

자녀는 나이가 차면 사회생활도 하고 결혼을 하여 한 가정을 형성하게 됩니다. 때가 되어도 사회생활을 하지 않는 자녀는 별로 없습니다. 그러므로 가정은 자녀 자신의 미래 삶의 표본입니다.

그러므로 가정에서 바른 사회생활을 준비하면 나중에 좋은 사회생활과 가정을 꾸밀 수 있습니다. 그러나 그렇지 못할 때는 나쁜 길로 들어서기 쉽습니다. 성도 여러분, 가정이 잘못되거나 자녀가 제대로 준비하지 못했는데도 올바른 사회생활을 할 수 있으리라 생각하지 마십시오. 그것은 엉겅퀴에서 무화과를 따려는 것같이 하나님을 기만하는 행동입니다(참조, 마 7:16-20).

세상에는 각자에게 맡겨진 도리가 있습니다. 그것을 과하게 행하거나 부족하게 행하면 그 단체는 정상적일 수가 없습니다. 이와 같이 가정에서도 자녀가 자신의 도리를 바르게 감당하는 것은 가정의 화평을 위해서나 자신을 위해서나 정말 중요하다는 것을 기억하시기 바랍니다.

20 가족이 마땅히 행할 법도

"아내들아 남편에게 복종하라 이는 주 안에서 마땅하니라 남편들아 아내를 사랑하며 괴롭게 하지 말라 자녀들아 모든 일에 부모에게 순종하라 이는 주 안에서 기쁘게 하는 것이니라 아비들아 너희 자녀를 노엽게 하지 말지니 낙심할까 함이라"(골 3:18-21).

하나님은 에덴에서 가정을 창조하셨습니다. 두 남녀의 결혼의 원리에 의하여 부부와 자녀로 이루어진 가족으로 구성되게 하셨습니다. 이렇게 시작된 가정을 행복하게 꾸려 가기 위해서는 가족 구성원들이 각자에게 주어진 의무를 잘 감당하며 사랑으로 화합해야 합니다.

남편과 아내, 그리고 자녀들이 각자 주어진 마땅히 행할 법도를 알아서 순종함으로 행복한 가정을 이루어야 하겠습니다.

남편은 그의 법도를 따라 순종함으로 행복을 이루어야 합니다
에베소서 5장 28절을 보면, "이와 같이 남편들도 자기 아내 사랑하기를 자기 자신과 같이 할지니 자기 아내를 사랑하는 자는 자기를 사랑하는 것이라"고 하였습니다.

남편은 아내를 사랑하라고 하였습니다. 아내는 하나님이 배필로 남편에게 주셨습니다. 그렇지만 남편과 아내는 주종관계가 아닌 서로 돕는 사랑의 관계입니다.

에베소서 5장 25절에서도 "남편들아 아내 사랑하기를 그리스도께서 교회를 사랑하시고 그 교회를 위하여 자신을 주심같이 하라"고 하였습니다.

아내에게 무조건적인 복종만을 강요하는 것은 잘못된 가부장적 권위에 사로잡힌 결과입니다. 아내를 이해하고 보살피며, 자신을 희생하기까지 사랑한다면 아내들도 스스로 남편의 권위를 세워 주며 따르게 될 것입니다.

베드로전서 3장 7절에서 베드로는 아내를 '연약한 그릇이요, 귀히 여길 자'라고 하였습니다. 아내로 인해 자손이 번성하게 되며 가정의 화목이 유지됩니다. 그러므로 남편들은 아내에 대하여 순결을 지키고 아내로 더불어 족하게 여길 것이며, 아내를 끝까지 버리지 않고 돌보아야 합니다.

남편은 가정을 인도할 의무가 있습니다

이 의무는 가장의 도리로서 매우 중요합니다. 아브라함과 같은 경건한 가장은 자손들에게 복이 유업으로 이어지게 하였습니다. 그러나 제사장 엘리와 같은 가장은 자녀를 올바르게 양육하지 못하여 결국엔 저주의 가정으로 만들고 말았습니다. 가장은 먼저 가정의 본이 되어야 합니다.

"내가 완전한 길을 주목하오리니 주께서 어느 때나 내게 임하시겠나이까 내가 완전한 마음으로 내 집 안에서 행하리이다"(시 101:2).

가족 구성원의 가장 핵심인 가장이 신앙적으로나 도덕적으로 온전한 모범이 될 때, 가족들은 그를 신뢰하여 따르게 됩니다.
그래서 교회 감독의 자격 요건을 '집안을 잘 다스리는 자'여야 한다고 말씀합니다.

"자기 집을 잘 다스려 자녀들로 모든 공손함으로 복종하게 하는 자라야 할지며 (사람이 자기 집을 다스릴 줄 알지 못하면 어찌 하나님의 교회를 돌보리요)"(딤전 3:4-5).

또한 가장은 외부로부터 가족을 보호해야 하며, 가족들의 필요를 공급해 주어야 합니다. 가장은 남편으로서 또는 아버지로서 자신의 의무를 잘 감당해야 합니다. 이러한 가정은 하나님이 주시는 복과 은혜를 누리게 됩니다.

아내도 하나님이 주신 법도를 지켜야 합니다
에베소서 5장 22-24절을 보면, "아내들이여 자기 남편에게 복종하기를 주께 하듯 하라 이는 남편이 아내의 머리 됨이 그리스도께서 교회의 머리 됨과 같음이니 그가 바로 몸의 구주시니라 그러므로 교회가 그리스도에게 하듯 아내들도 범사에 자기 남편에게 복종할지니라"고 하였습니다.

아내는 남편에게 복종해야 된다고 합니다. 아내는 하나님의 뜻에 따라 남편을 돕는 역할을 잘 감당해야 합니다. 남편을 사모하고 경외하며 남편에 대한 의무를 다하는 것이 아내의 도리입니다.

"남편은 그 아내에 대한 의무를 다하고 아내도 그 남편에게 그렇게 할지라"(고전 7:3).

또한 자신의 머리 되는 남편에게 복종하기를 주께 하듯 하라고 합니다. 아내의 도리를 다하는 현숙한 여인의 값은 진주보다 더한 것입니다.

"누가 현숙한 여인을 찾아 얻겠느냐 그의 값은 진주보다 더하니라"(잠 31:10).

이러한 지혜로운 여인은 그 집을 세운다고 했습니다.

"지혜로운 여인은 자기 집을 세우되 미련한 여인은 자기 손으로 그것을 허느니라"(잠 14:1).

현숙한 아내는 남편이 다른 사람으로부터 존경을 받을 수 있도록 잘 보필해야 합니다 이러한 아내는 '지아비의 면류관'이 됩니다.

"어진 여인은 그 지아비의 면류관이나 욕을 끼치는 여인은 그 지아비의 뼈가 썩음 같게 하느니라"(잠 12:4).

어머니는 자녀를 잘 양육해야 합니다

잉태하는 고통과 수고로 자식을 낳게 되는 어머니는 낳은 자녀를 잘 양육해야 할 의무가 있습니다. 경건한 어머니에게서는 사무엘과 디모데 같은 훌륭한 자녀가 자라났지만, 헤롯의 아내 헤로디아는 오히려 자녀에게 범죄를 권하였습니다.

어머니의 채찍과 꾸지람이 없는 자녀는 결국 그 어머니를 욕되게 합니다.

"채찍과 꾸지람이 지혜를 주거늘 임의로 행하게 버려둔 자식은 어미를 욕되게 하느니라"(잠 29:15).

그러므로 어머니는 자녀를 훈계해야 합니다. 잠언 31장 1절에 "르무엘 왕이 말씀한 바 곧 그의 어머니가 그를 훈계한 잠언이라"고 기록되어 있습니다.

어머니는 자녀에게 경건의 본이 되어야 합니다.

"이는 네 속에 거짓이 없는 믿음이 있음을 생각함이라 이 믿음은 먼저 네 외조모 로이스와 네 어머니 유니게 속에 있더니 네 속에도 있는 줄을 확신하노라"(딤후 1:5).

자녀에게 마땅히 행할 길을 가르치면 늙어도 그것을 떠나지 않습니다. 어머니의 올바른 가르침은 평생 자녀의 삶의 척도가 됩니다. 흔히 가정교육이 중요하다고 하는데, 가정교육의 많은 부분을 감당해야 할 어머니의 역할은 매우 중요하며 값진 것입니다.

자녀들은 부모를 잘 공경해야 합니다

자녀들은 자녀의 위치해서 자녀의 법도를 지켜 순종해야 합니다. 에베소서 6장 1-3절을 보면, "자녀들아 주 안에서 너희 부모에게 순종하라 이것이 옳으니라 네 아버지와 어머니를 공경하라 이것은 약속이 있는 첫 계명이니 이로써 네가 잘되고 땅에서 장수하리라"고 하였습니다.

자녀는 하나님께서 부모에게 주신 기업이며 상급입니다. 부모에게 자녀는 귀한 존재입니다. 그만큼 부모를 잘 공경해야 합니다.

또한 부모의 교훈은 등불과 빛이며 생명의 길이 됩니다. 그러므로 자녀들은 부모의 가르침에 따라 순종해야 합니다. 부모의 훈계와 법은 자녀에게 '머리의 아름다운 관이요 목의 금 사슬'이라고 하였습니다.

> "내 아들아 네 아비의 훈계를 들으며 네 어미의 법을 떠나지 말라 이는 네 머리의 아름다운 관이요 네 목의 금 사슬이니라"(잠 1:8-9).

부모의 교훈은 등불과 빛이며 생명의 길이 됩니다. 부모님을 공경하며 순종하는 자녀들은 하나님의 계명을 잘 지키는 자입니다. 이는 이 땅에서 복을 받고 장수하는 비결이 됩니다.

> "너는 네 하나님 여호와께서 명령한 대로 네 부모를 공경하라 그리하면 네 하나님 여호와가 네게 준 땅에서 네 생명이 길고 복을 누리리라" (신 5:16).

부모를 잘 공경하는 자는 그 자녀들 역시 부모의 본을 따라 자신을 잘 공경하게 됩니다. 올바른 부모의 가르침을 잘 따르는 자들은 인격 형성과 사회인으로서의 진출 과정에서 매우 유익한 도움을 얻게 될 것입니다.

또한 형제간에는 우애가 있어야 합니다. 자녀들은 한 부모 아래 혈육이 된 형제들입니다. 떨어질 수 없는 사랑으로 결속된 지체입니다. 자신의 이익을 우선하는 친구들과는 느낌이 다릅니다. 희생적이고 헌신적인 형제간의 사랑은 남을 사랑할 줄 아는 비결을 배우는 과정입니다.

어린 시절부터 쌓은 많은 추억과 공통된 경험들은 서로를 떼어 놓을 수 없는 관계로 이끌어 줍니다. 하나님께서도 형제 사랑을 명령하셨으며, 형제 우애에 사랑을 공급하는 것은 바로 그리스도의 은혜임을 잊지 말아야 합니다.

"그러므로 너희가 더욱 힘써 너희 믿음에 덕을, 덕에 지식을, 지식에 절제를, 절제에 인내를, 인내에 경건을, 경건에 형제 우애를, 형제 우애에 사랑을 더하라"(벧후 1:5-7).

요셉은 자신을 학대하였던 형들에게 사랑을 베풀었습니다. 모세의 누이 미리암은 버려진 동생 모세를 끝까지 따라가 지켰습니다. 성경에도 형제 사랑으로 축복 받은 형제간의 이야기가 많이 언급되어 있습니다. 형제간의 사랑은 부모의 즐거움이 됩니다.

가족 구성원들이 각자에게 주어진 의무를 잘 이행하는 것은 행복한 가정을 만들어 가는 원동력이 됩니다. 행복한 가정을 이루는 것은 건전한 사회를 형성하는 주춧돌이 됩니다. 가정에서 쌓은 사랑의 경험은 사회를 밝게 만드는 사랑을 실천하게 만듭니다. 행복한 가정을 꾸미는 것은 가정을 허락하신 하나님의 뜻에 순종하는 것이며, 그렇게 할 때 하나님의 영광을 사회에 밝게 비추게 됩니다.

21 믿음이 있는
그리스도인의 가정

"가르침을 받는 자는 말씀을 가르치는 자와 모든 좋은 것을 함께하라 스스로 속이지 말라 하나님은 업신여김을 받지 아니하시나니 사람이 무엇으로 심든지 그대로 거두리라 자기의 육체를 위하여 심는 자는 육체로부터 썩어질 것을 거두고 성령을 위하여 심는 자는 성령으로부터 영생을 거두리라 우리가 선을 행하되 낙심하지 말지니 포기하지 아니하면 때가 이르매 거두리라 그러므로 우리는 기회 있는 대로 모든 이에게 착한 일을 하되 더욱 믿음의 가정들에게 할지니라"(갈 6:6-10).

　가정은 참으로 소중합니다. 그 이유는 하나님께서 가정을 세워 주셨기 때문입니다(창 2:22-25). 우리는 가정을 귀하고 소중하게 여기면서 훌륭하고 아름답게 가꾸어야 하겠습니다. 그리고 더 나아가 가정을 통하여 하나님께 영광과 기쁨을 드려야 하겠습니다.
　하나님께 영광과 기쁨을 드릴 수 있는 길은 다양한 방법이 있겠지만 하나님을 믿는 우리는 먼저 믿음이 있는 가정으로서 가족들이 신실한 신앙생활을 함으로써 하나님께 영광과 기쁨을 드릴 수 있습니다.

사도 바울은 본문 10절에서 "그러므로 우리는 기회 있는 대로 모든 이에게 착한 일을 하되 더욱 믿음의 가정들에게 할지니라"고 하였습니다.

믿음의 가정에게 우선적으로 기회 있는 대로 착한 일을 하라고 권면하고 있습니다. 우리는 믿음이 있는 그리스도인의 가정을 이루어야 하겠습니다.

그리스도인의 가정에는 기쁨이 있습니다

빌립보서 3장 1절에 "끝으로 나의 형제들아 주 안에서 기뻐하라"고 하였습니다. 이 말씀에 순종하는 믿음의 그리스도인은 기쁨 안에서 살게 됩니다. 믿음이 있는 가정에는 기쁨이 있습니다.

빌립보서 4장 4절에서도 "주 안에서 항상 기뻐하라 내가 다시 말하노니 기뻐하라"고 두 번씩이나 반복하여 기뻐하라고 했습니다. 이 기쁨은 하나님의 말씀을 따라 생활할 때에 그리스도인에게 주시는 은혜입니다.

열왕기상 2장 3절을 보면, "모세의 율법에 기록된 대로 지키라 그리하면 네가 무엇을 하든지 어디로 가든지 형통할지라"라고 합니다. 율법을 지킬 때 만사가 형통하다고 합니다. 집안이 형통하면 기쁨이 넘치게 됩니다. 가정에 기쁨이 충만하기 위해서는 먼저 율법 준수가 선행되어야 합니다. 그리하면 그 결과로 형통의 기쁨이 임합니다.

또한 하나님의 말씀을 상고하는 가정에 기쁨이 있습니다. 진정한 기쁨은 하나님 말씀을 상고할 때 찾아옵니다. 예레미야 15장 16절을 보면, 말씀을 먹음으로 기쁨과 즐거움을 얻었다고 예레미야 선지자가 고백합니다.

우리는 대부분 기쁨을 세상에서의 물질의 풍요나 세상에서 잘되는 것으로 얻으려고 합니다. 그러나 이러한 세상적인 기쁨은 참 기쁨이 아닙니다. 뿐만 아니라 오래가지도 않습니다. 참 기쁨은 하나님의 말씀을 상고하고 묵상할 때에 주십니다. 그리스도인들은 말씀에 의하여 기쁨을 얻게 됩니다.

그리스도인의 가정은 하나님과의 바른 관계에서 기도하게 됩니다
믿음이 있는 가정은 쉬지 않고 항상 기도합니다. 하나님 앞에서 살아가려면 우리는 부족하고 무능하기 때문에 반드시 기도가 필요합니다.

하나님은 그리스도인에게 기도의 특권을 주셨습니다. 그리스도인은 성령의 도우심이 필요합니다. 우리가 기도드릴지라도 하나님께서 응답하지 않으시면 소용이 없습니다.

중요한 것은 기도의 내용입니다. 먼저 가족을 위해서 기도해야 합니다. 가족 모두가 구원받기를 위한 기도가 필요합니다. 고넬료는 가족을 위하여 시간을 정해 놓고 기도했습니다(행 10:2).

예수님께서 하신 비유의 말씀을 보면, 음부를 들어간 부자는 자신의 형제들이 구원받기를 원해서 부탁하고 있습니다. 이것이 진정한 사랑입니다. 가족을 위한 사랑의 기도가 있는 가정은 하나님의 은혜를 누릴 수 있습니다.

다음으로 우리는 하나님 나라와 의를 위하여 기도해야 합니다. 우리의 기도 내용은 대부분 물질적인 것과 자기의 유익을 위한 정욕적인 기도입니다. 하나님은 그런 정욕적인 기도를 원치 않으십니다. 주님은 먹을 것, 입을 것과 마실 것을 위하여 기도해서는 안 된다고 하십니다(마 6:31). 우리가 하나님 나라와 그 의를 위하여 기도하면, 하나님께서는 생활의 필요들은 이미 알고 계시므로 때를 따라 도우시며 필요를 따라 공급해 주십니다.

개인적인 유익이 아닌, 하나님이 원하시는 우리의 기도가 되어야 하겠습니다. 믿음의 가정에는 기도의 응답이 있습니다.

믿음이 있는 가정에는 범사에 감사하는 생활이 있습니다(골 2:6-7)

믿음이 있는 가정에는 항상 감사가 따르게 됩니다. 감사생활은 믿음의 적극적인 표징입니다. 바울은 믿음 위에 서서 감사를 넘치게 하라고 했으며(골 2:7), 범사에 감사하는 것이 하나님의 뜻이라고 하였습니다(살전 5:18). 감사하는 생활이 있어야 합니다. 믿음 안에 있는 우리는 범사에 감사해야 합니다. 핍박을 받을 때도 감사해야 합니다(마 5:11-12). 조건과 환경에 관계없이 항상 감사해야 합니다.

"우리가 너희 모두로 말미암아 항상 하나님께 감사하며 기도할 때에 너희를 기억함은"(살전 1:2).
"범사에 우리 주 예수 그리스도의 이름으로 항상 아버지 하나님께 감사하며"(엡 5:20).

감사할 일이 있을 때 감사하는 것은 누구나 할 수 있는 일이지만, 감사할 수 없을 때에도 감사하는 것은 어렵습니다. 우리 주변의 모든 것이 우리를 위하여 만들어진 것입니다. 하나님은 우리의 사랑의 대상이시며, 우리는 하나님의 자녀입니다. 오직 감사 외에 더 무슨 말이 필요하겠습니까? 하나님께만 아니라 형제와 이웃, 만나는 모든 이에게 감사해야 합니다.

하나님께서는 재물이 있는 곳에 마음이 있다고 하셨습니다. 진정한 감사가 넘치는 마음이 있는 그곳에 재물이 따르게 됩니다. 재물과 소산으로 감사하라고 했으며(잠 3:9-10), 연보로 감사하라고 했습니다(고후 9:11).

물질의 감사는 하나님께만 한정된 것이 아니라 이웃에 대한 물질의 감사도 필요합니다. 구제와 봉사가 그것입니다. 이처럼 말이나 물질로 하나님과 이웃에 대하여 감사를 드리는 가정이 믿음이 있는 가정입니다. 또한 하나님을 기쁘게 해드리는 가정입니다.

22 그리스도의 명령인 복음 전파

> "또 이르시되 너희는 온 천하에 다니며 만민에게 복음을 전파하라 믿고 세례를 받는 사람은 구원을 얻을 것이요 믿지 않는 사람은 정죄를 받으리라"(막 16:15-16).

초대교회로부터 현대까지 교회 역사는 복음 전파의 역사라 할 수 있습니다. 교회는 여러 가지 사역 중에서도 복음 전파 사역을 우선순위에 두고 있습니다. 그것은 복음 전파가 하나님께서 예수님을 세상에 보내신 목적이며(눅 4:43), 우리를 구원하신 목적이기 때문입니다.

예수님은 복음 전파를 통해서 인류를 구원하시고자 세상에 오셨고, 승천하시면서 제자들에게 자신의 지상 생애 동안에 이루셨던 복음 사역을 위탁하셨습니다.

하나님의 부르심을 받은 성도들은 누구나 주 되신 그리스도의 복음 전파 명령에 순종해야 합니다. 복음 전파는 그리스도의 지상 대명령입니다.

복음 전파는 믿음이 주어지게 합니다

믿음은 그리스도의 말씀을 들을 때 주어집니다. 로마서 10장 17절을 보면, "믿음은 들음에서 나며 들음은 그리스도의 말씀으로 말미암았느니라"고 하였습니다.

예수님은 공생애 중에 제일 먼저 "회개하고 복음을 믿으라"고 선포하셨습니다. 마가복음 1장 15절에 "이르시되 때가 찼고 하나님의 나라가 가까이 왔으니 회개하고 복음을 믿으라"고 하셨습니다.

또한 복음 전파 사역을 위탁받은 제자들도 오순절 성령 강림 이후에 제일 먼저 복음을 선포했습니다.

성령의 조명을 받아야 복음을 깨달을 수 있게 되고, 성령의 인도하심을 받아야 믿음이 주어집니다. 구원을 얻게 하는 믿음은 그리스도의 말씀, 곧 복음을 들을 때 얻게 됩니다.

믿음은 복음을 들을 때 성령의 조명을 통하여 생겨나기 때문에, 복음 전파는 하나님의 구속 사역을 성취하고 사람들로 하여금 구원을 얻게 하는 데 가장 중요한 일입니다. 사람은 복음을 전파해야만 그리스도의 말씀을 들을 수 있는 기회를 갖게 됩니다.

구원을 얻는 데 결정적인 요인인 믿음은 오직 복음을 들을 때만 주어집니다. 믿음을 통한 구원을 얻기 이전에 반드시 선행되어야 하는 것이 바로 복음 전파입니다. 누군가가 복음을 증거하지 않는다면 구원을 얻을 기회를 줄 수 없습니다.

사도 바울은 로마서 10장 14절에서 "그런즉 그들이 믿지 아니하는 이를 어찌 부르리요 듣지도 못한 이를 어찌 믿으리요 전파하는 자가 없이 어찌 들으리요"라고 했습니다.

예수님도 지상 사역 기간 동안 복음 전파에 매진하셨고 (마 4:23),

자신이 전한 복음을 듣고 생명책에 기록된 제자들로 하여금 복음을 증거하도록 명령하셨습니다.

"예수께서 온 갈릴리에 두루 다니사 그들의 회당에서 가르치시며 천국 복음을 전파하시며 백성 중의 모든 병과 모든 약한 것을 고치시니"(마 4:23).

복음 전파 없이 하나님의 구속 사역은 이루어질 수 없습니다. 성도들은 그리스도의 명령을 따라 복음 전파에 전력해야 합니다.

주님께 받은 사명을 성실히 실천해야 합니다

"내가 달려갈 길과 주 예수께 받은 사명 곧 하나님의 은혜의 복음을 증언하는 일을 마치려 함에는 나의 생명조차 조금도 귀한 것으로 여기지 아니하노라"(행 20:24).

복음 전파는 예수 그리스도의 최고의 명령이며 마치 유언과도 같은 것입니다. 성도들이 지켜야 할 지상 대명령이며, 모든 성도들에게 위탁된 사명입니다. 결코 회피하거나 거부할 수 없습니다. 오히려 소명감과 기쁨을 갖고 감당해야 할 명령입니다.

바울이 다메섹 도상에서 예수님을 만나 변화된 후 복음 전파자로서 사명을 감당한 것은 그것이 바로 부활하신 그리스도의 명령이기 때문입니다. 바울처럼 우리 성도들도 동일한 사명을 부여받은 것입니다. 그 사명을 우리에게 부여하신 분은 다른 이가 아닌 우리를 사망의 어두움에서 빛으로 인도하시고 생명을 주신 예수님이십니다.

복음 전파는 예수 그리스도의 명령입니다. 그러므로 성도들은 주께 받은 사명인 은혜의 복음을 전파하는 일을 감당해야 하고, 적극 힘써야 하며, 최선을 다하여 실천해야 합니다.

예수님이 주신 사명을 따라 복음을 증거하는 일에는 자기 생명이나 사회적 지위, 명예가 걸림돌이 되지 않습니다. 그 무엇보다도 주께서 주신 사명을 최우선으로 여기기 때문입니다.

그래서 바울은 자기 생명을 귀한 것으로 여기지 않고 사십에 하나 감한 매를 다섯 번이나 맞아가면서도 복음을 증거하였습니다(고후 11:23-24). 그는 숱한 어려움과 장애에도 불구하고 최선을 다하여 복음을 증거했습니다. 오늘날 우리도 열심을 다하여 사명을 실천해야 할 것입니다.

복음을 전파하는 일에는 결과를 기대하는 믿음이 있어야 합니다

신약 교회를 세우게 하신 하나님은 성령을 보내주셨고, 전파하는 자에게 그 성령이 함께하심으로 놀라운 결과를 얻게 하셨습니다.

사도행전 16장 28-32절을 보면, "바울이 크게 소리 질러 이르되 네 몸을 상하지 말라 우리가 다 여기 있노라 하니 간수가 등불을 달라고 하며 뛰어 들어가 무서워 떨며 바울과 실라 앞에 엎드리고 그들을 데리고 나가 이르되 선생들이여 내가 어떻게 하여야 구원을 받으리이까 하거늘 이르되 주 예수를 믿으라 그리하면 너와 네 집이 구원을 받으리라 하고 주의 말씀을 그 사람과 그 집에 있는 모든 사람에게 전하더라"고 하였습니다.

바울은 빌립보 감옥에서 죄수를 지켰던 간수와 그 가족들에게 복음을 전했습니다. 그 결과 34절을 보면, "그들을 데리고 자기 집에 올라가서 음식을 차려 주고 그와 온 집안이 하나님을 믿으므로 크게 기뻐하니라"고 하였습니다. 온 집안이 하나님을 믿음으로 크게 기뻐하였습니다.

그리스도께서 명하신 복음은 사람들을 죄의 속박으로부터 자유롭게 하는 진리이며, 동시에 성도들을 거룩하게 하는 진리입니다. 그리스도의 말씀으로 주어진 믿음은 그리스도의 온전한 분량에까지 성장하게 합니다.

그리스도께서 세상에 오셔서 하나님 나라의 복음을 증거하셨고, 제자들에게 이 복음 사역을 위탁하셨습니다. 복음 증거의 사역을 위임받은 우리도 최우선으로 주께서 주신 사명을 감당하는 일에 열심을 다해야 합니다.

23 죄인을 향한
사랑의 복음 전파

> "형제들아 세상이 너희를 미워하여도 이상히 여기지 말라 우리는 형제를 사랑함으로 사망에서 옮겨 생명으로 들어간 줄을 알거니와 사랑하지 아니하는 자는 사망에 머물러 있느니라 그 형제를 미워하는 자마다 살인하는 자니 살인하는 자마다 영생이 그 속에 거하지 아니하는 것을 너희가 아는 바라 그가 우리를 위하여 목숨을 버리셨으니 우리가 이로써 사랑을 알고 우리도 형제들을 위하여 목숨을 버리는 것이 마땅하니라"
> (요일 3:13-16).

누가복음 15장 11-32절을 보면 '돌아온 탕자의 비유'가 기록되어 있습니다. 그 비유는 탕자가 돌아온 것에 초점이 맞추어져 있습니다. 그러나 그 비유의 진정한 초점은 바로 아버지 하나님께 있습니다. 아버지는 자신을 버리고 떠나 허랑방탕한 생활을 하는 자식을 하루도 잊지 않고 기다리셨으며, 그가 돌아왔을 때는 아무런 힐난도 하시지 않고 사랑으로 영접하셨습니다.

이것은 죄인들에 대한 하나님의 사랑을 잘 나타내고 있습니다. 죄인을 향한 하나님의 그 사랑으로 죄인인 우리가 구원을 얻을 수 있게 된 복음을 성취하게 하신 것입니다. 그러므로 복음 전파의 동기로서 죄인을 향한 하나님의 사랑을 생각하며 함께 은혜를 누리고자 합니다.

하나님은 죄인을 향한 사랑을 표현하셨습니다

요한복음 3장 16절을 보면, "하나님이 세상을 이처럼 사랑하사 독생자를 주셨으니 이는 그를 믿는 자마다 멸망하지 않고 영생을 얻게 하려 하심이라"고 하였습니다. 세상은 하나님의 사랑의 대상입니다. 죄인인 인류 전체가 복음을 들을 수 있는 대상이지만 실상은 택하신 자기 백성임을 알 수 있습니다. 하나님은 죄를 범한 사람을 향한 긍휼과 인애하심으로 사랑 안에서 구속계획을 나타내신 것입니다.

하나님은 결코 죄와 관계된 분이 아니십니다. 하나님은 빛이십니다. 그렇기 때문에 어두움이나 죄악과는 전혀 관계가 없으십니다. 다만 그분의 사랑의 대상인 사람들이 죄를 범함으로 사탄의 종 노릇을 하고 있는 것입니다. 죄를 범함으로 사탄에게 매인 바 된 세상을 향해 하나님께서는 사랑을 행하셨습니다. 바로 그들을 사망에서 생명으로 옮길 수 있는 독생자를 보내주신 것입니다.

하나님의 사랑은 독생자를 대속의 제물로 주신 것에서 잘 나타납니다

마가복음 10장 45절을 보면, "인자가 온 것은 섬김을 받으려 함이 아니라 도리어 섬기려 하고 자기 목숨을 많은 사람의 대속물로 주려 함이니라"고 하였습니다.

하나님이신 예수님은 그 보좌와 지위와 권리를 포기하시고 사람을 입으시고 섬기는 자가 되셨습니다. 예수님의 섬김의 절정이 바로 십자가의 죽음이었습니다. 예수님이 섬기신 이유는 죄로 인해 고통을 당하며 신음하고 있는 자기 백성을 사랑하여 구원하고자 하신 것입니다.

이러한 그리스도의 섬김은 그를 따르는 자들에게 요구되는 삶의 자세입니다. 세상을 향한 섬김의 모습은 복음 전파의 결과에서 나타납니다(빌 2:6-8).

예수님께서는 자기 목숨을 대속물로 주셨습니다. 무엇보다도 예수님의 섬김의 절정은 바로 자기 목숨을 대속물로 내어주신 것입니다.

하나님은 공의로우시므로 죄를 범한 자들에게 죄의 값을 요구하십니다. 그리스도는 이 공의를 충족시키기 위하여 자기 목숨을 대속물, 곧 죗값을 지불하실 제물로 내어주신 것입니다.

그리스도는 하나님의 공의를 충족시키시고 자기 백성의 죄를 대속하셨습니다. 대속물은 노예를 해방시키기 위해서 지불하는 값을 가리킵니다. 예수님께서 죄인을 향하여 죄를 용서하시기 위하여 자기 목숨을 대속물로 내어주신 것은 복음의 최고의 사랑의 절정입니다. 하나님은 나 같은 죄인을 구원하시기 위해 죄의 값을 속량해 주신 것입니다.

하나님의 사랑은 서로 사랑하게 합니다

요한복음 15장 12-13절을 보면, "내 계명은 곧 내가 너희를 사랑한 것같이 너희도 서로 사랑하라 하는 이것이니라 사람이 친구를 위하여 자기 목숨을 버리면 이보다 더 큰 사랑이 없나니"라고 하였습니다.

　예수님은 우리를 향한 그분의 사랑을 베풀어 주셨습니다. 예수님은 심판받고 멸망을 받아야 마땅할 죄인 된 우리를 경멸하지 않으셨습니다. 도리어 우리를 사랑하셨을 뿐만 아니라 우리를 친구로 삼으시고, 친구 된 우리를 위해서 자기 목숨까지도 아끼지 않으셨습니다.

　예수님의 사랑은 왕이 일만 달란트 빚진 자의 빚을 탕감해 주고 자유롭게 해방시켜 준 것과 같습니다. 그분은 죄인인 우리를 질책하시기는커녕 오히려 우리가 당할 질고와 채찍을 말없이, 도살장으로 끌려가는 양과 같이 묵묵히 감당하셨습니다. 우리를 향한 그리스도의 그 사랑이 우리에게 생명을 주었으며, 죄에서 해방시켜 주었습니다. 예수님의 엄청난 사랑을 받으며 우리는 지금 살고 있습니다.

　그러한 사랑의 주님이 우리를 향하여 서로 사랑하라고 하십니다. 멸망당할 수밖에 없는 우리가 현재 영생을 누리는 것은 그리스도의 사랑에서 기인한 것입니다. 우리는 측량할 수 없는 그리스도의 사랑을 체험하고 있습니다.

　주께서 우리에게 요구하시는 것은 당신이 행하신 것처럼, 우리도 그렇게 서로 사랑하는 것입니다. 예수께서 죄인 된 우리를 멸시하지 않으신 것처럼 그 사랑을 받은 우리 역시 다른 사람의 조건이나 상황, 혹은 죄악의 정도를 따지지 말고 관용하며 서로 사랑해야 합니다. 여전히 죄악 가운데 있는 다른 사람에 대한 사랑이 복음 전파인 것을 명심하고 이 일에 최선을 다해야 합니다.

복음은 세상을 향한 하나님의 사랑과 세상을 섬기신 그리스도의 사랑에서 비롯되었습니다. 그러기에 복음 전파 역시 그 사랑에서 시작해야 합니다. 과거에 허물과 죄로 죽었던 우리가 하나님과 그리스도의 사랑으로 생명을 얻었던 것처럼, 여전히 죄 가운데 있는 사람들을 향한 사랑으로 복음을 전파할 때 그들에게도 생명의 열매를 누리는 행복이 함께할 것입니다.

24 어떻게 복음을 전할 것인가?

"하나님 앞과 살아 있는 자와 죽은 자를 심판하실 그리스도 예수 앞에서 그가 나타나실 것과 그의 나라를 두고 엄히 명하노니 너는 말씀을 전파하라 때를 얻든지 못 얻든지 항상 힘쓰라 범사에 오래 참음과 가르침으로 경책하며 경계하며 권하라"(딤후 4:1-2).

바울은 디모데에게 때를 얻든지 못 얻든지 복음 전파에 항상 힘쓰라고 권합니다. 이 일이 너무 중요하고 다른 모든 일들보다 우선되기 때문입니다. 그렇지만 성도들 중에는 복음 전파보다도 다른 것들을 중시하는 경우가 많습니다.

개인의 사무나 가사, 자녀의 양육, 혹은 교회의 실내 장식 등을 중시하고, 이런 것들이 우리의 중심에 서 있음을 봅니다. 그러나 이러한 것은 복음 전파에 비한다면 사소한 것입니다. 가장 화급을 다투는 일은 복음을 전하는 것입니다. 우리는 언제든지 이 사실을 염두에 두고 행해야겠습니다.

복음 전파에는 때가 있습니다

그때가 지금이라는 것을 깊이 생각합시다. 모든 일에는 때가 있다고 합니다. 이때를 분별하지 못하거나 놓치게 되면 유익한 것을 잃어버리게 됩니다. 복음을 전하는 일도 그 기회를 활용해야 합니다.

복음 전파의 시기는 '지금'입니다. 성경은 지금이 "은혜 받을 만한 때"(고후 6:2)라고 가르칩니다. 우리가 보기에 다소 여건이 성숙되지 못한 것처럼 보일지라도 지금이 복음을 전하기에 가장 적절한 때입니다. 내일로 미루어서는 안 됩니다.

주님은 지금 사람들을 향하여 문을 열어 놓고 오라고 부르십니다. 문이 항상 열려 있는 것은 아닙니다. 그분이 열어 두셨을 때에 부지런히 일해야 합니다.

우리 주변에는 복음을 들어야 할 사람들이 너무 많습니다. 생수를 찾기를 갈망하는 목마른 사람들이 너무도 많다는 것입니다. 그러나 너무 늦어 버리면 전한다 해도 소용이 없는 때가 옵니다. 파종해야 할 시기를 놓치면 안 됩니다.

복음 전파에는 주어진 기회가 있습니다. 주어진 기회를 충분히 활용할 때에 그 가치를 지니게 됩니다. 복음 전파에 있어서 주어진 기회를 놓치면 후회하게 됩니다.

삶의 여정에서 심각한 장애물로 절망과 실의에 빠진 사람을 만나면 지체하지 말고 복음을 전하도록 해야 합니다. 이러한 사람들에게 복음을 전할 수 있는 가장 좋은 기회가 됩니다.

우리가 이 기회를 놓친다면 그를 영영히 잃게 될 수도 있습니다. 우리 주변에 있는 누구든지 예수의 위로가 필요하다고 생각되는 사람이 있다면 내일로 미루지 말고 찾아가서 전해야 합니다. 그를 위해 주어진 하나님의 기회이기 때문입니다. 기회는 우리가 만드는 경우도 있지만 궁극적으로는 하나님께서 주시는 것이므로 충분히 활용해야 합니다.

우리가 주변의 사람들을 조금만 유심히 관찰한다면 매일매일 주께서 우리에게 주시는 기회들을 발견하게 될 것입니다. 기회를 주시는 대로 열심히 복음을 전파해야 합니다.

전도자는 복음 전파의 대상을 정확하게 포착해야 합니다(엡 1:8)

대상은 가까운 사람들 중에서 포착됩니다. 친척과 친구들에게 부지런히 전해야 합니다. 복음을 전하는 것은 그들에게 부담을 주는 일이 아니라, 우리가 사랑하는 사람들에게 줄 수 있는 최고의 선물입니다. 복음을 전해야 그들이 구원을 얻게 되고, 영생의 소망을 가질 수 있음을 잊어서는 안 됩니다.

이웃에 사는 사람들에게 복음을 전해야 합니다. 지역 복음화가 이루어지면 그 지역은 하나님이 원하시는 공동체를 이루어 나가게 됩니다.

성도는 좋은 이웃이 되도록 힘써야 합니다. 복음을 전하는 이웃, 구원의 길을 알게 해주는 이웃이 가장 좋은 이웃입니다. 실의에 빠진 사람들, 도움이 요청되는 사람들에게도 복음을 전해야 합니다. 그들이 복음을 듣게 하는 것은 우리의 기본적인 책임입니다.

또한 복음 전파의 대상은 온 천하 만민입니다. 모든 성도는 선교에 관심을 가지고 참여해야 합니다. 선교에는 여러 방법이 있는데, 선교사를 현지에 파송하는 것을 비롯하여 문서선교, 방송선교, 현지 사역자들을 지원하는 선교 등이 있습니다. 우리가 주의 명령을 수행하려면 이러한 사역에 적극적으로 참여해야 합니다. 직접 사역하지 못하더라도 기도와 물질로 그들을 후원하는 일은 얼마든지 가능합니다.

모두가 하나님의 선교에 참여해야 합니다. 그리고 대상을 제한하지 말아야 합니다. 민족적인 감정의 앙금이 있다고 해서 대상에서 제외시키거나 이념 혹은 지향하는 목표가 다르다고 해서 선교하기를 거부하는 것은 주님의 뜻이 아닙니다.

복음이 요청되는 곳이라면 어디든지 선교의 대상으로 삼아야 합니다. 교회와 성도는 이 점을 항상 염두에 두어야 합니다.

복음 전파에는 태도가 중요합니다

복음을 사람들에게 전하는 가장 기본이 되는 방법은 언어를 통한 선포입니다. 개인에게든, 군중에게든 언어로 전하면 그들이 듣고서 결정을 하게 됩니다. 그러기 위해서는 사실을 정확히 전해야 합니다. 일단 입에서 나간 말은 다시 주워 담을 수가 없으므로 복음을 전하려면 먼저 복음에 대한 정확한 이해가 선행되어야 합니다.

진리를 바르게 전해야 합니다. 그리고 복음 전파는 선한 행실과 거룩한 행위를 보여야 합니다. 합당한 행위는 가장 힘 있는 메시지가 됩니다. 백 마디 말을 하는 것보다 한 번의 행위가 강화력이 됩니다. 예수님처럼, 바울처럼 모범을 보이는 것이 필요합니다. 기도하는 일이나 예수를 믿으라고 권면하는 일에는 능숙하면서도 생활이 전혀 그리스도인답지 못하다면 그는 사람들을 성공적으로 주님 앞으로 인도하기가 어렵습니다.

또한 자기를 희생하는 것이 필요합니다. 이기적이고 자기중심적인 사람들은 전도 사역에서 성공을 거두기가 불가능합니다. 나보다 남을 먼저 생각하고 손해 볼 줄 알아야 호감을 얻으며 전도의 열매를 맺을 수 있습니다.

어떤 사람들은 가장 기본이 되는 지식이 없이 사람들을 찾아가 권면합니다. 이들의 열정은 물론 칭찬할 만하지만 좀 더 준비를 갖추고 다가가는 것이 옳은 일입니다. 또한 불필요한 내용들은 제거해야 합니다. 타 종교를 비방하는 말이나 과격한 용어들을 사용하게 되면 사람들이 귀를 막습니다.

어휘와 말투, 표정 하나까지도 주의를 기울여야 합니다. 자신의 감정을 억제하지 못해서 듣는 이들의 마음을 상하게 하는 이들이 적지 않습니다. 이는 훈련되지 않았기 때문입니다.

25 성도간의 아름다운 교제

> "몸은 하나인데 많은 지체가 있고 몸의 지체가 많으나 한 몸임과 같이 그리스도도 그러하니라 우리가 유대인이나 헬라인이나 종이나 자유인이나 다 한 성령으로 세례를 받아 한 몸이 되었고 또 다 한 성령을 마시게 하셨느니라"(고전 12:12-13).

성도들은 복음 전파를 통하여 교회 밖에 있던 사람들이 안으로 들어올 수 있게 해야 합니다. 성도들은 그들에게 모범을 보여야 합니다. 사람이 매일 누군가를 만나서 여러 형태의 교제를 나눌 수 있다는 것은 매우 중요한 일입니다. 또한 교회 안에 교제를 나눌 수 있는 성도들이 있다는 사실은 매우 아름다운 일입니다.

교회의 성도들은 교제가 의미하는 바를 바르게 이해하고, 그 교제를 통하여 하나님께 영광을 돌리며 세상에 빛 된 모습을 보여주어야 하겠습니다.

성도들은 한 몸의 지체이므로 아름다운 교제를 행해야 합니다

교회는 한 몸이 된 사람들의 모임입니다(고전 12:12). 성도라고 해서 모든 면에서 일치하는 것은 아닙니다. 그럼에도 불구하고 성경은 성도가 '한 몸이 되었다'고 가르치고 있습니다. 이것은 그리스도의 구속의 범위와 교회가 지니고 있는 특수성을 잘 나타내 보여준다고 하겠습니다.

그리스도의 구속은 보편성을 띠고 있습니다. 즉 나라와 민족, 인종과 피부색, 남녀와 노소, 빈부와 귀천을 초월하여 모든 사람을 포괄하며, 모든 사람에게 동등하다는 것입니다. 그러므로 교회 안에 어떤 차별의식이 존재해서는 안 됩니다. 출신지가 어디든지, 피부색이 어떠하든지, 신분이나 지위에 상관없이 그리스도 안에서 거룩하게 된 사람들의 공동체이므로 우리는 모든 편견을 버려야 합니다.

또한 성도들은 긴밀한 협력관계를 서로 이루어야 할 자들입니다. 우리 성도들이 한 몸의 지체가 되었다는 사실은 상호간의 관계가 매우 긴밀한 협력 관계에 있다는 것을 의미합니다.

몸의 각 지체들은 서로 무관한 것이 아니라 모두가 신경과 혈관으로 연결되어 있어서 한 지체가 아픔을 받으면 몸 전체가 아픕니다. 그러므로 성도들은 모든 일에 서로 협력하도록 되어 있고 노력해야 합니다.

지체들 중에는 더 귀한 것들이 있는가 하면 덜 귀하다고 여겨지는 것들도 있는 것이 사실입니다. 그러나 몸이 정상적으로 활동하고 구실을 다하려면 모든 지체들이 각기 제구실을 해야 합니다. 서로 협력하는 대신에 비방하고 물고 뜯는 적대 관계를 유지한다면 몸은 결코 건강하게 유지될 수 없습니다. 우리 성도들은 이러한 원리를 알고 긴밀히 협력하는 관계를 갖도록 힘써야 하겠습니다.

성도들은 아름다운 교제를 이루려면 서로 주어진 짐을 져야 합니다
교회 안에는 주어진 짐들이 있습니다. 이 주어진 짐을 서로 지려면 먼저 이기주의를 극복해야 합니다. 성도간의 교제를 행할 때도 이기주의는 큰 장애물로 작용합니다. 그러므로 원만한 '코이노니아'(κοινωνία)를 이루려면 먼저 이기심을 극복해야 합니다. 성령님은 우리에게 "짐을 서로 지라"(갈 6:2)고 하십니다.

"너희가 짐을 서로 지라 그리하여 그리스도의 법을 성취하라"(갈 6:2).

그렇지만 이기주의는 우리의 아름다운 교제를 거부하게 만듭니다. 그러므로 성도들은 단호하게 이기심을 버려야 합니다. 아담과 하와가 범죄한 것은 극명한 이기주의적 사고와 행동 때문입니다. 이것이 이기주의의 표본입니다. 성도들은 바울처럼 양심에 거리낌이 없는 일일지라도 이로 인해 심각한 어떤 문제가 발생될 수 있다면 즐겁게 포기하는 사람이 되어야 합니다.

또한 서로 짐을 지려면 성도들은 다른 사람들을 먼저 생각하며 생활해야 합니다. 성도의 교제가 아름답게 유지되려면 각자가 남을 먼저 생각하는 그리스도의 마음을 갖는 것이 필요합니다. 나보다 남을 먼저 생각할 줄 아는 사람은 선을 행하고 덕을 세우기 위해 힘쓰게 됩니다. 그렇지 못하면 성도의 교제에 문제를 일으킬 수 있습니다.

자신의 입장만을 중시하고 남을 전혀 고려하지 않는다면 다툼과 분쟁이 생기고, 하나님을 기쁘시게 하지 못하는 일들이 일어나게 됩니다. 주님께서 자기보다 먼저 남을 생각하셨듯이 우리도 이 일에 힘써야 하겠습니다.
　자기 자신보다 남을 먼저 생각하고 다른 사람의 입장을 존중할 줄 아는 사람들로 구성된 교회는 '그리스도의 모습'을 온 천하에 보여줄 수 있습니다.

성도들은 자기 짐은 자기가 해결하며 살아야 합니다
　갈라디아서 6장 5절을 보면, "각각 자기의 짐을 질 것이라"고 합니다. 성도간의 아름다운 교제를 원하는 사람들은 받고자 하는 생각을 버리고 주는 자가 되도록 힘쓰게 됩니다. 성도들은 교회에서든지, 가정에서든지 자기 자리를 잘 지켜서 자신이 속해 있는 공동체에 도움을 주는 자가 되도록 노력해야 합니다.
　또한 성도들은 서로 괴로움을 주어서는 안 됩니다. 우리 몸속에 가시가 박히면 이로 인해 적지 않은 괴로움을 당하게 됩니다. 가시가 괴롭게 하는데도 아픔을 느끼지 않는 사람은 아무도 없습니다.
　성도들의 공동체인 교회 안에서도 마찬가지입니다. 가시와 같이 전체에게 괴로움만 주는 사람과 지속적으로 교제를 나눈다는 것은 불가능합니다. 이와 같은 존재는 뽑아 버려야 합니다. 선을 행하고 덕을 세우고자 힘쓰는 사람들은 높은 자나 낮은 자, 부자나 가난한 자 모두에게 환영받는 사람이 되고, 지속적으로 나눔의 교제를 유지할 수 있습니다.
　성도간의 아름다운 교제는 매우 중요합니다. 이를 지속시키려면 한 몸의 지체가 본분에 충실하며 덕을 세워야 합니다. 우리 교회는 누구든지 와서 평안을 누리며 생활을 할 수 있는 따뜻한 교회로 만듭시다.

"몸은 하나인데 많은 지체가 있고 몸의 지체가 많으나 한 몸임과 같이 그리스도도 그러하니라 우리가 유대인이나 헬라인이나 종이나 자유인이나 다 한 성령으로 세례를 받아 한 몸이 되었고 또 다 한 성령을 마시게 하셨느니라"(고전 12:12-13).

26 하나님이 우리를 어떻게 구원하시는가?

● ● ●

"우리가 알거니와 하나님을 사랑하는 자 곧 그의 뜻대로 부르심을 입은 자들에게는 모든 것이 합력하여 선을 이루느니라 하나님이 미리 아신 자들을 또한 그 아들의 형상을 본받게 하기 위하여 미리 정하셨으니 이는 그로 많은 형제 중에서 맏아들이 되게 하려 하심이니라 또 미리 정하신 그들을 또한 부르시고 부르신 그들을 또한 의롭다 하시고 의롭다 하신 그들을 또한 영화롭게 하셨느니라"(롬 8:28-30).

● ● ●

종교 개혁자요 신학자인 존 칼빈(John Calvin, 1509-1564)은 "인류의 구원은 하나님의 절대적인 의지와 목적을 따라 정하신 것이다"라고 말하면서 구원에 대한 하나님의 절대적인 주권을 강조한 바 있습니다.

구원에 관한 문제에 있어서 인간은 아무것도 내세울 것이 없습니다. 오직 하나님이 친히 창세 전에 선택하신 자를 부르시고, 거듭나게 하시며, 의롭다 하시고 마침내 영화롭게 하실 것입니다. 구원의 완성에 이르는 이와 같은 과정을 살펴보면서, 하나님께서 우리에게 베푸신 구원이 과연 어떻게 실현되는지를 깨닫고 큰 은혜를 확신해야 하겠습니다.

하나님은 창세 전에 택하신 자기 백성을 부르시고 거듭나게 하심으로 구원을 시작하게 하십니다.

요한복음 3장 3절을 보면, "예수께서 대답하여 이르시되 진실로 진실로 네게 이르노니 사람이 거듭나지 아니하면 하나님의 나라를 볼 수 없느니라"고 하였습니다.

구원은 막연하거나 피상적인 현상이 아닙니다. 범죄한 우리가 구원받았다는 것은 곧 새로운 존재로 태어났음을 의미합니다. 죄로 죽었던 우리가 성령님의 거듭나게 하시는 역사로 새로운 피조물이 되게 하신 것입니다. 이것이 바로 구원의 역사입니다.

"그런즉 누구든지 그리스도 안에 있으면 새로운 피조물이라 이전 것은 지나갔으니 보라 새것이 되었도다"(고후 5:17).

이 구원은 우리의 자아나 영혼의 일부분이 변화를 나타내는 불완전한 현상이 아니라, 부패한 영적 성향이 근본적으로 변화하는 것을 의미합니다. 다시 말하면 지금까지 죄의 종이요, 사망의 권세 아래서 신음하던 부패한 영혼이 성령님의 새롭게 하시는 은총으로 죄와 사망의 법에서 완전히 해방되어 하나님의 자녀로서 새로운 신분과 하나님의 거룩한 피조물로 새롭게 되어 새로운 가치관을 가지게 되었다는 것입니다.

"그러므로 이제 그리스도 예수 안에 있는 자에게는 결코 정죄함이 없나니 이는 그리스도 예수 안에 있는 생명의 성령의 법이 죄와 사망의 법에서 너를 해방하였음이라"(롬 8:1-2).

성도들은 영원히 새로운 존재로 변화된 것입니다. 죽었던 죄인이 하나님의 자녀로 거듭나게 된 것입니다. 이것은 인간의 결단에 의한 자연적인 변화나 혹은 윤리적인 갱생을 의미하는 것이 아닙니다. 우리 인간의 의지나 노력과는 무관한 결과입니다. 바로 하나님이 친히 계획하시고 주도하신 하나님의 역사의 결과입니다.

범죄로 인해 영적으로 죽었던 우리가 중생의 은혜를 체험하고 새 생명을 얻게 된 것은 하나님의 불가항력적인 은혜의 결과이며, 하나님의 무조건적인 사랑의 결과입니다. 이것은 영원하신 하나님께서 허락하시고 주도하신 중생이기 때문에, 결코 취소되거나 절대 변경되지 않습니다.

거듭난 자들에게는 하나님의 절대적인 주권에 의하여 의롭다 함을 얻게 하셨습니다

"그런즉 한 범죄로 많은 사람이 정죄에 이른 것같이 한 의로운 행위로 말미암아 많은 사람이 의롭다 하심을 받아 생명에 이르렀느니라 한 사람이 순종하지 아니함으로 많은 사람이 죄인 된 것같이 한 사람이 순종하심으로 많은 사람이 의인이 되리라"(롬 5:18-19).

성경은 인간의 실상에 대해 긍정적이거나 호의적으로 평가하지 않으며 모든 인간은 참으로 부패하고 타락한 존재요, 날마다 하나님을 대적하고 죄를 도모하는 사악한 존재라고 지적합니다.

> "기록된 바 의인은 없나니 하나도 없으며 깨닫는 자도 없고 하나님을 찾는 자도 없고 다 치우쳐 함께 무익하게 되고 선을 행하는 자는 없나니 하나도 없도다 그들의 목구멍은 열린 무덤이요 그 혀로는 속임을 일삼으며 그 입술에는 독사의 독이 있고 그 입에는 저주와 악독이 가득하고 그 발은 피 흘리는 데 빠른지라 파멸과 고생이 그 길에 있어 평강의 길을 알지 못하였고 그들의 눈앞에 하나님을 두려워함이 없느니라 함과 같으니라"(롬 3:10-18).

인간은 스스로의 능력으로는 도무지 구원할 수 없고, 의롭고 거룩한 인생으로 살아갈 수도 없습니다. 이러한 절망적인 인간을 위해 하나님께서는 십자가 보혈을 통한 구원의 길을 마련해 주셨습니다. 예수 그리스도의 십자가 공로로 죄인들이 구원을 얻고 의롭게 되어 거룩하신 하나님 앞으로 나아올 수 있게 된 것입니다.

> "그러므로 형제들아 우리가 예수의 피를 힘입어 성소에 들어갈 담력을 얻었나니 그 길은 우리를 위하여 휘장 가운데로 열어 놓으신 새로운 살 길이요 휘장은 곧 그의 육체니라"(히 10:19-20).

그리스도의 십자가 공로로 의로워진다는 것은 십자가 보혈로 죄 씻음을 받고, 정결하고 의로운 존재로 인정받는다는 것입니다. 의롭다 함을 얻은 것은 과거, 현재, 미래의 모든 죄를 사함 받는다는 것을 포함합니다. 또한 그리스도의 십자가를 통해 용서받지 못할 죄는 없습니다. 이 완전하고 큰 구원을 얻은 우리는 주를 향해 찬

양과 감사와 영광을 돌려야 할 것입니다.

의롭다 함을 얻은 자에게는 계속 성장하며 새로운 변화의 삶을 살게 하십니다

"그러므로 형제들아 내가 하나님의 모든 자비하심으로 너희를 권하노니 너희 몸을 하나님이 기뻐하시는 거룩한 산 제물로 드리라 이는 너희가 드릴 영적 예배니라 너희는 이 세대를 본받지 말고 오직 마음을 새롭게 함으로 변화를 받아 하나님의 선하시고 기뻐하시고 온전하신 뜻이 무엇인지 분별하도록 하라"(롬 12:1-2).

구원받은 자는 단순히 지난 죄에서 회개하고 하나님의 자녀로 거듭난 그 사실만을 기뻐하며 구원받은 그 자리에만 머물러 있지 않습니다. 계속 변화하고 성장하게 됩니다. 이것은 바로 생명체가 지닌 가장 뚜렷한 특징입니다. 생명의 원천이신 주님을 그 마음속에 모시고 사는 인생에게 성장이 없고 변화가 없다면 엄청난 병이 들었거나 죽은 것입니다. 구원의 은혜를 입은 성도는 그 영혼과 인격이 매일 성장하고 자라나는 생명을 소유하고 있습니다. 그리스도의 장성한 분량에 이를 때까지 성장하게 됩니다.

"형제들아 나는 아직 내가 잡은 줄로 여기지 아니하고 오직 한 일 즉 뒤에 있는 것은 잊어버리고 앞에 있는 것을 잡으려고 푯대를 향하여 그리스도 예수 안에서 하나님이 위에서 부르신 부름의 상을 위하여 달려가노라"(빌 3:13-14).

영혼이 자라나고 신앙 인격이 성장하기 위해서는 무엇보다 영혼의 양식인 하나님의 말씀을 매일 먹어야 합니다. 하나님의 말씀은 부족하고 연약한 영혼을 온전하게 자라게 해줄 것입니다.

"또 어려서부터 성경을 알았나니 성경은 능히 너로 하여금 그리스도 예수 안에 있는 믿음으로 말미암아 구원에 이르는 지혜가 있게 하느니라 모든 성경은 하나님의 감동으로 된 것으로 교훈과 책망과 바르게 함과 의로 교육하기에 유익하니 이는 하나님의 사람으로 온전하게 하며 모든 선한 일을 행할 능력을 갖추게 하려 함이라"(딤후 3:15-17).

성경은 어리석은 자에게 지혜를 주며, 절망한 인간에게 소망을, 지친 인생에게 삶에 대한 새로운 용기를 주며, 죽은 심령에게 생명의 은혜를 보여줍니다. 우리는 매일 말씀을 묵상하고 가까이할 때 더욱 풍요롭고 복된 생활을 하게 됩니다.

"주의 말씀은 내 발에 등이요 내 길에 빛이니이다"(시 119:105).

하나님이 베푸신 구원은 한 번으로 영원한 효력을 지닙니다. 따라서 그분의 은혜를 덧입은 자는 다시는 멸망의 자리에 추락하지 않습니다. 우리는 구원받은 그 순간부터 하나님이 기대하시고 목적하시는 성숙한 신앙에 이르도록 힘써 노력하며 성장합니다.

27 수확하게 하심을 감사하자

"맥추절을 지키라 이는 네가 수고하여 밭에 뿌린 것의 첫 열매를 거둠이니라 수장절을 지키라 이는 네가 수고하여 이룬 것을 연말에 밭에서부터 거두어 저장함이니라"(출 23:16).

   씨를 뿌리는 자는 반드시 열매를 거두어들이는 수확으로 기쁨에 찬 감사생활을 하게 됩니다. 하나님은 뿌려진 씨를 자라게 하여 열매를 맺게 하십니다.

   본문에 "맥추절을 지키라 이는 네가 수고하여 밭에 뿌린 것의 첫 열매를 거둠이니라"고 하였습니다. 맥추절은 토지 소산의 첫 열매와 양의 첫 새끼와 염소와 소와 포도와 무화과, 감람유 등 모든 수확의 첫 것을 드리는 첫 감사절입니다.

   오늘 우리도 씨를 뿌려 결실을 얻게 하신 하나님의 은혜를 생각하며 생명을 유지하게 하는 기본이 되는 소산에 대하여 감사해야 합니다. 생업의 다양성이 있지만 모든 생업의 기본은 농산물의 소산입니다. 맥추절의 감사는 모든 생업을 통해 주어진 수입을 대표

할 수 있습니다.

하나님은 우리의 원하는 바를 채워 주십니다

사람이 생명을 유지하는 데는 필요한 것들이 많습니다. 필요한 것은 우리가 원하는 것들이며 하나님은 그것을 채워 주십니다. 하나님께서 세상의 필요한 바를 공급하신다는 것은 사람들의 생활을 주관하시며 인도하고 계신다는 것을 의미합니다.

하나님은 세상을 풍부하게 하는 요인이 되는 빛과 열, 온기와 습기 등을 공급해 주심으로 생물이 자라게 하십니다. 하나님은 삶의 모든 부분에서 인간의 생활을 유지해 나가는 데 필요한 것들을 공급하십니다.

우리의 생활 뒤에는 스스로 계시며 지금도 살아서 우리를 지키시는 하나님 아버지가 계십니다. 그분이 항상 우리를 기억하시고 복을 주셔서 성도들이 원하는 바를 충족시켜 주십니다.

또한 하나님은 천지만물을 창조하시고 인간에게 주셔서 활용하게 하십니다. 사람이 없는 세상은 텅 빈 거대한 광야와 같습니다. 땅을 풍요롭게 하고 그것이 풍부한 소산을 낼 수 있게 하는 것은 사람을 통하여 이루어집니다.

모든 사람은 씨를 뿌리기 위하여 땅을 일구면서 준비합니다. 그리고 땅의 소출을 통해 자신이 원하는 바를 공급받습니다. 하나님은 사람들이 필요하고 원하는 바를 성취하도록 어떤 형태로든지 노력하게 하십니다. 사람은 하나님의 섭리를 돕는 자입니다. 세상에는 하나님의 법칙이 존재합니다. 땅이 그 열매를 풍부히 낸다 하더라도 사람을 위한 것이기에 사람에게 노동의 대가로 주신 것입니다.

맥추감사절은 하나님을 전적으로 의존하는 신앙을 갖게 합니다

성경 여러 곳에서 하나님은 "처음 것은 내 것이다"라고 말씀하십니다(출 22:29; 민 18:12; 신 18:4). '처음 것'은 '모든 것'을 대표합니다. 그런 점에서 이스라엘 백성에게 가나안을 기업으로 주신 하나님은 모든 처음 것을 자신의 것으로 하시기에 충분합니다. 하나님은 모든 것의 근원이 되시며 모든 존재와 힘의 소유자이시기 때문입니다.

또한 이 규례 속에는 처음과 나중이 되시는 여호와 하나님께 처음 것을 드림으로써 모든 것을 드리며 전적으로 의존하게 하는 뜻이 있습니다. 우리 성도는 첫 소산, 첫 시간, 첫 열정을 하나님께 드림으로써 모든 일을 하나님께 의존하는 믿음의 생활을 해야 할 것입니다.

맥추감사절은 예수 그리스도를 구주로 믿는 신앙을 확신하게 합니다. 예수 그리스도는 처음 것 곧 소산의 첫 열매로 상징됩니다.

고린도전서 15장 23절에는 "먼저는 첫 열매인 그리스도요 다음에는 그가 강림하실 때에 그리스도에게 속한 자요"라고 하였습니다. 예수님은 우리 성도들의 부활의 첫 열매가 되셨다고 하였습니다(고전 15:20). 성도 된 우리는 예수 그리스도가 재림하시는 날에 첫 열매인 그리스도처럼 죽음의 권세를 물리치고 부활할 것입니다.

하나님은 첫 열매, 첫 소산의 소유권이 자신에게 있음을 선포하시고 그것을 요구하셨습니다. 우리는 전적으로 하나님을 의뢰하고 신앙의 열정을 다해야 하겠습니다.

맥추감사절에는 바른 자세로 감사의 예물을 드려야 합니다

우리는 즐거운 마음으로 감사해야 합니다. 하나님은 오늘 우리에게도 첫 번째 것을 요구하십니다. 절기를 지키는 데에는 드리는 자의 헌신이 있어야 합니다. 드리는 자가 인색하거나 불평하면서 억지로 드려서는 안 됩니다.

특히 맥추절은 한 해 동안의 농사가 무사히 진행되어 수확을 얻게 된 것에 대한 감사제이므로 성도의 감사와 즐거운 마음이 있어야 할 것입니다. 성도는 생활 속에서 감사해야 합니다.

지금 우리의 농촌은 예전보다 생활이 나아졌지만 보리 추수에 대한 감사함을 잊어서는 안 됩니다. 또한 도시에서 생활하는 성도들은 농사에 대한 어려움과 고마움을 모르는 경우가 많습니다. 그러므로 오늘날 맥추감사절은 농촌이나 도시나 거의 진정한 감사보다는 절기 행사로 그치는 것을 봅니다.

그러나 우리가 여기서 조금만 되새겨 본다면 우리의 수고하는 것이 하나님께서 허락하신 유익한 환경 속에서 이루어지고 있다는 것을 잊지 말아야 할 것입니다.

우리는 주님의 말씀에 순종하여 성경 말씀대로 신앙생활을 해야 합니다. 하나님이 주시는 신앙으로 생활할 때는 소망 중에 감사하게 됩니다. 우리 모두 날마다 하나님께 감사하는 사람이 되어 하나님을 기쁘시게 함으로 이번 맥추감사절에 큰 복을 받게 되기를 바랍니다.

28 성도에게 허락하신 영생의 복

"예수께서 대답하시되 내가 너희에게 말하였으되 믿지 아니하는도다 내가 내 아버지의 이름으로 행하는 일들이 나를 증거하는 것이거늘 너희가 내 양이 아니므로 믿지 아니하는도다 내 양은 내 음성을 들으며 나는 그들을 알며 그들은 나를 따르느니라 내가 그들에게 영생을 주노니 영원히 멸망하지 아니할 것이요 또 그들을 내 손에서 빼앗을 자가 없느니라 그들을 주신 내 아버지는 만물보다 크시매 아무도 아버지 손에서 빼앗을 수 없느니라"(요 10:25-29).

인간은 부귀공명을 다 누린다 할지라도 완전한 만족이 없고, 그 마음에 공허함과 많은 갈등을 경험합니다. 뿐만 아니라 아무리 좋은 환경에서 사는 사람이라도 자신의 생활 여건에 불만을 품는 것이 보통입니다. 인간은 외형상으로는 아무리 좋아 보여도 실상 그 이면을 살펴보면 누구든지 불만이 있고, 불완전하며, 불편이 있습니다.

세상 안에 있는 모든 행복에서 인간의 한계성을 경험하게 됩니다. 그러나 우리 성도들은 이보다 더 귀한 행복을 약속 받았습니다. 바로 영적 행복입니다. 이 행복은 세상의 불신자들이 도무지 가질 수도, 흉내 낼 수도 없는 것입니다. 그 이유는 '영적 행복은 하나님이 일방적으로 성도들에게 주시는 행복이요, 값없이 주시는 하나님의 선물'이기 때문입니다.

우리 성도들은 모두 영적 행복을 받았습니다. 이 영적 행복을 찾아 그 복을 누리는 성도의 생활을 해야 하겠습니다.

성도들에게 허락하신 영생은 구속의 은혜로 누리게 됩니다

로마서 3장 24절을 보면, "그리스도 예수 안에 있는 속량으로 말미암아 하나님의 은혜로 값없이 의롭다 하심을 얻은 자 되었느니라"고 하였습니다.

성도들은 죄 사함의 복을 받아 의롭다 하심을 얻었습니다. 아담 이후의 자손인 모든 사람은 죄인이 되었습니다. 이 죄의 해결은 결코 인간 스스로의 노력으로는 할 수 없습니다. 그러므로 그리스도께서 우리를 대신하여 이 죄악을 짊어지시고 십자가에 달려 죽으셨습니다. 이 은혜로 우리의 수고나 노력과는 상관없이 해결된 것입니다.

성도들은 바로 이 죄를 용서받는 행복이 있습니다. 이렇게 값없이 영생을 누리는 은혜를 받았습니다. 성도는 구원을 받아 영원히 사는 행복을 받은 자들입니다. 성도는 구원을 약속받은 자입니다. 그리고 영원히 사는 영생의 행복을 받았습니다. 이런 영생을 약속받은 성도는 참으로 행복한 존재입니다.

영생의 복을 받은 성도들에게는 성령 강림의 행복이 주어졌습니다

요한복음 14장 26절을 보면, "보혜사 곧 아버지께서 내 이름으로 보내실 성령 그가 너희에게 모든 것을 가르치고 내가 너희에게 말한 모든 것을 생각나게 하리라"고 하였습니다.

하나님은 구원을 약속받은 성도들을 위해서 보혜사 성령을 보내주시고 지켜 주시며 보호해 주시겠다고 약속하셨습니다. 성도들은 구원을 약속받았을 뿐만 아니라 그 구원을 지켜 나갈 수 있는 보호의 행복도 받게 된 것입니다.

사실 우리 자신의 노력으로는 죄 많은 세상에서 받은 바 구원을 결코 지켜 나갈 수 없습니다. 성령께서 우리 성도들을 지켜 주시고 보호해 주심으로 받은 구원을 잃어버리지 않게 됩니다. 또한 사탄도 우리의 구원을 빼앗을 수 없습니다.

"내가 확신하노니 사망이나 생명이나 천사들이나 권세자들이나 현재 일이나 장래 일이나 능력이나 높음이나 깊음이나 다른 어떤 피조물이라도 우리를 우리 주 그리스도 예수 안에 있는 하나님의 사랑에서 끊을 수 없으리라"(롬 8:38-39).

성령은 우리의 구원의 보증이 되십니다. 성도들은 성령을 통하여 진리를 깨닫는 행복을 받았습니다. 하나님은 성령을 보내주셔서 자신의 약속을 기억나게 하시고, 진리의 말씀을 깨닫게 도와주십니다. 유혹을 받거나 뜻을 잘 분별하지 못할 때에도 그러한 문제를 해결해 주십니다.

성령께서 우리의 마음에 임하시어 말씀을 깨닫게 하시고 기억나게 해주십니다. 그리하여 하나님의 약속을 다시 확신하게 하십니다. 그리고 세상 유혹을 물리치게 하십니다. 세상 사람들은 멸망을 받을 불쌍한 자들이지만 성도들은 진리를 깨닫게 하시는 성령을 소유한 자가 되었으니 행복한 사람들입니다.

영생의 복을 받은 성도들은 부활의 행복을 받습니다

요한복음 11장 25-26절을 보면, "예수께서 이르시되 나는 부활이요 생명이니 나를 믿는 자는 죽어도 살겠고 무릇 살아서 나를 믿는 자는 영원히 죽지 아니하리니 이것을 네가 믿느냐"라고 하였습니다. 성도들은 이 말씀을 믿습니다.

성도들이 약속받은 최고의 행복은 죽어도 사는 부활의 복입니다. 인간이 세상에서 죽음의 문제를 해결할 수만 있다면 가장 행복할 것입니다. 그러나 세상 모든 사람들은 예외 없이 죽음에 이르게 됩니다. 성도들도 예외일 수 없습니다.

그러나 차이가 있다면 죽음 후에 세상 불신자는 영원한 심판과 형벌을 받지만 성도는 죽은 후에 다시 생명의 부활을 한다는 사실입니다.

죽어도 다시 사는 부활의 행복을 받은 우리 성도들은 세상에서 두려움 없이 믿음으로 살 수 있습니다. 성도들은 영원히 죽지 않는 영생의 행복을 누리며 천국에서 살게 됩니다. 그곳에는 육신의 질병도, 노동의 수고도, 눈물을 흘릴 일도, 마음의 근심이나 걱정도 없습니다.

성도들은 세상에서 시련을 이기고 믿음으로 승리하게 하시는 은혜를 인하여 이러한 영광스런 행복을 누리게 됩니다. 이 행복의 날이 임하기까지 믿음의 선한 싸움에서 승리하는 우리가 되어야 합니다.

우리가 받은 약속은 영적 행복입니다. 성도들은 세상 사람들이 눈으로 보지 못하는 '신령한 하늘 행복'을 볼 줄 알아야 합니다. 그리고 이 행복을 이루기 위해 참고 인내할 줄 알아야 합니다. 영원한 생명의 약속을 받은 성도들은 잠깐 동안 사는 세상에서 약간의 수고와 고통 정도는 능히 이길 수 있어야 합니다.

29 성도의 경건한 생활

"누구든지 스스로 경건하다 생각하며 자기 혀를 재갈 물리지 아니하고 자기 마음을 속이면 이 사람의 경건은 헛것이라 하나님 아버지 앞에서 정결하고 더러움이 없는 경건은 곧 고아와 과부를 그 환난 중에 돌보고 또 자기를 지켜 세속에 물들지 아니하는 그것이니라"(약 1:26-27).

야고보는 본문에서 경건을 가리켜 '하나님 앞에서 정결하고 더러움이 없는 생활과 고아와 과부를 그 환난 중에 돌보고 세속에 물들지 아니하는 생활'이라고 말씀합니다. 경건이란 하나님께 대한 공경과 그에 합당한 거룩한 생활을 말합니다. 좀 더 구체적으로 말한다면 '하나님을 마음과 목숨과 뜻을 다하여 사랑하고, 이웃을 내 몸과 같이 사랑하는 것'(마 22:37-40)이 곧 경건한 생활이라는 것입니다. 이는 주님이 친히 우리에게 주신 새 계명입니다.

성도의 경건은 하나님을 공경하는 생활로 표현됩니다(요 14:15)

하나님을 공경하는 생활은 하나님의 계명을 잘 지키는 것입니다. 예수님은 새 계명으로 "내가 너희를 사랑한 것같이 너희도 서로 사랑하라"고 하셨습니다.

> "새 계명을 너희에게 주노니 서로 사랑하라 내가 너희를 사랑한 것같이 너희도 서로 사랑하라"(요 13:34).
> "내 계명은 곧 내가 너희를 사랑한 것같이 너희도 서로 사랑하라 하는 이것이니라"(요 15:12).

하나님을 사랑하는 생활은 그의 계명을 지키는 삶입니다. 요한복음 14장 15절에 "너희가 나를 사랑하면 나의 계명을 지키리라"고 말씀하셨습니다. 계명을 지킨다는 것은 하나님의 말씀에 충실한 삶을 뜻합니다. 그것은 하나님의 말씀을 통해 성장해 가는 삶을 말합니다. 하나님 말씀의 내적 구현, 그것이 경건한 삶의 첫째 요소입니다.

두 번째 요소는 그리스도를 본받아 그를 닮아 가는 생활입니다.

> "이제 인내와 위로의 하나님이 너희로 그리스도 예수를 본받아 서로 뜻이 같게 하여 주사"(롬 15:5).
> "그러므로 사랑을 받는 자녀같이 너희는 하나님을 본받는 자가 되고"(엡 5:1).

이러한 생활은 세속으로부터 자신을 지키는 일이며, 날마다 성화되는 일입니다.

"하나님 아버지 앞에서 정결하고 더러움이 없는 경건은 곧 고아와 과부를 그 환난 중에 돌보고 또 자기를 지켜 세속에 물들지 아니하는 그것이니라"(약 1:27).

"너희 중에 이와 같은 자들이 있더니 주 예수 그리스도의 이름과 우리 하나님의 성령 안에서 씻음과 거룩함과 의롭다 하심을 받았느니라"(고전 6:11).

"그런즉 사랑하는 자들아 이 약속을 가진 우리는 하나님을 두려워하는 가운데서 거룩함을 온전히 이루어 육과 영의 온갖 더러운 것에서 자신을 깨끗하게 하자"(고후 7:1).

"악은 어떤 모양이라도 버리라 평강의 하나님이 친히 너희를 온전히 거룩하게 하시고 또 너희의 온 영과 혼과 몸이 우리 주 예수 그리스도께서 강림하실 때에 흠 없게 보전되기를 원하노라"(살전 5:22-23).

그리스도를 닮는 삶은 소극적으로 말하면 세속적인 것으로부터 자신을 보호하는 생활이고, 적극적으로 말한다면 자신을 그리스도의 분량에까지 거룩하게 성숙시켜 가는 생활입니다.

"우리가 다 하나님의 아들을 믿는 것과 아는 일에 하나가 되어 온전한 사람을 이루어 그리스도의 장성한 분량이 충만한 데까지 이르리니"(엡 4:13).

성도는 그리스도의 향기이며, '세상의 빛'입니다.

"너희는 세상의 빛이라 산 위에 있는 동네가 숨겨지지 못할 것이요 사람이 등불을 켜서 말 아래에 두지 아니하고 등경 위에 두나니 이러므로 집

안 모든 사람에게 비치느니라 이같이 너희 빛이 사람 앞에 비치게 하여 그들로 너희 착한 행실을 보고 하늘에 계신 너희 아버지께 영광을 돌리게 하라"(마 5:14-16).

그리스도를 닮아 가는 생활은 내 안에서 육신의 소욕은 소멸하고 성령의 뜻을 따라 영성을 높여 성령의 열매를 맺는 생활을 의미합니다.

"내가 이르노니 너희는 성령을 따라 행하라 그리하면 육체의 욕심을 이루지 아니하리라 육체의 소욕은 성령을 거스르고 성령은 육체를 거스르나니 이 둘이 서로 대적함으로 너희가 원하는 것을 하지 못하게 하려 함이니라 너희가 만일 성령의 인도하시는 바가 되면 율법 아래에 있지 아니하리라 육체의 일은 분명하니 곧 음행과 더러운 것과 호색과 우상숭배와 주술과 원수 맺는 것과 분쟁과 시기와 분냄과 당 짓는 것과 분열함과 이단과 투기와 술 취함과 방탕함과 또 그와 같은 것들이라 전에 너희에게 경계한 것같이 경계하노니 이런 일을 하는 자들은 하나님의 나라를 유업으로 받지 못할 것이요 오직 성령의 열매는 사랑과 희락과 화평과 오래 참음과 자비와 양선과 충성과 온유와 절제니 이같은 것을 금지할 법이 없느니라 그리스도 예수의 사람들은 육체와 함께 그 정욕과 탐심을 십자가에 못 박았느니라"(갈 5:16-24).

세 번째 요소는 하나님을 기쁘시게 하는 생활로 표현됩니다. 하나님을 기쁘시게 하는 생활은 복음을 전하는 생활, 어려운 이웃을 돕는 생활을 의미합니다.

"오직 하나님께 옳게 여기심을 입어 복음을 위탁받았으니 우리가 이와 같이 말함은 사람을 기쁘게 하려 함이 아니요 오직 우리 마음을 감찰하시는 하나님을 기쁘시게 하려 함이라"(살전 2:4).

"내게는 모든 것이 있고 또 풍부한지라 에바브로디도 편에 너희가 준 것을 받으므로 내가 풍족하니 이는 받으실 만한 향기로운 제물이요 하나님을 기쁘시게 한 것이라"(빌 4:18).

성도의 경건은 성도로서의 합당한 생활로 표현됩니다

경건한 생활은 하나님을 공경하는 동시에 구원받은 하나님의 자녀로서 합당한 생활을 하는 것입니다.

첫 번째 요소는 세상을 사랑하지 않는 것입니다. 성도는 세상에 있으나 하나님께 속한 생명이므로 세상을 사랑해서는 안 됩니다. 세상에 있는 모든 것은 육신의 정욕과 안목의 정욕과 이생의 자랑뿐입니다.

"이 세상이나 세상에 있는 것들을 사랑하지 말라 누구든지 세상을 사랑하면 아버지의 사랑이 그 안에 있지 아니하니 이는 세상에 있는 모든 것이 육신의 정욕과 안목의 정욕과 이생의 자랑이니 다 아버지께로부터 온 것이 아니요 세상으로부터 온 것이라"(요일 2:15-16).

그리고 야고보는 성도가 세상과 벗이 되면 하나님의 원수가 된다고 경고합니다.

"간음한 여인들아 세상과 벗 된 것이 하나님과 원수 됨을 알지 못하느냐 그런즉 누구든지 세상과 벗이 되고자 하는 자는 스스로 하나님과 원수 되는 것이니라"(약 4:4).

이처럼 성도가 세상을 사랑하는 것은 성도로서 합당한 삶이 아님을 명심해야 합니다.

두 번째 요소는 세상에 물들지 않는 생활입니다. 성도는 그리스도의 보혈과 그리스도의 말씀으로 정결케 된 자들로서 그러한 모습을 계속 유지하고 발전시켜야 합니다.

"너희는 내가 일러 준 말로 이미 깨끗하여졌으니"(요 15:3).
"하물며 영원하신 성령으로 말미암아 흠 없는 자기를 하나님께 드린 그리스도의 피가 어찌 너희 양심을 죽은 행실에서 깨끗하게 하고 살아 계신 하나님을 섬기게 하지 못하겠느냐"(히 9:14).
"그가 빛 가운데 계신 것같이 우리도 빛 가운데 행하면 우리가 서로 사귐이 있고 그 아들 예수의 피가 우리를 모든 죄에서 깨끗하게 하실 것이요"(요일 1:7).

우리 주 예수 그리스도께서 강림하실 때에 흠 없게 보전되는 생활을 하려면 세상의 일, 즉 세상의 지혜, 육신의 정욕, 안목의 정욕, 이생의 자랑 등에 물들지 말아야 합니다. 이런 것들은 성도의 신앙을 변질시키고 하나님으로부터 멀어지게 합니다.

"평강의 하나님이 친히 너희를 온전히 거룩하게 하시고 또 너희의 온 영과 혼과 몸이 우리 주 예수 그리스도께서 강림하실 때에 흠 없게 보전되기를 원하노라"(살전 5:23).

"이 세상 지혜는 하나님께 어리석은 것이니 기록된 바 하나님은 지혜 있는 자들로 하여금 자기 꾀에 빠지게 하시는 이라 하였고"(고전 3:19).

"이 세상도, 그 정욕도 지나가되 오직 하나님의 뜻을 행하는 자는 영원히 거하느니라"(요일 2:17).

"데마는 이 세상을 사랑하여 나를 버리고 데살로니가로 갔고 그레스게는 갈라디아로, 디도는 달마디아로 갔고"(딤후 4:10).

"너희가 땅에서 사치하고 방종하여 살륙의 날에 너희 마음을 살찌게 하였도다"(약 5:5).

"여호와의 손이 짧아 구원하지 못하심도 아니요 귀가 둔하여 듣지 못하심도 아니라 오직 너희 죄악이 너희와 너희 하나님 사이를 갈라놓았고 너희 죄가 그의 얼굴을 가리어서 너희에게서 듣지 않으시게 함이니라"(사 59:1-2).

성도의 삶은 언제나 하늘을 향해 있어야 하고 세상을 향해 있어서는 안 됩니다. 우리는 언제나 위의 것을 생각하고 땅의 것을 생각하지 말아야 합니다.

"위의 것을 생각하고 땅의 것을 생각하지 말라"(골 3:2).

세 번째 요소는 봉사하고 헌신하는 생활입니다. 봉사와 헌신은 성도가 믿음으로 살아가는 구체적인 삶의 표현입니다. 오직 성령의 충만을 받고, 성령의 인도하심을 받을 때 가능합니다.

"술 취하지 말라 이는 방탕한 것이니 오직 성령으로 충만함을 받으라"

(엡 5:18).

"형제들아 너희 가운데서 성령과 지혜가 충만하여 칭찬받는 사람 일곱을 택하라 우리가 이 일을 그들에게 맡기고"(행 6:3).

성령이 충만해야 성령의 완전한 지배를 받을 수 있습니다.

"성령이 아시아에서 말씀을 전하지 못하게 하시거늘 그들이 브루기아와 갈라디아 땅으로 다녀가 무시아 앞에 이르러 비두니아로 가고자 애쓰되 예수의 영이 허락하지 아니하시는지라 무시아를 지나 드로아로 내려갔는데 밤에 환상이 바울에게 보이니 마게도냐 사람 하나가 서서 그에게 청하여 이르되 마게도냐로 건너와서 우리를 도우라 하거늘 바울이 그 환상을 보았을 때 우리가 곧 마게도냐로 떠나기를 힘쓰니 이는 하나님이 저 사람들에게 복음을 전하라고 우리를 부르신 줄로 인정함이러라"(행 16:6-10). "무릇 하나님의 영으로 인도함을 받는 사람은 곧 하나님의 아들이라" (롬 8:14).

성도의 봉사와 헌신은 곧 자기 몸을 하나님께 거룩한 산 제사로 드리는 것이 됩니다.

"그러므로 형제들아 내가 하나님의 모든 자비하심으로 너희를 권하노니 너희 몸을 하나님이 기뻐하시는 거룩한 산 제물로 드리라 이는 너희가 드릴 영적 예배니라"(롬 12:1).

성도의 경건한 생활은 그 원천이 있기에 가능합니다(갈 5:16-18)

하나님의 말씀은 인간이 거듭남으로 경건한 생활이 가능하다고 밝히고 있습니다. 인간의 거듭남은 타락한 인간의 본성이 성령과 말씀으로 재창조되는 것을 뜻합니다.

"너희가 거듭난 것은 썩어질 씨로 된 것이 아니요 썩지 아니할 씨로 된 것이니 살아 있고 항상 있는 하나님의 말씀으로 되었느니라"(벧전 1:23).

이는 아담의 원죄로 인하여 죽었던 인간의 영혼이 예수 그리스도의 대속의 은혜를 믿음으로 수용하는 순간에 성령으로 다시 살아남으로써 새사람이 되는 것을 가리키는 것입니다.

"너희는 유혹의 욕심을 따라 썩어져 가는 구습을 따르는 옛 사람을 벗어버리고 오직 너희의 심령이 새롭게 되어 하나님을 따라 의와 진리의 거룩함으로 지으심을 받은 새사람을 입으라"(엡 4:22-24).
"이제는 너희가 이 모든 것을 벗어 버리라 곧 분함과 노여움과 악의와 비방과 너희 입의 부끄러운 말이라 너희가 서로 거짓말을 하지 말라 옛 사람과 그 행위를 벗어 버리고 새사람을 입었으니 이는 자기를 창조하신 이의 형상을 따라 지식에까지 새롭게 하심을 입은 자니라"(골 3:8-10).

인간은 이렇게 거듭남으로 비로소 죄인의 자리에서 떠나 그리스도 안에서 의인의 자리로 나아오며, 하나님의 자녀로서의 경건한 삶을 시작하게 됩니다.

거듭남으로 인하여 시작된 경건한 생활은 계속적인 성화를 통하여 점진적으로 발전하고 향상됩니다. 성령과 말씀으로 거듭난 영혼이기 때문에 성화되는 과정에서도 성령의 능력과 말씀의 은혜에 의존해야 합니다.

> "지금 내가 여러분을 주와 및 그 은혜의 말씀에 부탁하노니 그 말씀이 여러분을 능히 든든히 세우사 거룩하게 하심을 입은 모든 자 가운데 기업이 있게 하시리라"(행 20:32).

이러한 성화는 신앙 인격의 성숙을 뜻하는 것으로 잃어버린 하나님의 형상을 닮아 가는 것을 의미합니다. 성도는 성화되어 신앙 인격이 성숙한 자로서 모든 환경에서 만족할 수 있게 되고, 모든 것이 합력하여 선을 이루게 됩니다.

> "내가 궁핍하므로 말하는 것이 아니니라 어떠한 형편에든지 나는 자족하기를 배웠노니 나는 비천에 처할 줄도 알고 풍부에 처할 줄도 알아 모든 일 곧 배부름과 배고픔과 풍부와 궁핍에도 처할 줄 아는 일체의 비결을 배웠노라"(빌 4:11-12).
> "우리가 알거니와 하나님을 사랑하는 자 곧 그의 뜻대로 부르심을 입은 자들에게는 모든 것이 합력하여 선을 이루느니라"(롬 8:28).

성화는 성령과 말씀의 지시에 따라 성도가 힘써 기도하고 순종하는 삶을 통해 진전됩니다. 그리고 봉사와 헌신을 통하여 진행됩니다. 성도의 기도와 순종, 봉사와 헌신은 성령과 말씀으로 거룩하게 하시려는 하나님의 계획과 지시에 대한 적극적인 응답입니다.

성도는 경건한 삶을 통해서만 세상의 빛과 소금이 될 수 있고, 하나님의 영광을 나타낼 수 있습니다. 중생한 성도라 할지라도 경건한 삶을 살지 않으면 결코 성화될 수 없고, 그 신앙 인격이 성숙해질 수 없습니다.

바울은 썩지 아니할 면류관을 얻고자 하여 자신을 날마다 쳐서 복종시킨다고 했습니다.

30 용서의 생활

• • •
"너희가 사람의 잘못을 용서하면 너희 하늘 아버지께서도 너희 잘못을 용서하시려니와 너희가 사람의 잘못을 용서하지 아니하면 너희 아버지께서도 너희 잘못을 용서하지 아니하시리라"(마 6:14-15).
• • •

본문에 "너희가 사람의 잘못을 용서하면 너희 하늘 아버지께서도 너희 잘못을 용서하시려니와 너희가 사람의 잘못을 용서하지 아니하면 너희 아버지께서도 너희 잘못을 용서하지 아니하시리라"고 하였습니다.

용서생활은 성도에게 황금과 같은 윤리입니다. 우리가 용서할 수 있다면 하나님의 성품에 온전히 참여할 수 있습니다. 성도들은 용서에 인색한 사람들이 되지 않도록 주의해야 합니다. 용서할 줄 아는, 마음이 넉넉한 사람이 되어야 합니다. 용서할 줄 아는 생활 속에서 기쁨과 평안을 누리시기를 바랍니다.

"그때에 베드로가 나아와 이르되 주여 형제가 내게 죄를 범하면 몇 번이나 용서하여 주리이까 일곱 번까지 하오리이까 예수께서 이르시되 네게 이르 노니 일곱 번뿐 아니라 일곱 번을 일흔 번까지라도 할지니라 그러므로 천국은 그 종들과 결산하려 하던 어떤 임금과 같으니 결산할 때에 만 달란트 빚진 자 하나를 데려오매 갚을 것이 없는지라 주인이 명하여 그 몸과 아내와 자식들과 모든 소유를 다 팔아 갚게 하라 하니 그 종이 엎드려 절하며 이르되 내게 참으소서 다 갚으리이다 하거늘 그 종의 주인이 불쌍히 여겨 놓아 보내며 그 빚을 탕감하여 주었더니 그 종이 나가서 자기에게 백 데나리온 빚진 동료 한 사람을 만나 붙들어 목을 잡고 이르되 빚을 갚으라 하매 그 동료가 엎드려 간구하여 이르되 나에게 참아 주소서 갚으리이다 하되 허락하지 아니하고 이에 가서 그가 빚을 갚도록 옥에 가두거늘 그 동료들이 그것을 보고 몹시 딱하게 여겨 주인에게 가서 그 일을 다 알리니 이에 주인이 그를 불러다가 말하되 악한 종아 네가 빌기에 내가 네 빚을 전부 탕감하여 주었거늘 내가 너를 불쌍히 여김과 같이 너도 네 동료를 불쌍히 여김이 마땅하지 아니하냐 하고 주인이 노하여 그 빚을 다 갚도록 그를 옥졸들에게 넘기니라 너희가 각각 마음으로부터 형제를 용서하지 아니하면 나의 하늘 아버지께서도 너희에게 이와 같이 하시리라"(마 18:21-35).

용서의 근원이 하나님께 있음을 알아야 용서생활이 가능합니다

용서는 하나님께서 사람을 만나시는 방법이었습니다. 지극히 거룩하신 하나님께서 용서라는 방법을 통해 우리를 만나주셨기에 우리는 하나님과의 사귐을 가질 수 있게 되었습니다. 그와 같이 우리가 다른 사람들을 만날 때 용서가 있으면 막혀진 담이 쉽게 허물어질 것입니다.

이 세상에는 허물어 버려야 할 막혀 있는 담들이 너무 많습니다.

그 가장 큰 요인은 용서할 줄 모른다는 데 있습니다. 용서할 줄 모르므로 벽이 생기고, 이것들이 쌓여서 사회의 문제로 발전하게 됩니다.

개인에 대한 미움, 국가에 대한 증오심, 사회에 대해 느끼는 비정상적인 감정들을 모두 용서라는 처방을 통해서 풀 수 있습니다. 미움이나 증오심이 있는 곳에는 평안이 있을 수 없고, 기쁨이 있을 수 없습니다. 미움과 증오는 인간의 마음속에 불안과 괴로움을 줍니다.

이러한 문제를 극복하려면 성도인 우리가 예수 그리스도께서 우리를 용서하신 것처럼 서로 용서함으로 그 사랑을 실천하는 자들이 되어야 하겠습니다.

하나님의 용서를 받는 데 있어서 전제되어야 할 필수 요건은 죄를 자백하는 일입니다. 이 일은 하나님과의 교제를 가능케 하고 지속시키는 거룩한 방법입니다.

성도들은 허물이 있으면 즉시 주께 자백해야 합니다. 구약시대에 살았던 사람들은 부지중에 범한 허물일지라도 이를 깨닫게 되면 즉시 속죄제를 위한 제물을 가지고 제사장에게로 가서 속죄의식을 해야만 하였습니다.

사람들 간의 허물도 같습니다. 용서의 조건은 자신의 잘못을 뉘우치고 회개하는 것입니다(요일 1:9). 용서생활은 인간에게 약점이 있음을 알 때 가능합니다. 하나님을 경외하지 않는 사람들 중 대다수가 사람을 지나치게 미화시키고 과대평가하는 잘못을 범하고 있습니다.

성경은 인간 실존을 간단하게 '죄인'이라고 규정합니다. 의로운 사람은 한 사람도 없다고 합니다(롬 3:10). 외형상으로는 아름다운 미모, 탁월한 능력을 가진 사람, 세상적인 지혜가 있는 사람 등이 적지 않지만 근본적으로는 모두가 죄인이요 의롭지 않다는 것입니다. 그렇기 때문에 사람은 서로를 정죄할 수 없습니다. 그러므로 자기를 바르게 인식하면 원만한 교제가 가능하게 되고, 그 어떠한 실수에 대해서도 용서하게 됩니다.

사람들 중에는 완전한 자로 평가되는 유형의 사람들이 있습니다. 그러나 남녀노소 빈부귀천을 초월하여 완전한 사람은 아무도 없습니다. 물론 성경에도 "의인은 없나니 하나도 없다"라고 합니다. 참으로 완전한 사람, 즉 허물이라든지 결점, 약점, 연약함, 한계 등을 초월한 사람은 없다는 것입니다. 이것이 인간의 모습입니다. 인간 실존은 하나님 앞에 그대로 나아갈 수 없는 실수투성이 존재입니다. 우리 성도들은 서로 용서하고 용납하는 일에 힘써야 하겠습니다.

용서생활은 우리가 사는 사회를 이해할 때 가능합니다

고린도전서 12장 11절에 "이 모든 일은 같은 한 성령이 행하사 그의 뜻대로 각 사람에게 나누어 주시는 것이니라"고 합니다. 우리가 사는 사회는 교제하면서 서로 더불어 살아야 합니다.

모든 인간은 각자 개성이 다릅니다. 인간의 개성이 각각 다르기에 서로 의견이 다를 수 있습니다. 그래서 문제가 발생할 수 있는 것입니다.

우리 성도들은 나와 의견이 다르고 행동을 달리하는 사람들을 무조건 배척하려는 태도를 버리고, 상대방을 있는 그대로 인정하고 받아들이는 관용을 배워야 할 것입니다. 서로 용납하고 베풀며 용서하는 마음으로 더불어 사는 사회를 이루어야 합니다.

교회나 가정, 사회나 국가에 시끄러운 문제가 생기고, 조화를 이루지 못하는 근본 원인은 서로 용납할 줄 모르기 때문입니다.

우리의 몸에는 여러 지체들이 있는데, 그것이 한 몸에 있다고 해서 모두 역할이 같은 것이 아닙니다. 각각 다릅니다. 그러나 서로 몸을 위하여 살아야 합니다.

우리가 서로 원만한 교제를 이루고자 하면 다른 사람의 역할을 존중해 주어야 합니다. 자신의 역할만이 소중하고, 자신의 힘만으로 충분히 전체를 움직여 나갈 수 있다고 생각해서는 안 됩니다.

누가복음 7장 41-43절을 보면, "이르시되 빚 주는 사람에게 빚진 자가 둘이 있어 하나는 오백 데나리온을 졌고 하나는 오십 데나리온을 졌는데 갚을 것이 없으므로 둘 다 탕감하여 주었으니 둘 중에 누가 그를 더 사랑하겠느냐 시몬이 대답하여 이르되 내 생각에는 많이 탕감함을 받은 자니이다 이르시되 네 판단이 옳다 하시고"라고 합니다.

하나님은 우리와 교제하십니다. 더불어 살아가는 교회와 사회 속에서 우리는 자신이 용서를 필요로 하는 존재임을 알고 교제해야 합니다. 용서생활에 인색하지 않도록 주의하며 용서생활에 힘써야 하겠습니다.

31 자족한 생활에
나타난 능력

• • •

"내가 주 안에서 크게 기뻐함은 너희가 나를 생각하던 것이 이제 다시 싹이 남이니 너희가 또한 이를 위하여 생각은 하였으나 기회가 없었느니라 내가 궁핍하므로 말하는 것이 아니니라 어떠한 형편에든지 나는 자족하기를 배웠노니 나는 비천에 처할 줄도 알고 풍부에 처할 줄도 알아 모든 일 곧 배부름과 배고픔과 풍부와 궁핍에도 처할 줄 아는 일체의 비결을 배웠노라 내게 능력 주시는 자 안에서 내가 모든 것을 할 수 있느니라"(빌 4:10-13).

• • •

　이 세상의 모든 사람은 문제를 가지고 있습니다. 문제가 없는 사람은 한 사람도 없습니다. 사람은 누구나 희로애락(喜怒哀樂, 기쁨과 괴로움과 슬픔과 즐거움)과 영고성쇠(榮枯盛衰, 성하고 쇠함이 서로 뒤바뀌는 일)를 경험합니다. 그 경험은 하나님의 섭리입니다.
　전도서 7장 14절을 보면, '좋은 때에는 기뻐하고, 어려운 때에는 생각하라. 하나님은 좋은 때도 있게 하시고, 나쁜 때도 있게 하신다. 그러기에 사람은 제 앞일을 알지 못한다'고 합니다.
　사람은 유한한 존재입니다. 자기 앞일을 알지 못합니다. 그렇지만 행복한 미래를 꿈꾸며 살고 있습니다. 사람들은 천신만고(千辛萬苦, 무한히 애를 씀) 끝에 자기 행복의 탑을 쌓습니다. 그러나 그것은 하루아침에 무너지고 맙니다. 이것이 인간의 유한성과 무능함입니다.

누구나 피할 수도 없고, 해결할 수도 없는 인생의 문제를 가지고 있습니다. 사람은 행복한 것 같으나 불행하고, 잘된 것 같으나 허무합니다. 모두 허무와 무상을 경험하며 한탄합니다. 이러한 생활에서 벗어날 수 있는 비결의 말씀을 주셨습니다.

본문 빌립보서 4장 11-12절을 보면, "내가 궁핍하므로 말하는 것이 아니니라 어떠한 형편에든지 나는 자족하기를 배웠노니 나는 비천에 처할 줄도 알고 풍부에 처할 줄도 알아 모든 일 곧 배부름과 배고픔과 풍부와 궁핍에도 처할 줄 아는 일체의 비결을 배웠노라"고 하였습니다. 이 말씀은 사도 바울이 실제로 경험한 생활의 신앙고백입니다. 그는 어떤 환경에 처하든지 상관없이 항상 행복하게 살 수 있는 비결을 배웠다고 한 것입니다.

이 말씀에 의하면 행복이란 따로 있는 것이 아니라 우리에게 임하는 환경을 어떻게 받아들이고 어떻게 대처하느냐에 따라 행복과 불행이 결정된다는 것입니다.

환경은 사람의 힘으로 어느 정도 변화시킬 수 있는 것처럼 보입니다. 많은 돈으로 좋은 집을 짓고, 돈이 많이 있으면 좋은 옷도 사 입을 수 있고, 맛있는 음식을 먹으면서 살 수 있습니다. 그러나 그것은 행복도 승리도 아닙니다. 행복은 스스로 취하여 내 것이 되어야 합니다. 그러기에 나의 불행을 다른 사람에게 책임을 돌리거나 원망할 수 없는 것입니다. 만약 어떤 환경과 처지에서도 만족하는 사람이 있다면 그는 행복한 사람이며, 자기를 극복하는 승리의 사람일 것이며, 가장 부유한 사람이 될 것입니다.

사도 바울은 이러한 사람으로서 행복과 승리를 경험하면서 가장 부유하고 넉넉한 사람이었습니다. 우리는 바울처럼 자족한 생활을 배워 세상을 극복하며 살아갈 수 있는 특권이 있습니다. 이 특권은 성도 된 우리에게 하나님의 은혜로 주어졌습니다.

사도 바울은 고난 중에도 자족했습니다. 그는 로마서 8장 18절에서 "생각하건대 현재의 고난은 장차 우리에게 나타날 영광과 비교할 수 없도다"라고 하였습니다. 이 세상의 고난은 잠깐이지만 우리에게는 족히 비교할 수 없는 천국이 준비되어 있습니다.

우리는 예수님의 약속을 믿고 있습니다. 예수님은 요한복음 14장 2-3절에서 "내 아버지 집에 거할 곳이 많도다 그렇지 않으면 너희에게 일렀으리라 내가 너희를 위하여 거처를 예비하러 가노니 가서 너희를 위하여 거처를 예비하면 내가 다시 와서 너희를 내게로 영접하여 나 있는 곳에 너희도 있게 하리라"고 하셨습니다. 이 얼마나 큰 위로가 되는 말씀입니까?

우리는 은혜의 방편으로 자족의 비결을 배워야 합니다. 주님께서 주시는 것이 무엇이든지 만족하는 마음을 갖는다는 것은 하나님의 은혜입니다. 우리에게 주신 자녀, 배우자, 그리고 주어진 환경에 자족합시다. 다른 사람들과 비교하지 맙시다. 스스로 상대적 빈곤의 구덩이에 빠지지 맙시다. 이미 받은 것, 그리고 이미 주신 것을 귀하게 여기며 삽시다. 그리고 구해도 안 주시는 것이 있다면 하나님의 깊은 뜻이 있습니다. 아마 사람들이 달라고 하는 대로 다 주신다면 이 세상은 지옥과 다를 바 없을 것입니다.

풍성한 생활은 결코 소유로 말미암는 것이 아니라 자족하는 것에서부터 오는 것입니다. 자족의 의미는 구체적으로 무엇일까요? '자족'이라는 말은 아끼고, 안 쓰고, 참는 것보다 훨씬 더 적극적인 의미가 있습니다. 절약하고 안 쓰고 참으면서도 내적으로는 갈등하며 고통이 있을 수 있습니다. 그런데 자족은 '마음속에 평안이 있는 상태'입니다. 우리를 둘러싸고 있는 여러 가지 어려운 환경에도 불구하고 내 속에는 넉넉한 만족의 여유를 가지고 있는 상태를 자족이라 할 수 있습니다.

바울은 지금 로마 감옥에서 차꼬에 발이 묶인 채 지하 감옥에 갇혀 있어 절망적인 처지입니다. 그러나 바울은 오히려 "내가 당한 일이 복음의 진보를 가져왔다"라고 하였습니다. 바울은 이러한 환경에서 자족하며 평안을 누리고 있었습니다.

사람이 물질적으로 부요하고 편리하고 마음도 평안하면 더 좋겠지요. 그러나 죄인들이 사는 이 세상은 그러한 세상이 아닙니다. 마음의 평안이 중요합니다. 바울은 모든 생활을 자족하는 중에 항상 기뻐하고 평안할 수 있었습니다. 이것이 삶의 능력입니다.

바울의 현실은 험악하나 그의 심령은 천국에서 면류관의 환상을 바라보며 행복에 취해 있었습니다. 어쩔 수 없이, 죽지 못해 적응해 나가는 것이 아니라 조용하지만 강력하게 현실을 바꾸어 나가는 힘, 곧 그 능력은 하나님의 섭리를 믿는 믿음에서 나옵니다. 그래서 로마서 8장 28절에 "우리가 알거니와 하나님을 사랑하는 자 곧 그의 뜻대로 부르심을 입은 자들에게는 모든 것이 합력하여 선을 이루느니라"고 하였습니다.

우리의 인생 과정을 보면 좋은 일도 있고, 나쁜 일도 있고, 어려운 일도 있고, 쉬운 일도 있습니다. 자기 마음대로 안 되는 일도 있고, 많은 고통을 주는 일도 있을 수 있습니다. 그러나 분명한 것은 그 모든 일이 합력하여 선한 결과를 이룬다는 것입니다.

주님께서 사랑하는 자녀를 천국으로 인도하시는 계획은 완전히 이루어집니다. 주님의 능력은 가난과 궁핍함을 부와 풍요로 바꿀 수도 있거니와 그 가운데서도 승리하도록 도우실 수 있습니다. 하나님의 능력은 질병을 치료하고 회복하여 건강하게 살게 하실 수도 있으며, 그 질병 가운데도 기뻐하고 평화를 누리며 하나님을 찬양하며 살게 하실 수도 있습니다. 그러므로 하나님의 절대주권을 믿고 순종하며 따라가는 자족하는 생활의 소유자들이 되시기를 바랍니다.

형편이 달라지고 처지가 달라지고 환경이 변한다 할지라도 주님이 주시는 자족의 비결을 배워 나감으로 힘겨운 인생살이에서 늘 이기는 삶을 살아가시기를 바랍니다. 기쁨과 평안이 충만한 삶을 사시는 행복한 성도가 되시기를 바랍니다.

32 성도의
3대 생활 원리

● ● ●

"이때로부터 예수 그리스도께서 자기가 예루살렘에 올라가 장로들과 대제사장들과 서기관들에게 많은 고난을 받고 죽임을 당하고 제삼일에 살아나야 할 것을 제자들에게 비로소 나타내시니 베드로가 예수를 붙들고 항변하여 이르되 주여 그리 마옵소서 이 일이 결코 주께 미치지 아니하리이다 예수께서 돌이키시며 베드로에게 이르시되 사탄아 내 뒤로 물러가라 너는 나를 넘어지게 하는 자로다 네가 하나님의 일을 생각하지 아니하고 도리어 사람의 일을 생각하는도다 하시고 이에 예수께서 제자들에게 이르시되 누구든지 나를 따라오려거든 자기를 부인하고 자기 십자가를 지고 나를 따를 것이니라"(마 16:21-24).

● ● ●

과거에서 오늘에 이르기까지 복음 전파에 의하여 예수 그리스도를 주로 고백하고 살아가는 성도들이 많이 있습니다. 그런데 하나님의 말씀을 통하여 신앙이 형성되지 않고 자기 나름대로 신앙이 형성되어 성도의 참된 모습을 보여주지 못하는 경우들도 많음을 부인할 수 없습니다. 하나님의 일보다 사람의 일을 더 중요하게 생각하는 사람들이 많이 있다는 것입니다.

베드로는 이러한 사람들 중의 한 사람이었던 것을 알 수 있습니다. 그는 하나님의 일보다 사람의 일을 더 생각하는 사람이었습니다. 본문 23절을 보면, "예수께서 돌이키시며 베드로에게 이르시되 사탄아 내 뒤로 물러가라 너는 나를 넘어지게 하는 자로다 네가 하나님의 일을 생각하지 아니하고 도리어 사람의 일을 생각하는도다"라고 하였습니다.

그리고 예수님은 24절에서 제자들에게 "누구든지 나를 따라오려거든 자기를 부인하고 자기 십자가를 지고 나를 따를 것이니라"고 하셨습니다. 이 말씀에서 우리는 '성도의 3대 생활 원리'를 발견할 수 있습니다. 이 원리가 우리 성도들의 신앙생활에 지침이 되어 순종을 실천하는 삶이 되시기를 바랍니다.

첫째 원리는 주님을 따르는 생활입니다

하나님을 따를 수 있는 사람에게는 이 생활을 할 수 있는 믿음이 하나님의 말씀으로 주어져야 합니다. 하나님이 주신 믿음은 말씀을 들음으로 형성됩니다.

믿음은 말씀을 실천하는 생활을 하게 합니다. 성도는 무엇보다도 주님을 따르는 생활을 해야 합니다. 그런데 성도들이 직분 맡은 자나 다른 사람을 따르며 신앙생활을 하는 경우가 많음을 봅니다. 우리는 주님만 바라보고, 예수님을 기준으로 삼고, 예수님을 목적으로 하며, 예수님만 따라가야 합니다.

"믿음의 주요 또 온전하게 하시는 이인 예수를 바라보자 그는 그 앞에 있는 기쁨을 위하여 십자가를 참으사 부끄러움을 개의치 아니하시더니 하나님 보좌 우편에 앉으셨느니라"(히 12:2).

우리가 주님을 따르는 생활을 한다는 것은 주와 같이 생활하고, 주님을 배우며, 주님을 위해 살아간다는 것입니다.

"우리가 살아도 주를 위하여 살고 죽어도 주를 위하여 죽나니 그러므로 사나 죽으나 우리가 주의 것이로다"(롬 14:8).

주님을 따른다고 하면서 실제로는 하나님의 뜻보다 자기 뜻을 만족시키고, 주님께 배우기보다는 자기가 보기에 좋은 사람에게 배우고 그 사람의 영향을 받으려는 사람이 있습니다. 그러나 이러한 인간적인 생각이나 판단은 잘못될 수 있습니다.

사도 바울을 보면 부활하신 주님을 만난 이후 오직 살든지 죽든지 주의 이름을 존귀케 하는 일에 최고의 목적을 두었습니다.

"나의 간절한 기대와 소망을 따라 아무 일에든지 부끄러워하지 아니하고 지금도 전과 같이 온전히 담대하여 살든지 죽든지 내 몸에서 그리스도가 존귀하게 되게 하려 하나니"(빌 1:20).

그는 그리스도만 바라보며 그리스도를 따르는 생활을 하였습니다.

"내가 그리스도를 본받는 자가 된 것같이 너희는 나를 본받는 자가 되라" (고전 11:1).

이 생활은 바울만의 특별한 생활이 아니라 우리 모든 성도의 생활이 되어야 합니다.

둘째 원리는 자기를 부인하는 생활입니다

사람은 자기의 존재를 올바르게 발견할 때 자기를 부인할 수 있습니다.

나는 죄로 말미암아 마땅히 형벌을 받아 영원토록 괴로움과 고통을 받아야 할 자입니다. 인류는 죄로 부패되고 오염된 속성을 가진 자들입니다. 그 속성을 가지고 있으면 주를 따를 수 없습니다.

주를 따를 수 있는 자들은 예수 그리스도의 은혜로 죄에서 용서함을 받아 모든 죄에서 자유를 얻은 자들입니다. 그러므로 성도는 옛 사람에 대하여는 죽고, 그리스도 안에서 다시 산 자가 된 것입니다. 그리스도의 피로 죄에서 정결하게 된 것입니다.

우리는 그리스도의 것이 되었습니다. 우리 몸은 하나님께서 기뻐하시는 산 제물이 되었습니다. 그리스도에게로 나아가게 된 것입니다. 그러기에 언행심사로 하나님을 영화롭게 할 수 있게 된 것입니다. 성도들은 자기에게 있는 욕심과 생각, 주장 등을 모두 벗어 버리고 하나님이 기뻐하시는 일을 행할 수 있게 된 것입니다. 성도는 자기를 부인하고 주님을 따르는 삶을 살아야 합니다.

셋째 원리는 십자가를 지는 생활입니다

성도 된 우리는 하나님의 자녀요, 후사가 된 자입니다. 그러므로 주님과 함께 영광을 얻기 위해서는 주님께서 당하신 고난에 동참해야 합니다. 성도들에게는 각각 다른 십자가가 있습니다. 이 십자가의 길은 누구나 가야 할 성도의 길입니다.

예수님을 구주로 고백하고 믿는 일에는 열심히 하지만, 십자가를 지는 데는 소홀하거나 관심조차 없는 경우가 많습니다. 십자가는 우선 고통스럽지만 자신의 고난을 감당한 후에는 주의 영광과 축복이 예비되어 있습니다. 그러므로 우리는 한 사람도 빠짐없이 기쁨과 감사함으로 자기 몫의 십자가를 지는 성도들이 되어야 하겠습니다.

성도들은 하나님의 택하심을 입은 자들로 부르심을 받아 하나님을 경외하며 주신 말씀에 순종하며 하나님께서 기뻐하시는 뜻을 따라 살아가야 할 자들입니다. 예수님은 성도 된 우리에게 주님을 섬기며 그 뒤를 따라 살아가야 한다는 의미로 "누구든지 나를 따라오려거든 자기를 부인하고 자기 십자가를 지고 나를 따를 것이니라"고 말씀해 주셨습니다. 이 교훈은 성도들이 마땅히 명심해야 할 생활의 원리입니다. 성도는 오직 주님의 말씀대로 행하는 자이며, 이러한 사람이 하나님의 백성입니다.

"나더러 주여 주여 하는 자마다 다 천국에 들어갈 것이 아니요 다만 하늘에 계신 내 아버지의 뜻대로 행하는 자라야 들어가리라"(마 7:21).

성도 된 우리는 항상 자신을 살필 필요가 있습니다. 형식적인 신앙의 소유자는 아닌지, 세상 정욕을 그대로 가지고 살지는 않는지 살펴보아야 합니다. 이러한 모습은 하나님의 백성의 도리가 아닙니다. 없어질 것을 바라보지 말고 주님의 영광을 위한 생활을 해야 하겠습니다.

33 믿음의 진보인
성장을 이루자

"멜기세덱에 관하여는 우리가 할 말이 많으나 너희의 듣는 것이 둔하므로 설명하기 어려우니라 때가 오래되었으므로 너희가 마땅히 선생이 되었을 터인데 너희가 다시 하나님의 말씀의 초보에 대하여 누구에게서 가르침을 받아야 할 처지이니 단단한 음식은 못 먹고 젖이나 먹어야 할 자가 되었도다 이는 젖을 먹는 자마다 어린아이니 의의 말씀을 경험하지 못한 자요 단단한 음식은 장성한 자의 것이니 그들은 지각을 사용함으로 연단을 받아 선악을 분별하는 자들이니라"(히 5:11-14).

성도는 새로운 피조물로 다시 태어난 자가 되었습니다. 육신적으로 어린이가 태어나면 자랍니다. 그와 같이 성도도 성장이 있어야 합니다. 성도들에게는 새 생명이 주어졌습니다. 여기에 생명력, 즉 살아 있는 힘이 있습니다. 성장은 생명체가 살아 움직인다는 증거입니다. 새 생명을 소유한 성도들은 성장하게 되어 있습니다. 만약 성장하지 않는다면 성도가 아닐 수도 있습니다.

믿음도 생명력을 가지고 있기 때문에 성도에게 주어진 믿음은 자라게 되어 있습니다. 살아 있는 믿음이 있다면 당연히 발전하고 진보를 보이게 됩니다.

본문을 보면 성도 가운데에는 젖이나 먹어야 할 자가 있는가 하면, 단단한 음식을 소화할 수 있는 장성한 자가 있다는 것을 알 수 있습니다. 성도에게 중요한 사실은 성장하여 장성한 자가 되어야 한다는 것입니다.

바울은 사랑하는 디모데에게 "이 모든 일에 전심전력하여 너의 성숙함을 모든 사람에게 나타나게 하라"(딤전 4:15)고 하였습니다. 성도 된 우리는 믿음의 진보인 성장을 이루어 장성한 자가 되는 일에 최선을 다해야 하겠습니다.

성도의 성장인 진보는 말씀의 기초 위에 튼튼하게 서 있어야 합니다

본문을 살펴보면 하나님의 말씀의 초보에 대하여 누구에게서 가르침을 받아야 한다고 하였습니다. 믿음은 하나님이 원하시는 뜻을 따라 하나하나 쌓아 올리는 건축물과 같습니다. 믿음은 기초가 없이 기둥이 설 수 없고, 기둥이 없이 지붕이 있을 수 없습니다. 만약 우리의 신앙에 기초가 없거나, 그 기초가 튼튼하지 못하다면 믿음이 온전한 모습으로 건축물을 세울 수 없습니다.

반석 위에 세워진 집은 무너지지 않습니다. 마태복음 7장 24-27절에 "그러므로 누구든지 나의 이 말을 듣고 행하는 자는 그 집을 반석 위에 지은 지혜로운 사람 같으리니 비가 내리고 창수가 나고 바람이 불어 그 집에 부딪치되 무너지지 아니하나니 이는 주추를 반석 위에 놓은 까닭이요 나의 이 말을 듣고 행하지 아니하는 자는 그 집을 모래 위에 지은 어리석은 사람 같으리니 비가 내리고 창수가 나고 바람이 불어 그 집에 부딪치매 무너져 그 무너짐이 심하니라"라고 했습니다.

신앙의 기초는 신앙을 알게 하고, 바른 신앙을 가르치며, 지도하는 하나님의 말씀이라고 할 수 있습니다. 그 말씀에서 하나님의 뜻과 믿음의 본질과 믿는 도리에 대해 가장 분명하고도 바른 계시를 받아야 합니다. 그리고 그 말씀을 기초로 삼는 가장 확실하고 올바른 믿음을 가져야 할 것입니다. 하나님의 말씀을 바르게 이해하고 신앙의 진보를 위하여 가장 필요한 초석을 이루어 확실한 전진이 있어야 할 것입니다.

성도의 성장인 진보는 지각을 사용해야 합니다

본문 14절에 "단단한 음식은 장성한 자의 것이니 그들은 지각을 사용함으로 연단을 받아 선악을 분별하는 자들이니라"고 하였습니다. 성숙해지면 단단한 음식을 먹게 됩니다. 성숙한 사람은 훈련을 받아서 선과 악을 분별하는 세련된 지각을 가지게 됩니다. 지각은 영적 분별력을 가지고 말씀을 바로 깨달아 그 말씀을 생활에 적용하게 함을 뜻합니다. 진정 믿음의 바른 진보를 이루기 위해서는 영적 분별력인 지각을 사용함으로써 말씀을 바르게 깨닫고, 깨달은 대로 삶에 적용하는 노력이 필요합니다.

골로새서 1장 10절에 "주께 합당하게 행하여 범사에 기쁘시게 하고 모든 선한 일에 열매를 맺게 하시며 하나님을 아는 것에 자라게 하시고"라고 합니다. 만약 영적 분별력으로서의 지각을 사용하지 않고 말씀을 깨닫는 일을 게을리하거나, 무분별하게 말씀을 받아들이거나, 말씀에 입각한 생활을 하지 않는다면 믿음의 진보는커녕 오히려 믿음이 퇴보되거나 타락하기 쉽습니다.

그러므로 우리 모두는 항상 하나님의 말씀을 깊이 묵상하고 연구하는 것과 동시에 하나님과의 영적 교제를 긴밀히 함으로써 성령의 도우심을 힘입은 영적 분별력을 가지고 믿음생활에 힘써야 하겠습니다.

시편 119편 15-16절에 "내가 주의 법도들을 작은 소리로 읊조리며 주의 길들에 주의하며 주의 율례들을 즐거워하며 주의 말씀을 잊지 아니하리이다"라고 하였습니다. 매순간 영적 분별력 즉 지각을 사용하여 말씀을 대하고, 악한 유혹을 물리치고 선한 생활을 취함으로써 바른 믿음의 진보를 이루어야 하겠습니다.

성도의 성장인 진보는 마음과 힘을 다해야 합니다

사도 바울은 디모데에게 믿음의 진보를 부탁할 때에 '전심전력'을 당부하였습니다. 믿음의 진보는 보다 더 하나님의 바른 뜻을 깨닫고 하나님께서 원하시는 온전한 믿음을 향해 나아가는 것으로, 반드시 믿는 자의 간절함과 열심이 있어야 합니다.

신명기 6장 5절에 "너는 마음을 다하고 뜻을 다하고 힘을 다하여 네 하나님 여호와를 사랑하라"고 하였고, 예레미야 29장 13절에는 "너희가 온 마음으로 나를 구하면 나를 찾을 것이요 나를 만나리라"고 하였습니다.

온전한 믿음의 진보를 이루기 위해서는 전인격적으로 마음을 다하고 성품을 다하고 힘을 다하여 하나님을 아는 일, 하나님을 사랑하고 하나님을 좇아 사는 일에 최선을 다해야 합니다.

그러나 많은 성도들이 전심전력하지 못함으로 신앙의 진보를 이루지 못하고 있습니다. 어느 정도만, 적당히, '이 정도면 되겠지' 하는 모습에 머무릅니다. 그러나 그러한 모습으로는 계속적이고 보다 큰 믿음의 진보를 가져올 수 없습니다. 우리는 안일한 태도에서 벗어나 전심전력하는 믿음의 진보로 성장하는 사람들이 되도록 해야겠습니다.

누가복음 13장 24절에 "좁은 문으로 들어가기를 힘쓰라 내가 너희에게 이르노니 들어가기를 구하여도 못하는 자가 많으리라"고 하였습니다. 본문에 나타나 있듯이 믿음을 가진 지 오랜 시간이 흘렀음에도 불구하고 아직 젖이나 먹고 단단한 식물을 먹지 못하는 어린 신앙의 단계에서 벗어나지 못하고 있지는 않은지 살펴봐야 할 것입니다. 그러나 진정 우리의 믿음이 살아 있고 바른 것이라면 진보하는 모습이 있어야 할 것입니다.

말씀의 기초를 튼튼히 하고, 항상 지각을 사용하여 영적 분별력을 가지고, 마음과 뜻과 온 정성과 힘을 다하여 믿음의 생활을 열심히 하는 참된 신앙인으로 믿음의 진보를 통한 성장이 있어야 합니다. 그러므로 우리는 이제 우리의 믿음이 그리스도의 장성한 분량에 이르기까지 날마다 믿음의 진보를 이루어 가야 하겠습니다. 믿음의 진보란 믿는 자들이 마땅히 이루어야 할 의무요 본분임을 잊지 말아야 하겠습니다.

34 질그릇에 보배가 담긴
성도의 생활

> "우리가 이 보배를 질그릇에 가졌으니 이는 심히 큰 능력은 하나님께 있고 우리에게 있지 아니함을 알게 하려 함이라 우리가 사방으로 우겨쌈을 당하여도 싸이지 아니하며 답답한 일을 당하여도 낙심하지 아니하며 박해를 받아도 버린 바 되지 아니하며 거꾸러뜨림을 당하여도 망하지 아니하고 우리가 항상 예수의 죽음을 몸에 짊어짐은 예수의 생명이 또한 우리 몸에 나타나게 하려 함이라"(고후 4:7-10).

본문 7절을 보면 "우리가 이 보배를 질그릇에 가졌으니 이는 심히 큰 능력은 하나님께 있고 우리에게 있지 아니함을 알게 하려 함이라"고 하였습니다.

본문에서 바울은 우리가 보배를 질그릇에 가졌다고 말합니다. 여기서 '우리 즉 질그릇'은 바울 자신과 성도들을 표현하는 비유의 말입니다. 이것은 인간의 육체가 갖는 한계성과 연약성을 나타내고 있습니다. 그리고 '보배'는 복음, 곧 예수 그리스도로 말미암는 구원의 복음을 의미합니다.

사도 바울은 보배와 질그릇을 대조하여 우리에게 교훈하고 있습니다. 인간을 질그릇으로 비유한 것은 인간을 얕보거나 인격을 경시하는 것이 아니라 깨어지기 쉬운 질그릇과 같은 인간의 연약함을 나타내는 것입니다. 성도들은 질그릇처럼 연약하고 유한한 존재임을 알려 주며, 인간의 무능함과 무가치함을 말씀하고 있습니다. 이와 같은 성도에게 질그릇 안에 보배가 담겨 있다는 것입니다. 이는 성도 속에 있는 보배가 얼마나 귀한 것인가를 잘 표현한 말씀입니다. 우리에게 있는 보배인 복음은 매우 값진 것이기 때문입니다.

복음의 보배를 담고 있는 성도들에게는 하나님의 능력이 나타나게 되지만 인간 자체만으로는 그렇지 않다는 것입니다. 복음의 보배를 담고 있는 성도들은 보배를 소유하지 않은 사람들과는 다른 특권이 있음을 깨닫게 합니다.

성도는 하나님의 능력 안에 있으므로 싸이지 않는 특권이 있습니다

본문 8절에 "우리가 사방으로 우겨쌈을 당하여도 싸이지 아니하며"라고 하였습니다. 이 말씀은 복음을 소유한 성도는 사방으로 우겨쌈을 당하여도 싸이지 않는다는 것입니다.

'우겨쌈을 당한다'는 뜻은 즙을 짜기 위해 포도를 짓누른다는 말로, 세상에서 성도가 당하는 고난의 극심함을 나타냅니다. 즉 사방에서 원수 사탄이 성난 파도처럼, 우는 사자처럼 계속해서 밀려오는 고난의 상태를 말합니다. 그리고 '싸이지 아니하며'라는 말씀은 원수 사탄이 성도들을 끊임없이 괴롭히고 속박하려고 노력하지만 결코 그들은 성도들을 해칠 수 없음을 뜻합니다.

바울은 절망에 빠지지 않았습니다. 궁지에 몰린 바울에게 나아갈 길이 열린 것입니다. 보배인 복음은 나약함을 이길 힘이 되는 것입니다. 하나님은 이미 복음을 소유한 성도를 어떠한 위험 가운데서도 보호해 주시고 인도해 주십니다. 누구에게도 해함을 당하지 않게 하십니다. 성도는 우리 속에 보배를 가지고 있음을 확신하면서 믿음 있는 생활을 해야 합니다.

성도는 하나님의 능력 안에 있으므로 낙심하지 않게 됩니다
본문 8절에 "답답한 일을 당하여도 낙심하지 아니하며"라고 하였습니다.
복음을 간직한 사람의 특권은 답답한 일을 당해도 낙심하지 않는 것입니다. 여기서 '답답한 일'은 '어떤 일을 택해야 할지 알 수 없는 진퇴양난의 절망상태'를 가리킵니다. '당한다'는 것은 '혼란이나 걱정, 불안을 당한다'는 의미입니다. 앞의 '우겨쌈을 당하는 것'이 외부적인 불안과 고통이라면, '답답한 일'은 내적인 근심과 걱정, 그리고 불안으로 인한 고통을 의미합니다.
이러한 불안과 고통이 마음을 답답하게 한다고 할지라도 성도는 결코 낙심하거나 절망하지 않습니다. 왜냐하면 성도 안에 있는 복음이라는 능력의 보배가 모든 근심과 걱정, 불안을 능히 이기고 감당할 수 있는 힘을 주기 때문입니다.
바울은 실로 고난 중에 낙담할 수밖에 없는 인생이 그리스도로 말미암아 낙담하지 않고 자신의 의지를 견지하는 것은 복음의 능력으로 말미암은 것이라고 고백합니다. 이것이 복음의 능력이요 승리입니다.

성도는 하나님의 능력 안에 있으므로 버린 바 되거나 망하지 않습니다

본문 9절에 "박해를 받아도 버린 바 되지 아니하며 거꾸러뜨림을 당하여도 망하지 아니하고"라고 하였습니다. 성도들은 하나님의 보호를 받는다 할지라도 이 세상을 살아가면서 여러 가지 이유로 혹독한 핍박을 받습니다. 그때에도 성도는 아주 버림을 받거나 망하지 않습니다.

복음을 마음에 간직한 성도는 결코 외부의 핍박으로 인해 실패하는 일이 없습니다. 사도 바울은 그리스도를 전하는 신앙 때문에 핍박을 당했습니다. 그렇지만 바울에게 어떤 모진 핍박이 닥칠지라도 하나님께서는 결코 바울을 버리지 않으셨습니다. 그것이 바로 질그릇 안에 있는 보배인 복음의 능력이요, 예수 그리스도를 의뢰하는 성도들을 향한 하나님의 보증입니다.

또한 갑자기 원수의 습격을 받아 일시적으로 거꾸러뜨림을 당할 수 있으나, 성도는 결코 영원히 망하지 않는 존재임을 보여줍니다. 복음이신 예수 그리스도를 담고 있는 성도들은 깨어지기 쉬운 질그릇에 불과하지만 결코 영원히 버려지거나 멸망당하지 않습니다.

우리는 진정 질그릇과 같이 연약하고 유한하며 무가치한 존재들입니다. 그렇지만 성도는 그리스도께서 안에 거하심으로 하나님이 주신 보배 곧 능력 있는 구원의 복음을 소유했기에 더 이상 연약한 존재가 아닙니다.

우리는 항상 사탄의 시험에 직면하지만 결코 실패하지 않습니다. 우리 속에 있는 보배이신 그리스도께서는 세상의 권세를 가진 사탄을 이미 이기신 분입니다.

주님은 우리를 패하도록 허락하지 않으십니다. 이러한 보배를 소유한 성도들은 우겨쌈을 당하지 않고 낙심하지 않으며 망하지 않습니다. 그리고 마침내 승리하는 삶을 살아가게 됩니다.

오늘날 성도 된 우리에게도 바울이 당한 환난이 닥쳐올 수 있습니다. 바울이 당한 환난과 핍박을 당할 수 있습니다. 이러한 상황에서 연약한 성도는 넘어지고 급기야 신앙에서 멀어지기도 합니다. 인간의 힘으로는 이 난관을 극복할 수 없습니다. 그러나 하나님은 하실 수 있습니다.

하나님은 살 소망이 없는 인류를 위해 독생자 예수 그리스도를 보내시어 생명의 역사를 시작하셨습니다. 그러므로 연약한 질그릇에 보배인 복음을 영접하면 그 즉시 생명의 역사에 참여하게 되는 것입니다.

우리의 몸은 예전에 죽어야 했습니다. 그러나 하나님께서 살리셨습니다. 그러므로 현재의 나는 내 안에 계신 그리스도로 말미암아 사는 것입니다. 내 안에 있는 복음의 능력으로 사는 것입니다.

나의 연약함은 곧 복음의 능력이 완전하게 나타나는 그릇입니다. 즉 연약한 인간은 예수 그리스도를 위해 죽고 그 죽은 육체에 주께서 생명을 나타내십니다. 그리고 우리는 그 생명을 증거함으로 영광을 드러냅니다.

35 신앙의 형식과
형식주의적 신앙

"내가 무엇을 가지고 여호와 앞에 나아가며 높으신 하나님께 경배할까 내가 번제물로 일 년 된 송아지를 가지고 그 앞에 나아갈까 여호와께서 천천의 숫양이나 만만의 강물 같은 기름을 기뻐하실까 내 허물을 위하여 내 맏아들을, 내 영혼의 죄로 말미암아 내 몸의 열매를 드릴까 사람아 주께서 선한 것이 무엇임을 네게 보이셨나니 여호와께서 네게 구하시는 것은 오직 정의를 행하며 인자를 사랑하며 겸손하게 네 하나님과 함께 행하는 것이 아니냐"(미 6:6-8).

본문을 보면 미가 선지자가 이스라엘 백성들을 향하여 여호와께서 원하시는 것은 좋은 제물이나 많은 재물이 아니라, 공의를 행하고 인자를 사랑하며 겸손히 하나님과 동행하는 것이라고 교훈하고 있습니다.

이 말씀은 얼핏 들으면 하나님께 제사를 드릴 필요가 없고, 오직 선한 일만 행하면 된다는 것으로 보입니다. 그러나 그렇지는 않습니다. 미가 선지자의 교훈은 구약시대에 이루어지고 있는 제사와 같은 신앙형식을 버리라는 것이 아니라, 하나님 앞에 선한 생활 없이 형식적인 겉모양의 행위만 함으로 복을 받으려고 생각하는 형식적인 신앙행위를 버리라는 것입니다.

우리는 신앙생활에 있어서 형식을 갖추어 행하는 것과 형식주의적으로 신앙생활 하는 것을 구체적으로 깨닫고 분별하여 믿음의 생활을 해야 하겠습니다.

신앙에는 반드시 형식이 따르게 됩니다

기독교 역사를 살펴보면, 교회 조직이나 의식 때문에 생겨나는 폐단을 지적하며 이를 전면적으로 거부하고 수도원에 들어가 은둔해 버리는 사람들이 있었습니다. 또한 극단적인 신비주의에 빠지는 사람들이 종종 있었습니다.

특히 19세기 중반 이후에 거세게 일어난 무교회주의 운동은 교회 의식, 예전, 신조 등을 거부하였습니다. 더 나아가 교회 조직은 필연적으로 교권주의와 형식주의를 초래할 수밖에 없다고 생각하여 이를 전면적으로 거부하였습니다.

미국의 '플리머드 형제단', '필라델피아의 성경학교'가 그러한 예였고, 일본의 우치무라 간조(1861-1930), 한국의 김교신, 함석헌 등이 일으킨 무교회주의 운동이 바로 신앙의 형식을 거부하는 대표적인 경우입니다.

그들은 나름대로 매우 귀한 사상을 내포하고 있습니다. 그것은 '그리스도인은 눈에 보이는 외형적인 교회 조직을 중심으로 신앙생활을 해서는 안 되며, 오직 그리스도 중심주의, 성경제일주의로 신앙생활을 해야 한다'는 것입니다. 그러나 그들은 교회 조직을 부정합니다.

우리가 분명히 명심해야 할 것은 그리스도께서는 한 번도 교회 조직의 불필요성을 암시하거나 가르치지 않으셨다는 것입니다. 오히려 주님은 당시 유대인의 종교 처소인 회당에 들어가서 무리들을 가르치셨습니다. 그리고 베드로를 향해서 반석 위에 교회를 세우시겠다고 말씀하셨습니다(마 16:18).

사도 바울도 디모데와 디도에게 보낸 서신에서 어떻게 교회 조직을 세울 것이며, 그에 따른 교회 지도자로서의 자세가 무엇인지에 대해서 자세히 교훈하기도 했습니다. 성경은 교회의 조직, 의식, 예전, 신조 등이 반드시 필요함을 말합니다. 교회의 각 구성원들은 하나의 믿음과 하나의 세례로 한 분 하나님을 섬겨야 합니다.

"몸이 하나요 성령도 한 분이시니 이와 같이 너희가 부르심의 한 소망 안에서 부르심을 받았느니라 주도 한 분이시요 믿음도 하나요 세례도 하나요 하나님도 한 분이시니 곧 만유의 아버지시라 만유 위에 계시고 만유를 통일하시고 만유 가운데 계시도다"(엡 4:4-6).

그 섬김에 있어서 반드시 어떤 일정한 형식이 있어야 합니다. 구약시대에는 신앙형식이 더욱 필요했습니다. 그리스도께서 아직 오시지 않았고, 그리스도와 그의 복음에 관한 하나님의 뜻이 모두 예언, 예표 등으로만 주어진 것입니다. 이러한 것으로는 구약 이스라엘 백성 전체를 하나의 신앙으로 결속시키기가 어려웠습니다. 그래서 성전과 여러 가지 제사형식 등을 통해서 보다 일치되고 확신 있는 신앙생활을 할 수 있도록 한 것입니다.

물론 기독교 신앙의 대상인 그리스도가 오시지 않았던 구약시대의 신앙형식들은 그 자체가 그리스도와 그 구속복음을 예표하는 것이기에 정확하고 분명해야 합니다.

그렇지만 신약시대에는 본체이신 그리스도가 이 땅 위에 오셨으므로 반드시 정해진 규정에 따른 절대적인 형식이 요구되는 것은 아닙니다. 다만 교회 구성원들의 합의에 따라 성경의 가르침에 저촉되지 않는 범위 내에서 적절한 신앙형식들을 만들 수는 있습니다. 이런 형식들은 반드시 성도들 개개인의 신앙 성장에 절대 유익한 것들이 되어야 합니다.

형식주의 신앙은 반드시 배격되어야 합니다

신앙생활에 있어서 필수적인 '신앙형식'과 유사한 것 같지만, '형식주의적 신앙'은 그 본질에 있어서 완전히 다릅니다.

형식주의적 신앙은 다음과 같은 특징이 있습니다.

첫째, 어떤 신앙형식을 가지고 그 형식에만 얽매여서 본질은 망각하고 형식에만 마음을 빼앗기는 것입니다.

둘째, 그 형식은 제대로 준수하면서 하나님 앞에서 자신이 해야 할 본질의 의무는 다 이행하지 않는 것입니다.

셋째, 형식에 매인 형식주의에 빠져 있으면서 축복과 구원이 보장되어 있다고 잘못 생각하는 것입니다.

본문에서 미가 선지자가 이스라엘 백성들을 향하여 책망한 것도 그들의 형식주의적 신앙 태도 때문이었습니다. 이스라엘 백성은 한편으로는 우상을 숭배하면서, 표면상으로는 모세의 율법이 규정하고 있는 규례들을 준수하고 있었습니다. 그들은 그 형식 때문에 자신들은 결코 멸망하지 않는다고 착각했습니다.

"내가 너희 절기들을 미워하여 멸시하며 너희 성회들을 기뻐하지 아니하나니 너희가 내게 번제나 소제를 드릴지라도 내가 받지 아니할 것이요 너희의 살진 희생의 화목제도 내가 돌아보지 아니하리라 네 노랫소리를 내 앞에서 그칠지어다 네 비파 소리도 내가 듣지 아니하리라 오직 정의를 물같이, 공의를 마르지 않는 강같이 흐르게 할지어다 이스라엘 족속아 너희가 사십 년 동안 광야에서 희생과 소제물을 내게 드렸느냐 너희가 너희 왕 식굿과 기윤과 너희 우상들과 너희가 너희를 위하여 만든 신들의 별 형상을 지고 가리라 내가 너희를 다메섹 밖으로 사로잡혀 가게 하리라 그의 이름이 만군의 하나님이라 불리우는 여호와께서 말씀하셨느니라"(암 5:21-27).

신약시대 바리새인들의 형식주의 신앙은 그들의 전형적인 '고르반 제도'인 장로의 유전에서 보게 됩니다(막 7:11-12). 마가복음 7장 11-14절을 보면, "너희는 이르되 사람이 아버지에게나 어머니에게나 말하기를 내가 드려 유익하게 할 것이 고르반 곧 하나님께 드림이 되었다고 하기만 하면 그만이라 하고 자기 아버지나 어머니에게 다시 아무것도 하여 드리기를 허락하지 아니하여 너희가 전한 전통으로 하나님의 말씀을 폐하며 또 이 같은 일을 많이 행하느니라 하시고 무리를 다시 불러 이르시되 너희는 다 내 말을 듣고 깨달으라"고 하였습니다.

이 제도를 보면 바리새인들은 가장 기본적인 도리인 부모를 부양해야 할 책임을 조금도 망설이지 않고 도외시하는 철저한 형식주의자들이었습니다. 예수님도 이러한 형식주의와 외식주의자들을 "회칠한 무덤 같은 자들"이라고 비난하고 책망하셨습니다.

또한 이사야 선지자를 통하여 하나님께서는 "너희의 무수한 제물이 내게 무엇이 유익하뇨……월삭과 안식일과 대회로 모이는 것도 그러하니 성회와 아울러 악을 행하는 것을 내가 견디지 못하겠노라"(사 1:11-13)고 탄식하셨습니다. 여호와를 기쁘시게 하기 위하여 그 선하신 뜻에 순종하여 공의를 행하며 선을 행하는 일 없이 단지 모세의 율법에서 규정하고 있는 규례만을 형식적으로 준수하는 것은 여호와 보시기에 가증한 일이라는 것입니다. 이런 의미에서 아모스 선지자는 "오직 정의를 물같이, 공의를 마르지 않는 강같이 흐르게 할지어다"(암 5:24)라고 선포했던 것입니다.

우리는 신앙생활에 있어서 반드시 어떤 일정한 형식이 요구된다는 것을 기억해야 합니다. 그러나 그 형식에만 얽매여 오히려 신앙생활의 본질을 망각해서는 안 됩니다. 형식과 순종의 삶에 있어서 균형을 이루며, 성숙한 신앙생활을 하여 하나님을 기쁘시게 해야 할 것입니다.

36 성령에 의하여
깨닫는 지혜

• • •

"오직 하나님이 성령으로 이것을 우리에게 보이셨으니 성령은 모든 것 곧 하나님의 깊은 것까지도 통달하시느니라 사람의 일을 사람의 속에 있는 영 외에 누가 알리요 이와 같이 하나님의 일도 하나님의 영 외에는 아무도 알지 못하느니라 우리가 세상의 영을 받지 아니하고 오직 하나님으로부터 온 영을 받았으니 이는 우리로 하여금 하나님께서 우리에게 은혜로 주신 것들을 알게 하려 하심이라 우리가 이것을 말하거니와 사람의 지혜가 가르친 말로 아니하고 오직 성령께서 가르치신 것으로 하니 영적인 일은 영적인 것으로 분별하느니라 육에 속한 사람은 하나님의 성령의 일들을 받지 아니하나니 이는 그것들이 그에게는 어리석게 보임이요, 또 그는 그것들을 알 수도 없나니 그러한 일은 영적으로 분별되기 때문이라 신령한 자는 모든 것을 판단하나 자기는 아무에게도 판단을 받지 아니하느니라 누가 주의 마음을 알아서 주를 가르치겠느냐 그러나 우리가 그리스도의 마음을 가졌느니라"(고전 2:10-16).

• • •

본문은 하나님이 인간을 구속하신 그 놀라운 지혜의 비밀을 깨닫는 유일한 방법을 가르치고 있습니다. 그 일은 곧 성령의 조명하시는 은혜, 즉 영적으로 무지하고 우둔한 우리를 진리로 깨우치고 가르치시는 성령의 역사로 됩니다.

성령의 이와 같은 특별한 은혜가 아니고서는 그 어떤 방법으로도 하나님의 초월한 지혜를 알 수 없습니다. 이런 성령의 역사에 의하여 우리가 성경을 펴서 읽을 때마다 우리의 눈을 열어 주의 기이한 법을 깨닫는 지혜를 가지게 됩니다. 그러므로 이 일을 위하여 기도해야 합니다.

성령에 의하여 하나님의 지혜를 알 수 있습니다

9절을 보면 하나님의 지혜는 인간의 눈으로 보지 못하고, 귀로 듣지 못하고, 사람의 마음으로 생각하지도 못하였다고 하였습니다. 이러한 하나님의 비밀한 지혜는 성령에 의하지 않고서는 알 수가 없습니다. 그러므로 성령은 하나님의 참된 지혜를 인간에게 나타내는 거룩한 통로입니다.

베드로후서 1장 21절을 보면, "예언은 언제든지 사람의 뜻으로 낸 것이 아니요 오직 성령의 감동하심을 받은 사람들이 하나님께 받아 말한 것임이라"고 하였습니다. 이 말씀에서 그러한 사역을 감당하는 성령의 신적 권위에 대해 기록하고 있습니다.

성령의 역사로 인해 우리는 모든 것을 알며, 모든 것을 찾으며, 심지어 하나님의 은밀한 비밀까지도 알 수 있습니다. 왜냐하면 성령께서는 지, 정, 의를 가지신 인격체(고전 2:10-11, 12:11; 엡 4:30)로서 하나님의 속사정을 완전히 알고 계시기 때문입니다. 또한 그 아신 바를 좇아 인간을 가르치시고(요 14:26), 이끄시고(롬 8:14), 말씀해 주시기 때문입니다(요 15:26).

요한복음 14장 26절에 "보혜사 곧 아버지께서 내 이름으로 보내실 성령 그가 너희에게 모든 것을 가르치고 내가 너희에게 말한 모든 것을 생각나게 하리라"고 하였고, 로마서 8장 14절에서는 "무릇 하나님의 영으로 인도함을 받는 사람은 곧 하나님의 아들이라"고 하였습니다. 요한복음 15장 26절에는 "내가 아버지께로부터 너희에게 보낼 보혜사 곧 아버지께로부터 나오시는 진리의 성령이 오실 때에 그가 나를 증언하실 것이요"라고 하였습니다.

따라서 아무도 하나님의 것을 알 수 없지만 오직 그의 성령이 임한 자만이 하나님의 것을 알 수 있습니다.

성령은 아버지와 아들과 함께하는 분이시며, 교회를 향한 하나님의 섭리를 깨닫게 하는 분이십니다. 그러므로 우리는 자신의 영적 무지를 극복하고 온전한 지혜에 이르기 위해 성령께 간구해야 합니다.

성도는 성령의 지혜와 힘으로 활동하는 복 있는 사람입니다

사도들이 복음을 전파할 때 성령은 함께 활동하셨습니다. 사도들은 복음을 전파할 때에 사람의 권위로 말하지 않았습니다. 사도들은 성령으로부터 계시된 비밀을 가지고 세상으로 나아갔으며, 성령에 의해 체험한 것들을 세상을 향해 지혜 있고 힘 있게 선포하였습니다.

바로 이때에 성령께서 전하실 비밀과 체험을 사도들의 입술에만 맡기지 않으시고, 친히 사도들의 증거를 단순하고 쉽고 평이하게 만들어 주셨습니다. 이러한 도움으로 사도들은 쉬운 언어를 사용하여 청중들을 일반적으로 쉽게 가르칠 수 있었습니다.

그런데 이러한 평이하고 쉬운 가르침은 인간의 지혜에 의한 웅

변과 유혹이 갖는 효력과는 비교할 수 없습니다. 그 가르침에는 엄청난 위력이 따랐습니다. 성도들은 신령한 자들로서 성령의 전적인 지배를 받아 지혜롭고 능력 있는 생활을 할 수 있습니다. 이러한 생활이 성령 충만한 삶입니다.

성령을 받지 아니한 육에 속한 사람은 성령의 은혜와 능력을 받지 못합니다

본문 14절을 보면, "육에 속한 사람은 하나님의 성령의 일들을 받지 아니하나니 이는 그것들이 그에게는 어리석게 보임이요, 또 그는 그것들을 알 수도 없나니 그러한 일은 영적으로 분별되기 때문이라"고 합니다.

육에 속한 사람은 성령의 일을 깨닫지 못하고 영적인 분별력도 없습니다. 육에 속한 인간의 지혜는 영적이지 못하고, 세상의 지혜로는 신령한 일을 할 수 없습니다. 육에 속한 사람은 성령의 인도함을 받을 수 없고, 구원에 이를 수 없으며, 성령의 지혜와 능력을 받아 생활할 수 없고, 신령한 생활을 할 수도 없습니다. 육에 속한 사람은 성령에 의하여 깨닫는 지혜를 얻을 수 없습니다. 그래서 그 사람은 불행한 사람입니다.

신령한 자의 마음만이 진정으로 신령한 영적인 아름다움을 분별할 수 있습니다. 신령한 사람은 세상 지식이나 세상 일에 대한 판단력과 분별력을 가지고 있습니다. 영에 속한 사람은 오직 하나님께서 그분의 의지대로 부어 주시는 은혜를 통해 지혜와 능력을 받아 생활할 수 있습니다.

육신에 속한 사람은 일상의 분별력과 판단력조차도 허망할 뿐만 아니라 신령한 삶의 모습, 기쁨, 권세 등에 대해서는 낯설 뿐입니다. 세상의 지혜와 힘으로 하나님의 마음을 알 수 없습니다.

사도들은 성령에 의하여 성령의 마음을 알 수 있는 능력을 받았습니다. 이와 마찬가지로 오직 성령이 그리스도의 마음을 알게 해 주시고, 그리스도 안에 있는 하나님의 마음을 우리에게 충분히 알려 주십니다.

성도들이 성령에 의하여 하나님의 마음을 알고 있다는 것은 엄청난 특권입니다. 성도들은 자기의 마음속에서 성스러운 힘을 경험하게 되고, 생활 가운데서 신령하고 아름다운 삶의 열매를 날마다 거두게 됩니다. 뿐만 아니라 성령을 좇아 행할 수 있게 됩니다.

예수를 영접하여 중생하는 순간부터 성령은 우리 안에 내주하십니다. 성령의 내주와 성령 충만은 다릅니다. 풍성한 생활의 비결은 성령 충만에 있습니다. 성령 충만은 반복해서 받습니다. 성령 충만은 사랑 충만, 기쁨 충만, 평화 충만입니다. 환경이나 내 소유의 많고 적음에 상관없이 충만합니다. 그리고 전도하는 힘, 기도하는 힘, 주를 섬기는 힘은 성령을 통하여 옵니다. 성경을 가르쳐 주시고, 주를 닮게 하시고, 고난과 시련 속에서 승리하고 기뻐하는 능력도 성령 충만으로 주어집니다. 그러므로 성령 충만을 사모하십시오.

37 우리가 실천할 사도의 사랑

"마음으로 우리를 영접하라 우리는 아무에게도 불의를 행하지 않고 아무에게도 해롭게 하지 않고 아무에게서도 속여 빼앗은 일이 없노라 내가 이 말을 하는 것은 너희를 정죄하려고 하는 것이 아니라 내가 이전에 말하였거니와 너희가 우리 마음에 있어 함께 죽고 함께 살게 하고자 함이라 나는 너희를 향하여 담대한 것도 많고 너희를 위하여 자랑하는 것도 많으니 내가 우리의 모든 환난 가운데서도 위로가 가득하고 기쁨이 넘치는도다"(고후 7:2-4).

본문은 바울이 먼저 마음의 문을 열어 놓고 고린도 교인들을 향해 마음을 넓히라고 호소한 것에 이은 화해의 요청입니다. 즉 바울은 마음을 열고 자기를 영접하라고 하였습니다. 그 당시 바울에 대한 비난이 있었습니다. 그 비난은 불의하고, 해롭게 하며, 속여 빼앗았다는 것이었습니다.

불의하다는 것은 전도여행 중 한 곳에 오래 머물 수 없어서 금방 떠난 사실로 인해 불공평하고 의롭지 않다고 한 것입니다. 해롭게 하였다는 것은 율법주의자들로부터 받은 비난으로, 이들은 당시 바울이 증거한 복음이 율법을 부정하고 파괴한다고 생각했던 것입니다. 속여 빼앗았다는 것은 바울이 예루살렘 교회의 궁핍을 돕기 위해 모금한 사실을 두고 행한 비난으로, 자비량 선교로 청렴했던 바울과는 무관한 억지였습니다.

이러한 비난을 받은 바울이 인간적으로 그들을 대했다면, 그들의 정의 없는 행동에 대하여 같이 비난하고 책망했을 것입니다. 그리고 그들의 믿음 없음을 정죄할 수도 있었습니다.

그러나 바울은 자신의 사도적 권위를 내세우지 않았습니다. 오히려 바울은 교회를 향해 간절한 마음으로 애틋한 사랑을 전하고 있습니다. 이 애틋한 사랑은 권위를 내세우지 않고, 교인들의 신앙 양심과 합리적인 판단에 맡기는 바울의 겸손과 관용과 사랑을 단적으로 보여주고 있습니다.

그 사랑은 함께 죽고 함께 살고자 하는 생활로 표현되었습니다

바울은 교인들을 위해서라면 죽음까지도 마다하지 않는 자기희생적 사랑을 실천했습니다. 바울은 언제 어디서나 고린도 교회를 생각하였고, 그의 마음에는 항상 그들에 대한 염려와 애틋한 사랑으로 가득 차 있었습니다. 이 교인들은 실로 그리스도 예수의 복음 안에서 낳았던 자들이었습니다.

고린도전서 4장 15절을 보면, "그리스도 안에서 일만 스승이 있으되 아버지는 많지 아니하니 그리스도 예수 안에서 내가 복음으로써 너희를 낳았음이라"고 하였습니다.

이 사랑은 바울이 부모로서 가졌던 사랑이었습니다. 바울은 고린도 교인들이 냉담하게 비난할지라도 그들의 영혼에 대한 깊은 사랑에 불붙은 뜨거운 가슴을 식힐 수 없었던 것입니다. 이 사랑은 그리스도로 말미암은 사랑이었습니다.

그 사랑은 자랑이 있는 겸손한 생활의 실천으로 표현되었습니다

여기에 표현된 자랑은 자기 자신을 내세우는 교만이 아니라, 고린도 교인들에 대한 깊은 신뢰를 바탕으로 한 그들에 대한 자랑입니다. 즉 그 자랑은 부모가 자식을 자랑으로 삼는 것과 같은 자부심입니다. 그러므로 이 자랑을 가진 사람은 부모가 자식을 믿는 것과 같은 신뢰에 기초한 사랑을 갖고 있는 것입니다. 이 사랑은 칭찬으로 나타나는 사랑입니다. 이 사랑은 칭찬으로 나타나고 그들을 다른 사람들에게 내세울 때 담대합니다.

고린도 교인들을 향한 바울의 사랑은 이처럼 그들을 믿는 마음으로 거침없이 그들을 칭찬하는 사랑이었습니다. 바울은 만나는 사람마다 교인들이 얼마나 훌륭하게 행동하였는지 자랑하였습니다. 즉 바울은 고린도 교회를 향한 다정하고 다감한 사랑의 감정을 자기도 모르는 사이에 드러냈던 것입니다.

바울은 비록 고린도 교인들이 자신에 대해 비난하고 지금 당장은 많은 문제를 안고 있지만 결국 그들이 현명하게 대처하여 좋은 결실을 맺으리라고 확신했습니다. 그래서 바울은 고린도 교회에 대한 강한 신뢰를 바탕으로 그들을 자랑하는 사랑을 가질 수 있었습니다.

그 사랑은 환난 중에도 기쁨이 넘치는 생활로 표현되었습니다

이 위로와 기쁨은 고린도 교회에 대한 신뢰와 자랑의 결과로 오는 것입니다. 이는 특별히 자애로운 어머니가 자식이 자라나는 동안에 느끼는 위로와 기쁨입니다. 사랑하는 아들이 장성하여 돌아오는 것을 보는 부모는 아들을 키우는 동안에 받은 어려움이나 곤고했던 기억들은 모두 잊고 기뻐할 것입니다. 자라는 동안 부모의 애간장을 태우고 힘겹게 한 자식의 귀환이라면 그 기쁨과 위로는 더 크고 잊혀지지 않을 것입니다.

바울은 고린도 교인들의 회개 소식을 듣고 바로 그와 같은 위로와 기쁨을 누리고 있는 것입니다. 그러므로 그 기쁨과 위로는 그만큼 사랑하는 사람만이 느끼는 보람입니다. 바울은 극심한 환난 중에서도 자신이 전도하고 사랑으로 양육하는 각처의 성도들에게서 돌아오는 희소식으로 많은 위안과 기쁨을 받고 환난을 극복하는 힘을 얻었습니다. 이 일은 바울이 교인들을 얼마나 사랑하고 있는지를 보여준 것입니다.

나는 과연 사도의 위로와 기쁨이 되고 있는지, 그렇지 않으면 사도의 마음을 안타깝게 하지는 않는지 살펴보아야 하겠습니다.

우리도 사도의 사랑을 품어야 하겠습니다. 그리스도는 우리를 위하여 죽기까지 사랑하셨습니다. 그러므로 우리도 목숨을 버리기까지 낙심하지 말고 피차 뜨거운 마음으로 형제들을 사랑해야 하겠습니다.

38 진실한
그리스도인의 표적

• • •
"이것이 노아의 족보니라 노아는 의인이요 당대에 완전한 자라 그는 하나님과 동행하였으며 세 아들을 낳았으니 셈과 함과 야벳이라"(창 6:9-10).
"여호와께서 노아에게 이르시되 너와 네 온 집은 방주로 들어가라 이 세대에서 네가 내 앞에 의로움을 내가 보았음이니라"(창 7:1).
• • •

사도 바울은 하나님 앞에서 "의인은 없나니 하나도 없다"고 하였습니다(롬 3:10). 그렇지만 '믿음으로 의롭다 하심을 받은 자'가 있다고 말씀합니다(롬 5:1).

그리스도인은 하나님으로부터 믿음을 선물로 받은 자이며, 그 믿음으로 의롭다 하심을 입은 자입니다. 전적인 하나님의 은혜입니다. 이 은혜 안에 사는 그리스도인은 표적이 있습니다. 진실한 그리스도인이라면 반드시 표적이 있게 됩니다. 다양한 표적이 있지만 그 중에 몇 가지를 생각하려고 합니다. 우리의 생활에 이 표적을 가진 사람들이 됩시다. 그 표적을 살펴봅시다.

진실한 그리스도인은 어두움에 있지 않습니다

요한복음 8장 12절을 보면, "예수께서 또 말씀하여 이르시되 나는 세상의 빛이니 나를 따르는 자는 어둠에 다니지 아니하고 생명의 빛을 얻으리라"고 하였습니다.

그리스도인은 예수님을 따르는 자들입니다. 그러므로 어두움에 다니지 아니하며 생명의 빛을 얻은 자의 생활을 합니다.

요한복음 12장 46절에는 "나는 빛으로 세상에 왔나니 무릇 나를 믿는 자로 어둠에 거하지 않게 하려 함이로라"고 하였습니다. 예수님이 오신 것은 믿는 자로 어둠에 거하지 않게 함이라고 하였습니다. 그리스도인들은 죄로 어두워진 자였으나 그리스도의 보혈로 깨끗하게 되어 빛이 된 것입니다.

어둠에 거한다는 것은 죄에 매여 악과 불의를 행하게 되는 것을 뜻합니다. 즉 하나님의 뒤를 따르지 않는 것입니다. 그러나 그리스도인은 어둠에서 떠난 자들입니다.

마태복음 5장 14-16절에도 그리스도인의 생활에 대해 소개하면서, "너희는 세상의 빛이라 산 위에 있는 동네가 숨겨지지 못할 것이요 사람이 등불을 켜서 말 아래에 두지 아니하고 등경 위에 두나니 이러므로 집 안 모든 사람에게 비치느니라 이같이 너희 빛이 사람 앞에 비치게 하여 그들로 너희 착한 행실을 보고 하늘에 계신 너희 아버지께 영광을 돌리게 하라"고 합니다.

진실한 그리스도인은 불순종의 생활을 하지 않습니다

하나님께서 그리스도인들에게 요구하시는 것이 순종의 생활입니다. 하나님의 말씀인 성경의 흐름을 보면, 하나님은 성도들의 진정한 생활이 순종이며 그 삶에는 진정한 행복이 있음을 선언하십니다.

하나님은 선지자를 통하여 불순종한 사울에 대하여 "순종이 제사보다 낫다"라고 하셨습니다. 불순종한 사울에게는 저주가 있었지만 순종하는 자에게는 복을 주셨습니다. 순종은 진정한 그리스도인의 생활입니다. 그리고 그리스도인은 순종하기를 즐거워합니다.

진실한 그리스도인은 다른 사람을 미워하지 않습니다

그리스도인의 생활은 사랑이 모든 것입니다. 사랑에는 미움이 있을 수 없습니다. 사랑은 그리스도인의 생활 강령입니다. 그리스도인은 사람을 미워하지 않습니다. 이것이 성도의 삶입니다.

진실한 그리스도인은 세상을 사랑하지 않습니다

세상은 그리스도인의 사랑의 대상이 아닙니다.

요한일서 2장 15절을 보면, "이 세상이나 세상에 있는 것들을 사랑하지 말라 누구든지 세상을 사랑하면 아버지의 사랑이 그 안에 있지 아니하니"라고 하였습니다. 하나님은 세상을 사랑하지 말라고 하셨습니다.

우리는 하나님의 사랑을 받은 자들입니다. 그러므로 그리스도의 사람이 된 우리는 세상을 사랑할 수 없게 되어 있습니다. 교회당 안에는 그리스도인이 아닌, 세상을 사랑하는 사람들이 있습니다. 그들은 주님을 떠날 수 있습니다.

디모데후서 4장 10절을 보면, "데마는 이 세상을 사랑하여 나를 버리고 데살로니가로 갔고 그레스게는 갈라디아로, 디도는 달마디아로 갔고"라고 하였습니다.

데마는 세상을 사랑하여 바울을 버리고 떠났습니다. 성경은 시험과 올무와 해로운 정욕에 떨어져 침륜과 멸망에 빠질 수 있다고 하였습니다. 진실한 그리스도인은 세상을 사랑하지 않습니다.

진실한 그리스도인은 말씀을 의심하지 않습니다

그리스도인은 하나님으로부터 믿음을 선물로 받은 자들입니다. 성도들이 그 믿음으로 생활해야 하기에 주신 선물입니다. 이 믿음은 하나님의 말씀인 성경을 믿습니다. 그리스도인들은 모든 말씀을 온전히 믿습니다.

이 말씀에 믿음으로 순종합니다. 그 말씀을 즐거워하며, 그 말씀대로 살기를 좋아합니다. 의심은 사탄이 그리스도인들을 미혹하기 위한 수단입니다. 성령님은 이 의심을 믿음으로 바꾸어 주십니다. 성도들은 말씀을 믿음으로 삽니다.

39 은혜를 주신
그리스도의 풍성함

• • •

"이 복음을 위하여 그의 능력이 역사하시는 대로 내게 주신 하나님의 은혜의 선물을 따라 내가 일꾼이 되었노라 모든 성도 중에 지극히 작은 자보다 더 작은 나에게 이 은혜를 주신 것은 측량할 수 없는 그리스도의 풍성함을 이방인에게 전하게 하시고 영원부터 만물을 창조하신 하나님 속에 감추어졌던 비밀의 경륜이 어떠한 것을 드러내게 하려 하심이라 이는 이제 교회로 말미암아 하늘에 있는 통치자들과 권세들에게 하나님의 각종 지혜를 알게 하려 하심이니 곧 영원부터 우리 주 그리스도 예수 안에서 예정하신 뜻대로 하신 것이라 우리가 그 안에서 그를 믿음으로 말미암아 담대함과 확신을 가지고 하나님께 나아감을 얻느니라 그러므로 너희에게 구하노니 너희를 위한 나의 여러 환난에 대하여 낙심하지 말라 이는 너희의 영광이니라"(엡 3:7-13).

• • •

성도들의 가장 큰 기쁨은 그리스도 안에 있는 사랑과 평안의 풍성한 은혜를 누리는 것이라 하겠습니다. 죄로 인하여 고통을 받으며 방황하던 우리를 위하여 그리스도께서는 우리의 죄의 문제를 해결하시고 그의 가난함을 인하여 우리를 부요케 하셨습니다(고후 8:9). 그러므로 우리는 더 이상 가난한 자가 아니라 주 안에서 풍성한 은혜를 누리는 자가 된 것입니다. 이러한 은혜는 세상이 주는 것과는 도저히 비교할 수 없는 것입니다.

기독교는 은혜의 종교입니다. 그 이유는 하나님께서 은혜의 근본이시기 때문입니다. 그리스도께서 주신 은혜를 누리는 풍성함은 세상의 것들과는 다른 것입니다. 이 은혜가 무엇인가를 찾아 하나님께 화답하시기 바랍니다.

하나님께서 주신 은혜는 부족함이 없는 풍성함입니다

인간이 베풀 수 있는 은혜는 제한적입니다. 왜냐하면 인간의 능력에는 한계가 있기 때문입니다. 그러나 그리스도의 은혜가 주는 것은 부족함이 없고 양적인 면에서 무제한적입니다.

하나님이 주시는 은혜인 자비와 긍휼은 무궁합니다. 원수를 용서하는 문제에 대해 베드로가 "몇 번이나 용서할까요?"라고 질문하였을 때에 예수님은 "일곱 번뿐 아니라 일곱 번을 일흔 번까지라도 할지니라"고 하셨습니다(마 18:21-22).

죄인을 용서하는 데 있어서도 그리스도 안에 있는 자비와 은혜의 풍성함이 무한함을 보여주고 있습니다.

하나님이 우리에게 주시는 그리스도의 은혜는 모든 성도들이 마음껏 누릴 수 있을 만큼 풍성한 것입니다. 성도 된 우리는 이 풍성한 은혜를 누리며 기쁨으로 생활하고 있는지 살펴보아야 합니다. 그렇지 않으면 여전히 이방인들이 누리는 세상의 제한적인 은혜를 의지하며 힘들고 불안한 삶을 살 수밖에 없습니다.

하나님께서는 그리스도께 나아오는 자에게 '누구든지 부족함이 없는 풍성한 은혜'로 채워 주십니다.

하나님께서 주시는 은혜는 변함이 없는 풍성함입니다

인간이 베푸는 은혜는 잘 변합니다. 사랑도 변하고, 자비도 변하며, 긍휼도 변합니다. 인간의 성품은 조석변개(朝夕變改)입니다.

사울은 다윗을 굉장히 아끼고 사랑했습니다. 그러한 사울은 다윗이 백성들 사이에서 자기보다 인기가 더 높아지자 다윗을 미워하고 죽이려고 하였습니다(삼상 18:6-11). 이와 같은 모습이 인간이 베푸는 사랑과 은혜입니다.

그러나 하나님의 약속을 받은 자녀들에게 임하시는 그리스도의 은혜의 풍성함은 결코 변함이 없습니다(히 6:17). 사람의 마음은 쉽게 바뀌고 약속을 어기기도 하지만 하나님은 한 번 하신 약속을 결코 파하지 아니하시고, 입술에서 낸 약속은 변치 아니하십니다(시 89:34).

하나님께서는 성도들이 어떠한 고난에 처해 있어도, 때로는 하나님의 품을 떠나 방황하고 있을 때에도 변함없이 풍성한 은혜로 인도하십니다. 하나님은 항상 풍성하게 행하시는데 우리는 나와 함께하시지 않는다고 낙심할 때가 있습니다. 그러나 하나님의 은혜는 기쁠 때나 슬플 때나, 고난 중에도 항상 변함없이 풍성하게 하십니다(시 42:5). 이 하나님의 풍성한 은혜를 믿고 확신하며 기쁨과 평화를 누리며 생활하시기를 바랍니다.

하나님께서 주신 은혜는 영원히 누리는 풍성함입니다

사람은 그 행사가 영원하지 못하나 하나님의 인자와 그 약속하심은 영원하며, 대대에 이르게 됩니다(시 100:5; 사 26:4). 그리스도 안에서 우리에게 임하는 은혜의 풍성함은 순간적인 것이 아니라 세상 끝 날까지 영원한 것입니다.

우리는 "나를 사랑하고 내 계명을 지키는 자에게는 천 대까지 은혜를 베푸느니라"(출 20:6)고 하신 하나님의 언약과 "내가 세상 끝 날까지 너희와 항상 함께 있으리라"(마 28:20)고 하신 예수님의 말씀을 기억해야 합니다.

그리스도의 은혜의 풍성함은 그를 믿는 자에게 영원한 것입니다. 이것은 하나님의 거룩한 자녀 된 우리가 세상 끝 날까지 두려움 없이 담대하게 세상을 이겨 나갈 수 있는 힘과 원동력인 것입니다. 예수님을 믿고 난 후에도 여전히 불안하고 힘든 생활을 하고 있다면 자신을 살펴 말씀과 신앙을 점검해야 할 것입니다. 그리고 그리스도의 은혜의 풍성함을 바로 깨닫고 평안함 삶을 살아야 할 것입니다.

그리스도가 주시는 은혜의 풍성함은 이미 우리의 것입니다. 그분이 주신 은혜의 풍성함은 부족함이 없고 변함이 없으며, 영원한 것입니다. 성도 된 우리는 그리스도 안에서 풍성한 은혜를 마음껏 누리고 기쁨이 넘치는 생활을 해야 하겠습니다.

40 세상을 이기는 생활

••
"예수께서 그리스도이심을 믿는 자마다 하나님께로부터 난 자니 또한 낳으신 이를 사랑하는 자마다 그에게서 난 자를 사랑하느니라 우리가 하나님을 사랑하고 그의 계명들을 지킬 때에 이로써 우리가 하나님의 자녀를 사랑하는 줄을 아느니라 하나님을 사랑하는 것은 이것이니 우리가 그의 계명들을 지키는 것이라 그의 계명들은 무거운 것이 아니로다 무릇 하나님께로부터 난 자마다 세상을 이기느니라 세상을 이기는 승리는 이것이니 우리의 믿음이니라 예수께서 하나님의 아들이심을 믿는 자가 아니면 세상을 이기는 자가 누구냐"(요일 5:1-5).
••

세상에 있는 신약교회는 영적인 전투를 하는 교회입니다. 그 전투의 대상은 사탄이며, 사탄이 지배하는 세상입니다. 우리는 우리의 대적인 세상을 이기는 생활을 해야 합니다.

본문을 보면, "예수께서 하나님의 아들이심을 믿는 자가 아니면 세상을 이기는 자가 누구냐?"라고 하였으며, "무릇 하나님께로부터 난 자마다 세상을 이기느니라 세상을 이기는 승리는 이것이니 우리의 믿음이니라"고 하였습니다.

우리는 하나님의 아들인 예수 그리스도를 믿는 자들입니다. 믿는 우리가 세상을 이기는 자들입니다. 우리에게는 세상을 이길 믿음이 있습니다. 이 믿음을 우리에게 선물로 주셨습니다. 이 믿음은 예수님을 의지하며 따르게 합니다.

세상을 이기는 생활은 하나님의 특별한 은혜를 받은 자에게 가능합니다

이 은혜는 하나님에게서 다시 태어난 것입니다. 이 일은 누구에게나 주시는 것이 아니라, 하나님의 특별한 선택을 받아 주 예수 그리스도를 믿는 자에게 주어진 것입니다. 이것은 하나님의 전적인 은혜의 역사로 된 것입니다. 이 역사로 성도들은 마음이 새롭게 되었습니다.

하나님은 택함을 받은 자를 부르시고, 그 부르신 자들을 거듭나게 하셔서 새로운 피조물이 되게 하심으로 새 심령을 갖게 하셨습니다. 성도들은 죄로 부패되고 오염된 옛 심령에서 벗어나 자유를 얻게 되었습니다. 성도 된 우리는 그리스도 안에서 세상을 이기게 되었습니다.

하나님의 특별한 은혜는 하나님의 나라와 관계가 있습니다. 요한복음 3장 3, 5절을 보면 예수님께서 말씀하시기를, "사람이 거듭나지 아니하면 하나님의 나라를 볼 수 없느니라"고 하셨고, "사람이 물과 성령으로 나지 아니하면 하나님의 나라에 들어갈 수 없느니라"고 하셨습니다.

고린도후서 5장 17절에는 "그런즉 누구든지 그리스도 안에 있으면 새로운 피조물이라 이전 것은 지나갔으니 보라 새것이 되었도다"

라고 하였습니다. 새로운 피조물이 된 성도들은 죄의 지배에서 자유를 얻게 되었고, 그리스도 안에서 보호를 받으며 하나님 나라를 소유하게 되었습니다. 그리스도 안에는 승리뿐입니다. 믿음이 이 사실을 확신케 합니다. 하나님에게서 다시 난 사람은 승리한 자입니다.

세상을 이기는 생활은 세상의 정욕을 따라 살지 않습니다

이 세상을 살아갈 때에 지나치게 몰두해서는 안 됩니다. 요한일서 2장 15-17절을 보면, "이 세상이나 세상에 있는 것들을 사랑하지 말라 누구든지 세상을 사랑하면 아버지의 사랑이 그 안에 있지 아니하니 이는 세상에 있는 모든 것이 육신의 정욕과 안목의 정욕과 이생의 자랑이니 다 아버지께로부터 온 것이 아니요 세상으로부터 온 것이라 이 세상도, 그 정욕도 지나가되 오직 하나님의 뜻을 행하는 자는 영원히 거하느니라"고 하였습니다.

세상의 권세를 가진 자는 사탄입니다. 세상은 성도들이 공격해야 하는 영적 전투의 대상입니다. 성도들은 세상의 욕심에서 벗어나야 합니다.

야고보서 1장 15절에 "욕심이 잉태한즉 죄를 낳고 죄가 장성한즉 사망을 낳느니라"고 말씀합니다. 욕심은 우리를 망하게 합니다. 그러나 하나님의 뜻대로 행하는 성도는 '세상이 지나가면 영원히 거하는 복'을 얻게 됩니다.

갈라디아서 5장 16-18절을 보면, "내가 이르노니 너희는 성령을 따라 행하라 그리하면 육체의 욕심을 이루지 아니하리라 육체의 소욕은 성령을 거스르고 성령은 육체를 거스르나니 이 둘이 서로 대적함으로 너희가 원하는 것을 하지 못하게 하려 함이니라 너희가 만일 성령의 인도하시는 바가 되면 율법 아래에 있지 아니하리라"고 하였습니다.

육체의 소욕을 버리고 성령을 따라 살면 승리의 생활을 하게 됩니다. 이것이 성도들이 살아가는 방법입니다. 성령의 인도하심을 따라 믿음으로 삽시다.

세상을 이기는 생활은 예수 그리스도를 따르며 의지함으로 이루어집니다

성도들은 세상을 살아갈 때에 성령에 의하여 예수 그리스도를 좇아 행하며 전적으로 의지합니다. 이미 세상을 이기시고 영원히 승리하신 예수님은 선한 길로 우리를 인도하십니다.

세상을 이기는 생활은 우리의 인간적인 노력과 방법으로 되는 것이 아닙니다. 우리의 힘으로 무엇을 하려고 하면 할수록 오히려 깊은 절망 속으로 빠져들게 됩니다. 그러므로 성도들은 하나님 앞에서 성령의 인도하심을 따라 정결하고 굳센 믿음으로 마음을 새롭게 하고, 세상 욕심을 버리고 오직 예수 그리스도를 의지하고 따를 때에 세상을 이길 수 있습니다.

마태복음 10장 38-39절에 "또 자기 십자가를 지고 나를 따르지 않는 자도 내게 합당하지 아니하니라 자기 목숨을 얻는 자는 잃을 것이요 나를 위하여 자기 목숨을 잃는 자는 얻으리라"고 하였습니다.

우리의 믿음의 대상인 예수 그리스도는 영원한 진리요 생명이시며 우리의 구원자이십니다. 이 예수 그리스도를 따르고 의지하며 세상을 이기며 살아야 하겠습니다. 이미 그리스도께서 이루신 승리의 영광에 참여하는 믿음 있는 용사요, 성도들이 됩시다.

41 충만한
심령 변화의 생활

"엿새 후에 예수께서 베드로와 야고보와 그 형제 요한을 데리시고 따로 높은 산에 올라가셨더니 그들 앞에서 변형되사 그 얼굴이 해같이 빛나며 옷이 빛과 같이 희어졌더라 그때에 모세와 엘리야가 예수와 더불어 말하는 것이 그들에게 보이거늘 베드로가 예수께 여쭈어 이르되 주여 우리가 여기 있는 것이 좋사오니 만일 주께서 원하시면 내가 여기서 초막 셋을 짓되 하나는 주님을 위하여, 하나는 모세를 위하여, 하나는 엘리야를 위하여 하리이다 말할 때에 홀연히 빛난 구름이 그들을 덮으며 구름 속에서 소리가 나서 이르시되 이는 내 사랑하는 아들이요 내 기뻐하는 자니 너희는 그의 말을 들으라 하시는지라 제자들이 듣고 엎드려 심히 두려워하니 예수께서 나아와 그들에게 손을 대시며 이르시되 일어나라 두려워하지 말라 하시니 제자들이 눈을 들고 보매 오직 예수 외에는 아무도 보이지 아니하더라"(마 17:1-8).

본문 말씀에는 예수 그리스도의 영광스러운 변화사건이 기록되어 있습니다. 이 사건의 영광된 변화를 통하여 예수님께서는 자신이 영원 전부터 간직하고 있던 전 우주적인 왕권과 초월한 신성을 밝히 드러내셨습니다.

이 영광스러운 변화의 모습은 예수님께서 조금 후 십자가의 고난을 당하신 후에 얻게 될 부활의 승리와 승천의 영광을 암시해 주는 것이라고 봅니다. 성도 된 우리도 그리스도의 영광에 참여하는 은혜를 누리기를 소망합니다.

오늘날에도 심령이 부흥되기를 원하는 자들이 있습니다. 그러므로 '충만'이라는 말을 사용하여 '성령 폭발', '신유의 은사집회', '말씀 충만', '은사 충만', '기적 충만', '와 보시라, 살아 계신 하나님을 체험하라' 등등 사람을 현혹하는 부흥회 광고들이 있습니다. 진정한 심령 부흥이 무엇입니까? 심령 부흥의 결과는 성숙한 신앙인의 생활입니다.

성도들의 진정으로 성숙한 신앙의 모습은 어떻게 이루어져야 하겠습니까? 분명한 이 사실을 발견하여 성숙한 신앙인의 모습을 가지고 삽시다.

충만한 심령 변화는 하나님의 말씀만 듣게 합니다

본문 5절에 "말할 때에 홀연히 빛난 구름이 그들을 덮으며 구름 속에서 소리가 나서 이르시되 이는 내 사랑하는 아들이요 내 기뻐하는 자니 너희는 그의 말을 들으라 하시는지라"라고 기록되었습니다.

변화산에 올라간 제자들에게 하나님의 말씀이 나타나서 "너희는 그의 말을 들으라"고 하였습니다. 성숙한 신앙을 가지고 생활하려면 하나님 말씀만 듣고 깨달아야 합니다. 교회나 성도들이 성장하고 심령에 변화를 받으려면 하나님의 말씀만 전파되어야 하고, 하나님의 말씀만 들어야 합니다. 그런데 오늘날 부흥회나 집회를 보면 그렇지 못한 면이 있어 대단히 유감입니다. 하나님의 말씀만 들을 때 죽은 심령이 살아납니다.

요한복음 5장 25절을 보면, "진실로 진실로 너희에게 이르노니 죽은 자들이 하나님의 아들의 음성을 들을 때가 오나니 곧 이때라 듣는 자는 살아나리라"고 하였습니다. 또한 말씀만을 들을 때에 믿음이 없는 사람들에게 믿음이 주어집니다.

로마서 10장 17절을 보면, "그러므로 믿음은 들음에서 나며 들음은 그리스도의 말씀으로 말미암았느니라"고 하였습니다. 성도는 말씀만을 읽고 듣고 깨달아야 복을 받게 됩니다.

요한계시록 1장 3절을 보면, "이 예언의 말씀을 읽는 자와 듣는 자와 그 가운데에 기록한 것을 지키는 자는 복이 있나니 때가 가까움이라"고 하였습니다. 그러므로 우리 교회는 말씀만을 선포하고 증거하며, 말씀만을 듣고 배우고 실천해야 합니다.

충만한 심령 변화는 겸손히 주님만을 섬기게 합니다

본문 6-8절을 보면, "제자들이 듣고 엎드려 심히 두려워하니 예수께서 나아와 그들에게 손을 대시며 이르시되 일어나라 두려워하지 말라 하시니 제자들이 눈을 들고 보매 오직 예수 외에는 아무도 보이지 아니하더라"고 하였습니다.

제자들의 변화된 모습은 말씀을 듣고 엎드리어 심히 두려워하였다고 하였습니다. 성도에게는 말씀을 바로 받아 그 말씀 앞에 겸손히 엎드릴 줄 아는 태도가 필요합니다.

사도행전 2장 37절을 보면, 베드로가 유대인들에게 전하는 하나님의 말씀을 듣고 그들이 마음에 찔려 "형제들아 우리가 어찌할꼬"

라고 하였습니다. 겸손한 자에게 하나님의 은혜가 따릅니다.

잠언 3장 34절에 "진실로 그는 거만한 자를 비웃으시며 겸손한 자에게 은혜를 베푸시나니"라고 하였습니다. 야고보서 4장 6절에는 "그러나 더욱 큰 은혜를 주시나니 그러므로 일렀으되 하나님이 교만한 자를 물리치시고 겸손한 자에게 은혜를 주신다 하였느니라"고 하였습니다. 겸손은 그리스도인의 아름다운 덕목입니다. 예배에 참여하여 말씀을 듣는 자들은 하나님의 말씀을 듣고 그 말씀 앞에 겸손히 엎드려야 합니다.

충만한 심령 변화는 하나님의 말씀을 따라 하나님의 뜻대로 살게 합니다

본문 4절을 보면, "베드로가 예수께 여쭈어 이르되 주여 우리가 여기 있는 것이 좋사오니 만일 주께서 원하시면 내가 여기서 초막 셋을 짓되 하나는 주님을 위하여, 하나는 모세를 위하여, 하나는 엘리야를 위하여 하리이다"라고 하였습니다.

이 말씀은 '하나님의 일을 자기의 생각대로 행하지 아니하고 하나님이 원하시는 대로 하겠다'는 것입니다. 주를 위하여 초막을 짓겠다고 자원하면서 자기의 생각은 그렇게 하고 싶지만 하나님께서 허락하시면 하고, 그렇지 아니하시면 하지 않겠다는 것입니다.

성도가 행하는 일에는 우리의 생각과 뜻이 중요한 것이 아닙니다. 하나님의 뜻에 합당해야 합니다. 우리는 불완전하고 불가능합니다. 그러나 하나님의 뜻은 완전하며 모든 것을 가능하게 합니다. 성도들은 자기 생각과 뜻을 버리고 하나님의 말씀대로 그분의 뜻을 따라 살아야 합니다.

42 위선자가 되지 말라

> ●●●
> "비판을 받지 아니하려거든 비판하지 말라 너희가 비판하는 그 비판으로 너희가 비판을 받을 것이요 너희가 헤아리는 그 헤아림으로 너희가 헤아림을 받을 것이니라 어찌하여 형제의 눈 속에 있는 티는 보고 네 눈 속에 있는 들보는 깨닫지 못하느냐 보라 네 눈 속에 들보가 있는데 어찌하여 형제에게 말하기를 나로 네 눈 속에 있는 티를 빼게 하라 하겠느냐 외식하는 자여 먼저 네 눈 속에서 들보를 빼어라 그 후에야 밝히 보고 형제의 눈 속에서 티를 빼리라"(마 7:1-5).
> ●●●

위선은 그리스도인의 덕목이 아닙니다. 위선은 거짓된 자들의 것입니다. 산상보훈의 말씀에서 예수님은 구제할 때(마 6:2), 기도할 때(마 6:5), 금식할 때(마 6:16)에도 위선자처럼 하지 말라고 하셨습니다.

본문 5절에서도 "위선자야, 먼저 네 눈에서 들보를 빼내어라. 그리하면 네가 밝히 보게 되어 네 형제의 눈에서 티를 빼내 줄 수 있을 것이다"라고 하였습니다. 우리는 모두 위선자가 되어서는 안 됩니다.

외식은 '휘포크리노마이'(ὑποκρίνομαι)로 '가장하다', '~같이 꾸미다',

'~하는 체하다', '속이다'라는 의미를 갖고 있습니다. 그리고 외식하는 자는 문자적으로 '가면을 쓰고 연극하는 배우'를 의미합니다.

여기서는 보통 없는 것을 있는 것처럼 가장하는 위선자를 뜻합니다. '외식'(外飾)의 바른 번역은 '위선'(僞善)이라 할 수 있습니다. 예수님 당시의 바리새인들은 외식적인 위선자들이 많았습니다. 예수님은 이런 위선자들을 책망하고 교훈하셨습니다.

이 위선자들은 신앙생활을 하면서 외형적으로 볼 때 흠이 없는 자처럼 행동하고, 하나님을 가장 잘 섬기는 자로 자인(自認)하였습니다. 뿐만 아니라 자기들보다 못한 사람들을 쉽게 죄인 취급을 하고 그들에게 훈계하려고 하였던 것입니다.

본문 말씀은 예수님 당시뿐만 아니라 시대를 초월하여 위선에 가득 찬 우리 모두에게 주시는 교훈입니다.

성도들은 언행심사에 있어서 위선자가 되어서는 안 됩니다

성도는 언행심사에 있어서 위선이 있어서는 안 됩니다. 예수님은 여러 경우에 위선자가 되어서는 안 된다고 말씀하십니다.

1) 구제할 때

"그러므로 구제할 때에 외식하는 자가 사람에게서 영광을 받으려고 회당과 거리에서 하는 것같이 너희 앞에 나팔을 불지 말라 진실로 너희에게 이르노니 그들은 자기 상을 이미 받았느니라 너는 구제할 때에 오른손이 하는 것을 왼손이 모르게 하여 네 구제함을 은밀하게 하라 은밀한 중에 보시는 너의 아버지께서 갚으시리라"(마 6:2-4).

2) 기도할 때

"또 너희는 기도할 때에 외식하는 자와 같이 하지 말라 그들은 사람에게 보이려고 회당과 큰 거리 어귀에 서서 기도하기를 좋아하느니라 내가 진실로 너희에게 이르노니 그들은 자기 상을 이미 받았느니라 너는 기도할 때에 네 골방에 들어가 문을 닫고 은밀한 중에 계신 네 아버지께 기도하라 은밀한 중에 보시는 네 아버지께서 갚으시리라 또 기도할 때에 이방인과 같이 중언부언하지 말라 그들은 말을 많이 하여야 들으실 줄 생각하느니라 그러므로 그들을 본받지 말라 구하기 전에 너희에게 있어야 할 것을 하나님 너희 아버지께서 아시느니라"(마 6:5-8).

3) 금식할 때

"금식할 때에 너희는 외식하는 자들과 같이 슬픈 기색을 보이지 말라 그들은 금식하는 것을 사람에게 보이려고 얼굴을 흉하게 하느니라 내가 진실로 너희에게 이르노니 그들은 자기 상을 이미 받았느니라 너는 금식할 때에 머리에 기름을 바르고 얼굴을 씻으라 이는 금식하는 자로 사람에게 보이지 않고 오직 은밀한 중에 계신 네 아버지께 보이게 하려 함이라 은밀한 중에 보시는 네 아버지께서 갚으시리라"(마 6:16-18).

오늘 본문의 바른성경 역본에 보면 예수님께서는 "너희가 판단을 받지 않도록 남을 판단하지 마라. 너희가 판단하는 그 판단으로 너희도 판단 받을 것이며, 너희가 저울질하는 대로 너희도 저울질 당할 것이다. 어찌하여 너는 네 형제의 눈 속에 있는 티는 보면서,

네 눈 속에 있는 들보는 발견하지 못하느냐? 네 눈 속에 들보가 있는데 어떻게 네 형제에게 '내가 네 눈에서 티를 빼내게 하라'고 말할 수 있겠느냐? 위선자야, 먼저 네 눈에서 들보를 빼내어라. 그리하면 네가 밝히 보게 되어 네 형제의 눈에서 티를 빼내 줄 수 있을 것이다"라고 말씀하셨습니다.

판단을 받지 않도록 하기 위해서는 자신도 남을 판단해서는 안 됩니다. 자기의 눈 속에 있는 들보를 보고 그것을 뺀 후에 남의 눈 속에 있는 티를 빼내어야 할 것입니다. 자기 눈에 들보가 있으면서 남의 눈에 있는 티를 빼라고 하는 것은 위선이기 때문입니다.

자기를 완전하게 여기면서 남의 잘못만 지적하려는 태도는 교회나 사회에서 분쟁을 일으킬 뿐만 아니라 자신의 인격도 망치는 결과를 가져옵니다. 우리는 하나님과 사람 앞에서 위선자가 되지 맙시다.

위선자가 되지 않으려면 남을 판단해서는 안 됩니다

1절에 예수님은 "비판을 받지 아니하려거든 비판하지 말라"고 하였습니다. 인간은 누구나 판단을 받고 싶어 하지 않습니다. 이것은 교만이라기보다는 인간 내면에 있는 자존심 때문입니다.

정당한 비판에도 기분이 나쁜 것이 우리의 약한 모습입니다. 그렇기 때문에 판단을 받은 사람은 즉각 판단한 사람을 역으로 공격합니다. 남을 판단하게 되면 사람들 사이에 평화가 깨지는 경우를 흔히 보게 됩니다. 인간들 사이의 평화를 깨어 버리는 것은 하나님 나라를 훼방하는 것이 됩니다. 예수님은 남을 판단하고 저울질하는 모든 태도가 하나님의 심판을 받을 행위라고 말씀하셨습니다. "너희가 비판하는 그 비판으로 너희가 비판을 받을 것이요 너희가 헤아리는 그 헤아림으로 너희가 헤아림을 받을 것이니라"고 하셨습니다.

베드로전서 4장 8절에 "사랑은 허다한 죄를 덮느니라"고 하였습니다. 이 말씀에 순종하여 남을 판단하기보다 격려하는 태도를 가져야 할 것입니다.

위선자가 되지 않으려면 자기 잘못을 먼저 보아야 합니다

예수님은 공생애를 시작하면서 회개를 먼저 선포하셨습니다. 회개는 하나님 나라에 들어가는 관문이라 할 수 있습니다. 이 회개는 먼저 자신의 죄, 즉 잘못을 깨닫고 하나님께로 돌아서는 것을 뜻합니다. 진정으로 회개하는 사람은 남의 잘못을 판단할 여유조차도 없습니다.

선지자 이사야는 하나님의 영광을 접하고 "화로다 나여 망하게 되었도다 나는 입술이 부정한 사람이요"(사 6:5)라고 고백하였습니다. 하나님의 엄위하신 모습과 영광을 영적인 눈으로 보게 되면 인간 존재인 내가 얼마나 비천하고 하잘것없는 죄인 중에 괴수인지를 깨닫게 됩니다.

자기의 존재를 확실히 인식하게 되면 다른 사람을 판단할 수 없게 됩니다. 우리는 먼저 자신의 잘못을 보고 고친 후에 다른 사람의 잘못을 고치게 할 수 있습니다.

본문 5절에 "외식하는 자여 먼저 네 눈 속에서 들보를 빼어라 그 후에야 밝히 보고 형제의 눈 속에서 티를 빼리라"고 하였습니다. 성도 된 우리는 우리의 눈에 다른 지체들의 허물들이 아무리 크게 보일지라도 먼저 나의 잘못부터 점검하는 근신함이 있어야 하겠습니다.

43 거짓 선지자들을
삼가라

"거짓 선지자들을 삼가라 양의 옷을 입고 너희에게 나아오나 속에는 노략질하는 이리라 그들의 열매로 그들을 알지니 가시나무에서 포도를, 또는 엉겅퀴에서 무화과를 따겠느냐 이와 같이 좋은 나무마다 아름다운 열매를 맺고 못된 나무가 나쁜 열매를 맺나니 좋은 나무가 나쁜 열매를 맺을 수 없고 못된 나무가 아름다운 열매를 맺을 수 없느니라 아름다운 열매를 맺지 아니하는 나무마다 찍혀 불에 던져지느니라 이러므로 그들의 열매로 그들을 알리라 나더러 주여 주여 하는 자마다 다 천국에 들어갈 것이 아니요 다만 하늘에 계신 내 아버지의 뜻대로 행하는 자라야 들어가리라 그날에 많은 사람이 나더러 이르되 주여 주여 우리가 주의 이름으로 선지자 노릇 하며 주의 이름으로 귀신을 쫓아내며 주의 이름으로 많은 권능을 행하지 아니하였나이까 하리니 그때에 내가 그들에게 밝히 말하되 내가 너희를 도무지 알지 못하니 불법을 행하는 자들아 내게서 떠나가라 하리라"(마 7:15-23).

오늘은 종교개혁 주일입니다. 현대에 나타난 거짓 선지자들에게 미혹되는 일이 없도록 노력해야 합니다. 종교개혁을 했던 그 당시를 생각하면서 성경의 권위를 최고에 놓고 살고자 했던 개혁의 의도를 분명하게 깨닫고 살아가는 신약교회 성도들이 되어야 합니다.

오늘날에는 가짜가 너무 많습니다. 우리는 거짓말, 거짓 행동, 거짓 음식, 위조지폐, 그리고 거짓 종교 등 가짜가 너무 많은 세상에서 살고 있습니다. 가짜가 많다 보니 거짓 선지자, 거짓 선생들까지 등장하고 있습니다. 기독교 안에도 거짓된 자들이 많이 등장하고 있다는 것입니다.

신약교회 초대교회 시대에도 거짓된 말씀을 듣고 교회들을 어지럽게 하는 자들이 많았습니다. 이들을 조심하라는 것입니다. "삼가라"는 말씀은 옳은 길에서 미혹되어 실족하지 않도록 하라는 의미입니다.

우리도 삼가 조심하지 않으면 미혹을 당하여 영원히 후회할 수 있습니다. 그러므로 성도 된 우리는 가짜를 식별하는 지혜를 가지고, 거짓 선지자들의 미혹을 받아 넘어지지 맙시다. 우리에게는 거짓 선지자들을 식별할 수 있는 지혜가 필요합니다.

거짓 선지자는 속과 겉이 다릅니다

본문 15절에 "거짓 선지자들을 삼가라 양의 옷을 입고 너희에게 나아오나 속에는 노략질하는 이리라"고 하였습니다. 겉으로는 양의 옷을 입고 나아오지만 속은 양을 잡아먹는 무서운 이리라는 것입니다.

참 목자는 양을 위하여 목숨을 버리지만 거짓 목자는 양을 이용하여 자기 배를 채운다는 것입니다. 교회는 목자가 없어도 안 되고, 양이 없어도 안 됩니다. 그러므로 피차에 필요성을 인정해야 합니다. 양은 목자의 음성을 따르고, 목자는 양을 위하여 목숨을 버리는 행동이 있어야 합니다.

겉으로는 광명한 천사로 위장하고 의의 일꾼으로 위장하며 그리스도의 사도로 위장한다고 하였습니다.

"그런 사람들은 거짓 사도요 속이는 일꾼이니 자기를 그리스도의 사도로 가장하는 자들이니라 이것은 이상한 일이 아니니라 사탄도 자기를 광명의 천사로 가장하나니 그러므로 사탄의 일꾼들도 자기를 의의 일꾼으로 가장하는 것이 또한 대단한 일이 아니니라 그들의 마지막은 그 행위대로 되리라"(고후 11:13-15).

거짓 선지자는 말과 행동이 다릅니다

본문 16-20절을 보면, "그들의 열매로 그들을 알지니 가시나무에서 포도를, 또는 엉겅퀴에서 무화과를 따겠느냐 이와 같이 좋은 나무마다 아름다운 열매를 맺고 못된 나무가 나쁜 열매를 맺나니 좋은 나무가 나쁜 열매를 맺을 수 없고 못된 나무가 아름다운 열매를 맺을 수 없느니라 아름다운 열매를 맺지 아니하는 나무마다 찍혀 불에 던져지느니라 이러므로 그들의 열매로 그들을 알리라"고 하였습니다. 말로는 양을 위하는데 행동은 아니라는 것입니다.

행함이 없는 믿음은 그 자체가 죽은 것이라고 하였습니다.

"영혼 없는 몸이 죽은 것같이 행함이 없는 믿음은 죽은 것이니라"(약 2:26).

하나님이 주신 온전한 믿음은 믿음이 함께 일하고 그 행함이 그 믿음을 온전하게 한다고 하였습니다.

"네가 보거니와 믿음이 그의 행함과 함께 일하고 행함으로 믿음이 온전하게 되었느니라"(약 2:22).

거짓 선지자들은 행동보다는 말이 앞서고 실천은 전혀 없다는 것입니다. 그들은 말씀을 실천하라고 말하지만 자신은 말씀을 실천하지 않습니다. 이것은 그 말씀 자체가 거짓말이 된 것입니다. 거짓의 근원은 사탄인 마귀입니다.

거짓 선지자들은 말씀보다 이적을 강조합니다

본문 22-23절을 보면, "그날에 많은 사람이 나더러 이르되 주여 주여 우리가 주의 이름으로 선지자 노릇 하며 주의 이름으로 귀신을 쫓아내며 주의 이름으로 많은 권능을 행하지 아니하였나이까 하리니 그때에 내가 그들에게 밝히 말하되 내가 너희를 도무지 알지 못하니 불법을 행하는 자들아 내게서 떠나가라 하리라"고 하였습니다. 하나님의 말씀을 멸시하는 자들은 패망합니다.

"말씀을 멸시하는 자는 자기에게 패망을 이루고 계명을 두려워하는 자는 상을 받느니라"(잠 13:13).

그러므로 말씀을 중요하게 여겨야 합니다. 거짓 선지자들은 큰 이적으로 미혹합니다.

"거짓 그리스도들과 거짓 선지자들이 일어나 큰 표적과 기사를 보여 할 수 만 있으면 택하신 자들도 미혹하리라"(마 24:24).

이들은 심지어 하늘에서 불을 끌어내리고 우상이 말을 하게 합니다. 하나님의 말씀으로 영적 성장을 이루어야 합니다. 그렇지만 이들은 이적을 행하여 능력을 나타내려고 합니다. 이것은 자기들의 권위를 높여 자기들의 주장으로 이끌어 가려고 합니다. 이적은 마귀들도 행할 수 있습니다. 하나님은 이적보다 마음을 다하고 목숨을 다하여 하나님을 사랑하고 이웃을 사랑하기를 원하십니다. 순종이 제사보다 좋은 것임을 알아야 합니다.

이적을 행하고 훌륭한 말을 한다고 해서 진정한 선지자는 아닙니다. 그리고 입으로 "주여, 주여" 한다고 해서 신앙이 좋은 것도 아닙니다. 중요한 것은 주님이 인정하시느냐, 그렇지 않느냐 하는 것입니다. 그에 따라서 결과가 달라지는 것입니다. 그러므로 하나님께 인정받는 성도들이 되도록 최선을 다해야 합니다.

요한일서 4장 1절에 "사랑하는 자들아 영을 다 믿지 말고 오직 영들이 하나님께 속하였나 분별하라 많은 거짓 선지자가 세상에 나왔음이라"고 하였습니다.

우리는 거짓 선지자가 많이 나타남을 깨닫고 항상 하나님께 속하였는지 시험해 보면서 깨어 있는 생활을 해야 합니다.

44 허비가 아닌
거룩한 소비

"예수께서 베다니 나병 환자 시몬의 집에 계실 때에 한 여자가 매우 귀한 향유 한 옥합을 가지고 나아와서 식사하시는 예수의 머리에 부으니 제자들이 보고 분개하여 이르되 무슨 의도로 이것을 허비하느냐 이것을 비싼 값에 팔아 가난한 자들에게 줄 수 있었겠도다 하거늘 예수께서 아시고 그들에게 이르시되 너희가 어찌하여 이 여자를 괴롭게 하느냐 그가 내게 좋은 일을 하였느니라 가난한 자들은 항상 너희와 함께 있거니와 나는 항상 함께 있지 아니하리라 이 여자가 내 몸에 이 향유를 부은 것은 내 장례를 위하여 함이니라 내가 진실로 너희에게 이르노니 온 천하에 어디서든지 이 복음이 전파되는 곳에서는 이 여자가 행한 일도 말하여 그를 기억하리라 하시니라"(마 26:6-13).

본문을 보면 베다니 문둥이 시몬의 집에서 한 여인이 식사하시는 예수님의 머리에 매우 귀한 향유 한 옥합을 깨뜨려 붓는 장면이 있습니다. 이 장면을 본 제자들은 '허비하는 것'이라고 책망하였지만, 예수님은 "너희가 어찌하여 이 여자를 괴롭게 하느냐? 그가 내게 좋은 일을 하였느니라"고 말씀하셨습니다. 그리고 '십자가에 달려 죽는 내 장례를 위한 것'이라고 오히려 칭찬하시면서, "온 천하에 어디서든지 이 복음이 전파되는 곳에서는 이 여자가 행한 일도 말하여 그를 기억하리라"고 하셨습니다.

매우 귀한 향유 한 옥합은 요한복음에서는 300데나리온이나 되는 값이 나가는 것이라고 합니다. 이것은 일반 노동자 한 사람이 일 년간 벌어들이는 소득과 맞먹는 액수입니다. 이 여인은 이처럼 값진 향유를 예수님의 머리에 부었던 것입니다.

제자들은 이 일을 '허비'하였다고 말하였습니다. 그러나 예수님은 허비가 아닌 '거룩한 소비'라고 칭찬하신 것입니다. 거룩한 소비는 그리스도를 위하여 사용한 것임을 알 수 있습니다. 거룩한 소비는 허비가 아닌 우리에게 주어진 생활입니다.

거룩한 소비는 주님을 위해 사용된 물질이었습니다. 본문의 한 여인은 주님을 위해 거룩한 소비로 하나님께 영광을 돌리는 사람이었습니다. 이 여인은 평소에도 예수님을 따라다님으로 그분이 하나님의 아들이신 것과 그분만이 인생의 모든 문제를 해결해 주시는 분이심을 알았습니다. 그래서 진정으로 사랑하였고, 생명까지 바칠 각오가 되어 있었습니다. 그런 여인이었기에 자신의 형편과 처지에서는 매우 값진 향유 옥합을 깨뜨려 주님의 머리에 부은 것입니다. 그리고 주님도 이를 귀히 여기셨습니다.

부모가 자녀를 사랑하면 아무리 귀한 것을 줄지라도 아까운 것이 없습니다. 또한 사랑하는 애인에게는 무엇이든지 자꾸 주고 싶은 것이 인간의 마음입니다. 성도 된 우리는 주님만을 사랑합니다. 그러므로 주님께 자신이 가지고 있는 모든 것을 아낌없이 드리게 됩니다. 이러한 헌신이 필요합니다.

예수 그리스도는 우리의 죄 때문에 이 땅에 오셔서 온갖 고난과 핍박을 다 받으셨습니다. 이러한 주님께 귀중한 향유 한 옥합을 깨서 바친 마리아의 행동은 진정으로 거룩한 소비였던 것입니다.

물질은 자기의 욕심만을 채우고 소유하기 위해 있는 것이 아니라, 다른 사람에게 선을 베풀고 그리스도의 모습을 닮아 가기 위해 있는 것입니다.

마태복음 6장 20절에 "오직 너희를 위하여 보물을 하늘에 쌓아 두라 거기는 좀이나 동록이 해하지 못하며 도둑이 구멍을 뚫지도 못하고 도둑질도 못하느니라"고 하였습니다. 주님을 위해 쓰는 물질은 허비가 아니라 가장 합당한 거룩한 소비이며, 무한한 행복의 지름길임을 명심해야 합니다.

거룩한 소비는 교회를 위해 봉사하는 시간들입니다

교회는 그리스도의 몸이요 그 몸의 지체로 구성되어 있습니다. 이러한 교회가 지역에 유형 교회 형태로 존재하고 있습니다. 교회를 위하여 봉사하는 것은 그리스도를 위하여 행동하는 것입니다. 성도들은 이 교회를 위하여 많은 시간을 활용하고 있습니다. 그 시간 시간마다 봉사와 헌신과 충성을 다하고 있습니다.

교인 중에 허비하는 자들이 있습니다. 그들은 적당하게 교회 출석이나 하는 정도로 그치는 자들입니다. 주일날 1부 예배만 드리고 야외로 나가서 낚시, 등산 등 여가를 즐기거나 그 밖의 운동이나 취미를 즐기는 사람들이 최근에 많아지고 있습니다. 이것이 나쁘다는 것은 아니지만 이러한 행위는 성도들이 해서는 안 되는 허비하는 생활입니다. 성도들은 허비가 아닌 거룩한 소비생활을 해야 합니다.

교회는 현실에 안주하여 인간을 즐겁게 해서는 안 됩니다. 교회는 주님이 맡기신 복음을 위하여 존재합니다. 교회 밖으로는 복음을 전하고, 모인 구성원들을 위하여 주의 복음을 가르쳐 지키게 하고, 선교와 구제하는 일에 봉사합니다. 성도들은 교회를 위하여 활용하는 시간만큼 기쁨을 얻게 됩니다. 기쁨으로 주어진 봉사와 헌신과 충성을 다합니다.

에베소서 5장 15-17절에 "그런즉 너희가 어떻게 행할지를 자세히 주의하여 지혜 없는 자같이 하지 말고 오직 지혜 있는 자같이 하여 세월을 아끼라 때가 악하니라 그러므로 어리석은 자가 되지 말고 오직 주의 뜻이 무엇인가 이해하라"고 하였습니다.

우리에게 주어진 시간을 지혜 있는 자로서 주를 위해 사용합시다. 교회를 위한 일은 절대로 허비가 아니며, 하나님께 드려지는 거룩한 소비입니다.

거룩한 소비는 주의 이름으로 다른 사람들을 돕고 협력하며 구제하는 일입니다

마태복음 6장 4절에 "네 구제함을 은밀하게 하라 은밀한 중에 보시는 너의 아버지께서 갚으시리라"고 하였습니다. 우리의 구제가 주님의 영광이 된다면 그것은 바로 거룩한 소비입니다. 우리가 주어진 물질과 시간을 드려 구제하면 그 구제는 거룩한 소비가 됩니다.

마태복음 25장 31-46절에 양과 염소의 비유가 있습니다. 주님은 양을 '복 받을 자들'이라고 하였습니다. 이 비유를 보면 양들이 하는 일이 있습니다. 그것은 바로 거룩한 소비입니다. 양이 하는 일에 대해서 "내가 주릴 때에 너희가 먹을 것을 주었고, 목마를 때에 마시게 하였고, 나그네 되었을 때에 영접하였고, 헐벗었을 때에 옷을 입혔고, 병들었을 때에 돌보았고, 옥에 갇혔을 때에 와서 보았느니라"고 하였습니다. 우리가 "어느 때에 이렇게 하였습니까?"라고 하였을 때에 임금은 "너희가 여기 내 형제 중에 지극히 작은 자 하나에게 한 것이 곧 내게 한 것이니라"고 하였습니다. 양은 의인이라 부름을 받았고, 영생에 들어갈 수 있었습니다.

이 말씀은 우리의 행위로 구원을 얻는다는 말씀은 아닙니다. 구원받은 사람들에게 따르는 생활을 이야기하는 것입니다. 주의 이름으로 어려움에 처한 자들을 도와주고 협력하며 살아가는 자들의 시간은 허비가 아닌 거룩한 소비로 하나님의 인정을 받습니다.

마리아와 같이 주님을 위해 물질을 사용하고, 주님의 몸 된 교회를 위해 시간을 드려 봉사하며, 주의 이름으로 다른 사람들을 물질로 돕는 일에 관심과 열정을 다하여 힘써야 할 것입니다. 우리 모두 거룩한 소비생활을 합시다.

45 하나님께 속한
공력 있는 자의 생활

• • •

"내게 주신 하나님의 은혜를 따라 내가 지혜로운 건축자와 같이 터를 닦아 두매 다른 이가 그 위에 세우나 그러나 각각 어떻게 그 위에 세울까를 조심할지니라 이 닦아 둔 것 외에 능히 다른 터를 닦아 둘 자가 없으니 이 터는 곧 예수 그리스도라 만일 누구든지 금이나 은이나 보석이나 나무나 풀이나 짚으로 이 터 위에 세우면 각 사람의 공적이 나타날 터인데 그날이 공적을 밝히리니 이는 불로 나타내고 그 불이 각 사람의 공적이 어떠한 것을 시험할 것임이라 만일 누구든지 그 위에 세운 공적이 그대로 있으면 상을 받고 누구든지 그 공적이 불타면 해를 받으리니 그러나 자신은 구원을 받되 불 가운데서 받은 것 같으리라"(고전 3:10-15).

• • •

하나님께 속한 자는 그리스도 안에 있는 사람을 말합니다. 그리스도 안에 있는 사람은 그리스도의 몸 된 교회 안에 있게 됩니다. 이 교회는 모퉁잇돌이 되신 그리스도의 터 위에 세워져야 하며, 이 터 위에 세워지는 성도의 생활이 따르게 됩니다. 그 생활은 성도들의 봉사와 헌신과 충성된 일과 그리스도를 위하여 사는 모든 일을 포함해서 나타납니다. 그 생활의 정도에 따라 각 성도에게 주어질 상급이 결정됩니다.

본문은 바람직한 교회, 즉 그리스도의 몸이 된 교회를 세워 나가야 할 생활의 결과를 교훈하고 있습니다. 하나님께 속한 자는 주님을 위하여 살게 됩니다. 그리스도를 기초로 세워진 건축물인 교회만이 바람직한 교회입니다. 그리고 이 건축물을 세워 가는 건축자가 성도입니다.

본문은 특히 성도들의 행위에 따른 상급을 말씀하고 있으며, 이 일은 그리스도의 재림으로 이루어질 최후의 심판과 깊은 관련이 있습니다. 이때의 상급은 충성과 봉사와 헌신생활의 여부에 따른 것으로, 심는 대로 거두게 되는 것입니다.

하나님께 속한 자의 기초는 예수 그리스도여야 합니다

하나님께 속한 자는 교회 안에 있는 사람입니다. 여기에 속한 자는 성육신하신 예수님이 십자가에서 행하신 대속사역을 기초로 하여 세워진 자입니다. 그리고 이것은 십자가의 도, 즉 복음을 기초로 한 것입니다.

예수 그리스도 한 분만이 교회의 주인이시며 교회의 머리이십니다. 예수 그리스도 이외의 다른 사람, 다른 지식 곧 어떤 철학을 기초로 하여 어느 누구도 교회를 세울 수 없습니다.

성경이 계시한 예수 그리스도 외에 다른 사람을 기초로 해서는 진정한 교회가 세워질 수 없고, 인간의 지식을 토대로 한 교리나 철학을 기초하여 교회를 세워서는 안 됩니다. 오직 하나님의 계시의 말씀인 성경에 의하여 기록된 예수 그리스도의 터 위에 세워져야 합니다. 교회는 오직 그리스도의 십자가의 죽음과 그 보혈의 공로에만 의지해야 합니다.

　사도 바울은 그 당시 헬라 철학이 뛰어나고 최고의 헬레니즘을 자랑하던 고린도에서 어리석고 미련하다는 비난을 받으면서도 오직 예수 그리스도에 의한 십자가의 도만을 증거했습니다. 예수 그리스도의 터 위에 세워져야 진정한 교회요, 이 교회만이 주님의 재림을 대망할 수 있습니다.

하나님께 속한 사람은 진정한 교회를 세워 가며 하나님의 말씀에 순종하는 열매를 맺을 수 있습니다
　본문은 두 종류의 건축자에 대하여 언급하고 있습니다. 그리스도의 터 위에 하나는 금과 은과 보석으로 지은 자요, 또 하나는 나무와 풀과 짚으로 지은 자입니다. 이 건축 재료들은 불에 타 없어지지 않는 재료와 불에 타서 없어질 재료로 나눠지는 것을 알 수 있습니다.

　그 재료는 그리스도의 터 위에 세운 건축물이지만, 두 종류가 있습니다. 교회를 세우는 일로 공력을 쌓았지만 타서 없어질 집을 지은 자가 있는가 하면, 불 가운데서도 오히려 견고하게 존재하는 공력을 가진 자가 있습니다.

　이러한 사실 앞에서 고린도전서 2장 14절 이하의 말씀을 통하여 교훈을 받아야 하겠습니다. 이 말씀을 보면 세 종류의 사람이 있음을 발견하게 됩니다.

　이 세 종류의 사람은 육에 속한 사람, 육신에 속한 사람과 신령한 사람입니다. 육에 속한 사람은 하나님의 성령의 일을 받지 못한 자입니다. 요한복음 3장 6절에 "육으로 난 것은 육이요"라고 하였습니다. 육에 속한 자는 성령으로 난 자가 아닙니다. 유다서 1장 18-19절을 보면, "그들이 너희에게 말하기를 마지막 때에 자기의 경건하지 않은 정욕대로 행하며 조롱하는 자들이 있으리라 하였나니"라고 하였습니다. 이들은 분열을 일으키는 자들이고, 육에 속한 자들이며, 성령이 없는 자들이라고 하였습니다. 이들은 하나님께 속한 사람이 아닙니다. 그러므로 이 사람들은 교회를 세우는 일을 할 수 없는 자들입니다.

성도들은 육으로 난 자가 아닙니다. 이런 자에게는 공력이 없습니다. 그러나 육신에 속한 사람과 신령한 사람은 하나님께 속한 사람입니다. 육신에 속한 사람은 그리스도 안에서 어린아이와 같은 자로, 말씀을 감당하지 못하여 육신을 따라 사는 사람입니다.

요한일서 2장 16-17절을 보면, "이는 세상에 있는 모든 것이 육신의 정욕과 안목의 정욕과 이생의 자랑이니 다 아버지께로부터 온 것이 아니요 세상으로부터 온 것이라 이 세상도, 그 정욕도 지나가되 오직 하나님의 뜻을 행하는 자는 영원히 거하느니라"고 하였습니다.

우리는 육신에 속한 사람이 되어서는 안 됩니다. 육신에 속한 사람은 주님을 위한 생활을 한다고 하지만 자기 일을 하는 자로, 정욕을 따라서 생활을 하는 자입니다. 성도 된 우리는 육신에 속한 자의 생활을 해서는 안 됩니다. 이들의 공력은 나무나 짚이나 풀이 되어 공력이 나타나지 않습니다.

그렇지만 신령한 사람은 신령한 일을 받아 신령한 것을 분변하여 그리스도의 마음을 가진 성숙한 사람입니다. 신령한 자는 하나님께 속한 자로, 옛것을 버리고 새롭게 되어 성령을 좇아 행하는 사람으로 진정한 봉사와 헌신과 충성을 다할 수 있으며, 그 정도에 따라 공력을 인정받는 자입니다.

　그러나 육신에 속한 사람은 하나님께 속하여 있다고 하지만 육신의 일을 하기 때문에 이들의 공력은 인정받을 수 없게 됩니다. 하나님께 속한 우리는 모두 신령한 자가 되어 자기를 위한 육신의 일을 도모하거나 행하지 말고, 자기를 비워 심령이 가난한 자가 되어야 합니다. 그리고 성령님의 전적인 지배를 받아 맡겨진 직분을 따라 봉사와 헌신과 충성을 다해야 할 것입니다.

　우리 모두는 하나님께 인정을 받은 자, 하나님께 속한 자로 공력이 나타나는 생활로 하나님께 영광을 돌리기를 바랍니다.

46 감사로 하나님께
영광을 돌리자

● ● ●

"왕이신 나의 하나님이여 내가 주를 높이고 영원히 주의 이름을 송축하리이다 내가 날마다 주를 송축하며 영원히 주의 이름을 송축하리이다 여호와는 위대하시니 크게 찬양할 것이라 그의 위대하심을 측량하지 못하리로다 대대로 주께서 행하시는 일을 크게 찬양하며 주의 능한 일을 선포하리로다 주의 존귀하고 영광스러운 위엄과 주의 기이한 일들을 나는 작은 소리로 읊조리리이다 사람들은 주의 두려운 일의 권능을 말할 것이요 나도 주의 위대하심을 선포하리이다 그들이 주의 크신 은혜를 기념하여 말하며 주의 의를 노래하리이다 여호와는 은혜로우시며 긍휼이 많으시며 노하기를 더디 하시며 인자하심이 크시도다 여호와께서는 모든 것을 선대하시며 그 지으신 모든 것에 긍휼을 베푸시는도다 여호와여 주께서 지으신 모든 것들이 주께 감사하며 주의 성도들이 주를 송축하리이다"(시 145:1-10).

● ● ●

오늘은 추수감사주일입니다. 우리 모두 감사로 하나님께 영광을 돌립시다. 감사는 하나님이 성도들에게 은혜를 주심에 대한 최고의 표현입니다. 성도는 하나님을 경외함으로 그 앞에서 생활하게 되며, 그 생활은 하나님의 은혜로 충만합니다. 성도는 이 충만한 은혜로 살고 있음을 깨닫고 감사하는 생활을 합니다.

추수감사절은 구약의 수장절을 생각하게 합니다. 수장절은 일 년 동안의 모든 농사를 끝마치고 곡식을 창고에 저장한 후에 지키는 추수 절기입니다. 이 절기는 하나님의 종말적 구속 섭리를 상징합니다. 그리스도의 재림을 중심으로 가라지 같은 악인들은 영벌에 처하고, 알곡인 성도는 영생을 얻게 하는 대심판 섭리의 예표입니다.

"예수께서 그들 앞에 또 비유를 들어 이르시되 천국은 좋은 씨를 제 밭에 뿌린 사람과 같으니 사람들이 잘 때에 그 원수가 와서 곡식 가운데 가라지를 덧뿌리고 갔더니 싹이 나고 결실할 때에 가라지도 보이거늘 집 주인의 종들이 와서 말하되 주여 밭에 좋은 씨를 뿌리지 아니하였나이까 그런데 가라지가 어디서 생겼나이까 주인이 이르되 원수가 이렇게 하였구나 종들이 말하되 그러면 우리가 가서 이것을 뽑기를 원하시나이까 주인이 이르되 가만 두라 가라지를 뽑다가 곡식까지 뽑을까 염려하노라 둘 다 추수 때까지 함께 자라게 두라 추수 때에 내가 추수꾼들에게 말하기를 가라지는 먼저 거두어 불사르게 단으로 묶고 곡식은 모아 내 곳간에 넣으라 하리라……대답하여 이르시되 좋은 씨를 뿌리는 이는 인자요 밭은 세상이요 좋은 씨는 천국의 아들들이요 가라지는 악한 자의 아들들이요 가라지를 뿌린 원수는 마귀요 추수 때는 세상 끝이요 추수꾼은 천사들이니 그런즉 가라지를 거두어 불에 사르는 것같이 세상 끝에도 그러하리라 인자가 그 천사들을 보내리니 그들이 그 나라에서 모든 넘어지게 하는 것과 또 불법을 행하는 자들을 거두어 내어 풀무 불에 던져 넣으리니 거기서 울며 이를 갈게 되리라 그때에 의인들은 자기 아버지 나라에서 해와 같이 빛나리라 귀 있는 자는 들으라"(마 13:24-30, 37-43).

이 심판은 성도들에게는 무서운 심판이 아니라 '완전한 구원'을 얻는 기쁨의 때입니다. 그때 하나님의 엄중한 추수 심판이 일어나고, 성도들은 영원한 천국을 얻게 될 것입니다. 이를 예고한 것이 바로 수장절입니다.

이 절기는 오늘날 성도인 우리에게 교훈이 됩니다. 그러므로 성도들은 추수감사절을 맞이하며, 하나님의 종말섭리에 근거하여 소망을 기대하면서 감사로 하나님께 영광을 돌립시다.

진정한 믿음의 감사로 영광을 돌려야 합니다

추수감사절을 맞이하여 성도들인 우리가 필히 갖춰야 할 마음 자세가 있습니다. 우리는 하나님의 구원 은혜를 받은 존재임을 믿고, 일 년 동안 얼마나 감사하며 생활을 했는지 반성해 볼 필요가 있습니다.

성도의 감사생활은 하나님이 기뻐하시는 일이요, 영광이 됩니다. 참된 성도들의 영혼과 그 생활의 열매가 바로 하나님께는 '알곡'을 얻는 기쁨이 됩니다. 그러므로 감사절을 맞이하여 일 년 동안 우리 생활의 신앙적 열매를 점검하며 주신 은혜를 감사한 마음으로 누려야 하겠습니다.

그리스도를 닮은 의와 진리와 사랑으로 이루어진 거룩한 인격의 열매가 우리 안에 맺혀 있는지 반성해야 하고, 교회와 가정과 사회에서 우리로 말미암은 어떤 선한 열매가 맺혔는지 살펴보아야 합니다.

거룩한 의의 열매를 맺는 생활은 하나님의 구원 은혜에 대한 감사요, 응답의 최선의 길임을 명심합시다.

감사하는 마음은 은혜의 그릇입니다

진정한 믿음의 감사는 더 큰 은혜의 결과를 받게 됩니다. 하나님께 감사하는 믿음은 원망이나 불평이 없습니다. 순종하는 마음으로 생활하게 됩니다.

때마다, 일마다 하나님께 대한 성도들의 감사생활은 은혜를 받을 그릇을 준비하는 것과 같습니다. 범사에 감사하라는 명령의 말씀을 순종하면 하나님의 큰 은혜를 받게 되는 약속이 성취됩니다. 감사하는 자는 하나님이 자기를 택하시고 부르셔서 구원을 얻게 하셨고 영생을 허락하심을 깨닫게 되는 은혜를 받습니다. 그러므로 더욱 감사가 넘치는 생활을 합니다. 우리 모두 감사의 기도로 하나님께 영광을 돌립시다.

감사의 기도는 응답의 그릇이 됩니다

감사하는 마음에서 기도하는 것은 응답의 그릇이 준비되는 것과 같습니다. 감사하는 마음으로 기도할 때에 하나님의 마음을 움직이게 됩니다. 기도생활은 성도에게 주어진 특권이며 마땅히 행할 일입니다. 이 기도로 응답을 받아 신앙생활을 유지하며 성장하게 됩니다.

성령의 도우심도 오직 기도의 응답을 통하여 이루어집니다. 기도에는 반드시 응답이 있어야 합니다. 빌립보서 4장 6절을 보면, "아무것도 염려하지 말고 다만 모든 일에 기도와 간구로, 너희 구할 것을 감사함으로 하나님께 아뢰라"고 하였습니다. 감사의 기도는 응답이 되며, 그 결과로 성도의 행복이 주어집니다.

감사하는 마음은 행복한 삶의 통로입니다

사도 바울은 희로애락 간에 어떠한 형편에서도 감사생활을 했습니다. 그는 범사에 감사한 사람입니다. 그는 감옥에 투옥되어 있어도, 매를 수없이 맞아도, 굶으면서도 감사하였습니다. 그는 진정으로 하나님을 몰랐을 때 하나님께 도전하여 예수를 믿는 자들을 잡아 옥에 가두는 등 많은 핍박을 하였습니다.

사도 바울은 스데반 집사를 돌로 치고 죽게 한 핍박의 장본인입니다. 그러한 자였지만, 다메섹으로 가던 그가 예수를 만나 그의 생명이 구원을 받았을 뿐만 아니라 더욱이 사도로 부름을 받아 복음의 일꾼이 되었으니 모든 일에 감사하지 않을 수 없게 된 것입니다.

이 감사의 생활은 그에게 매우 행복한 생활이 되었습니다. 그는 골로새서 3장 15-17절에서 우리에게 권면의 말씀으로 교훈하고 있습니다.

"그리스도의 평강이 너희 마음을 주장하게 하라 너희는 평강을 위하여 한 몸으로 부르심을 받았나니 너희는 또한 감사하는 자가 되라 그리스도의 말씀이 너희 속에 풍성히 거하여 모든 지혜로 피차 가르치며 권면하고 시와 찬송과 신령한 노래를 부르며 감사하는 마음으로 하나님을 찬양하고 또 무엇을 하든지 말에나 일에나 다 주 예수의 이름으로 하고 그를 힘입어 하나님 아버지께 감사하라"(골 3:15-17).

감사생활로 하나님께 영광을 돌립시다.

47 평안을 얻는 비결

"수고하고 무거운 짐 진 자들아 다 내게로 오라 내가 너희를 쉬게 하리라 나는 마음이 온유하고 겸손하니 나의 멍에를 메고 내게 배우라 그리하면 너희 마음이 쉼을 얻으리니 이는 내 멍에는 쉽고 내 짐은 가벼움이라 하시니라"(마 11:28-30).

택하신 자기 백성을 죄에서 구원하려고 오신 예수님이 그 백성들을 향하여 "수고하고 무거운 짐 진 자들아 다 내게로 오라"고 초청하십니다.

예수님은 타락한 세상에서 우리 인간들이 죄로부터 오는 무거운 짐으로 수고하고 신음하는 것을 아시고, 그 백성들을 구원하시기 위하여 부르시고 있는 것입니다.

'수고하고 무거운 짐'은 무엇입니까? '수고하고'라는 의미는 '스스로 많은 일들을 하여 계속해서 피곤에 지친 상태'를 말합니다. 그리고 '무거운 짐 진 자'는 '다른 사람에 의해 무거운 짐을 진 채 계속해서 지쳐 있는 자들'을 가리킵니다. 이는 죄와 염려의 고통이나 육체적 의무 외에, 특별히 전통적으로 부과되고 있는 '율법과 유전의 짐'을 의미하기도 합니다. 인생에서 감당할 수 없는 무거운 짐을 말한다고 할 수 있습니다.

범죄하기 이전의 에덴 동산에서는 짐이 없었고, 하나님의 형상을 따라 생활하므로 평안과 기쁨이 넘쳤으며 안식처였습니다. 그러나 범죄 후에는 스스로 벗을 수 없는 무거운 짐인 비참함이 주어졌습니다. 이 짐은 죄에서 비롯된 것입니다. 죄에서 온 짐으로 인해 인간은 염려하고 고민하며 수고하고 있습니다.

그러나 하나님의 택함을 입고 부르심을 받은, 하나님의 형상을 가진 우리는 예수님의 초청을 받아 그리스도 안에서 쉼을 얻는 자가 된 것입니다.

평안을 얻으려면 예수께로 나아가야 합니다

예수님은 "다 내게로 오라 내가 너희를 쉬게 하리라"고 하셨습니다. 예수님에게로 오는 사람은 쉼을 얻게 될 것입니다. 예수님께로 오면 안식처에서 쉬면서 평안과 기쁨을 누릴 수 있습니다.

예수님은 우리가 가진 수고하고 무거운 짐을 다 벗겨 주십니다. "내가 너희를 쉬게 하리라"고 하신 것은 마지막 날의 영원한 안식만을 뜻하는 것이 아니라, 일상생활에서의 모든 갈등을 해소한 후에 누리는 평화와 안식까지도 말씀하고 있습니다.

성도들이 예수님께로 오면 죄에서의 해방과 율법의 속박에서의 자유, 불안과 염려, 고통에서의 해방을 맛볼 수 있습니다. 예수님은 성육신하셔서 십자가로 우리의 죗값을 지불해 주심으로 자유를 얻게 하신 것입니다.

예수님은 권위 있는 부르심으로 절대적인 안식의 약속을 하셨습니다. 예수님은 요한복음 14장 6절에서 "내가 곧 길이요 진리요 생명이니 나로 말미암지 않고는 아버지께로 올 자가 없느니라"고 하셨습니다. 또한 성경에는 "주 예수를 믿으라 그리하면 너와 네 집이 구원을 받으리라"(행 16:31)고 기록되어 있습니다.

평안을 얻으려면 온유와 겸손을 배워야 합니다

우리의 마음에 진정한 평안을 얻으려면 "나는 마음이 온유하고 겸손하니 나의 멍에를 메고 내게 배우라"는 예수님의 말씀을 청종해야 합니다. 그 이유는 이 말씀 뒤에 오는 "그리하면 너희 마음이 쉼을 얻으리니 이는 내 멍에는 쉽고 내 짐은 가벼움이라"는 말씀이 있기 때문입니다. 이 말씀은 예수님의 온유와 겸손을 배워야 평안을 얻을 수 있음을 깨닫게 합니다. 우리는 예수님의 온유와 겸손을 배워서 실천해야 할 것입니다. 이 생활은 성령의 열매를 맺는 생활입니다.

성도들은 온유와 겸손한 마음을 갖게 되어 부드럽게 살게 됩니다. 예수님은 하나님의 본체시나 스스로 자기를 비워 종의 형체를 입고 인간의 몸으로 오신 분입니다. 우리가 그분의 겸손을 배울 때 사람이나 환경에 흔들리지 않는 참 평안을 지속적으로 누릴 수 있습니다.

평안을 얻으려면 예수님의 멍에를 메야 합니다

또한 주목할 것은 "나의 멍에를 메고 내게 배우라"는 말씀입니다. 예수님의 멍에를 메야 주님을 배울 수 있다는 것입니다. 멍에를 멘다는 말씀과 평안을 얻는다는 것은 전혀 상반된 말처럼 보입니다. 그러나 예수님의 말씀은 멍에를 메는 일이 곧 평안을 얻는 길이라는 것입니다.

멍에를 멘다는 것이 무슨 의미인지 알아야 하겠습니다. 이스라엘에서도 우리나라와 같이 두 마리 소에 같은 멍에를 메우고 쟁기를 걸게 하였습니다. 그런데 농부는 그 소들에게 멍에를 메우기 전에 먼저 두 소를 싸움을 붙여 그 싸움에서 승리한 소를 인도자로 두고 패한 소와 함께 보조를 맞추어 쟁기질을 하게 하였습니다. 이것은 우리에게 영적 교훈을 주고 있습니다. 우리는 주님이신 예수 그리스도에게 전적으로 굴복하고 그분을 따르는 생활을 해야 합니다. 멍에를 예수님과 함께 멜 때 우리의 짐은 가볍게 됩니다.

성도 된 우리는 예수님의 인도하심에 함께 보조를 맞추어 나아가는 순복의 생활을 할 수 있습니다. 그 순복의 생활은 참 안식과 평안과 기쁨을 누릴 수 있게 합니다.

현대는 불확실성의 시대입니다. 그 결과 불안과 긴장 속에서 살아야 합니다. 사람들은 모두 어렵고 힘든 무거운 짐을 지고 살면서 무거워서 넘어지고 있습니다. 그러면서 마음의 평안을 갈망하고 있습니다. 예수님이 없는 시대는 그렇습니다. 그러나 우리 성도들의 모습은 예수 그리스도 안에서 행복합니다.

48 시험을 기쁘게 여기는
성도의 생활

"시험을 참는 자는 복이 있나니 이는 시련을 견디어 낸 자가 주께서 자기를 사랑하는 자들에게 약속하신 생명의 면류관을 얻을 것이기 때문이라 사람이 시험을 받을 때에 내가 하나님께 시험을 받는다 하지 말지니 하나님은 악에게 시험을 받지도 아니하시고 친히 아무도 시험하지 아니하시느니라 오직 각 사람이 시험을 받는 것은 자기 욕심에 끌려 미혹됨이니 욕심이 잉태한즉 죄를 낳고 죄가 장성한즉 사망을 낳느니라 내 사랑하는 형제들아 속지 말라 온갖 좋은 은사와 온전한 선물이 다 위로부터 빛들의 아버지께로부터 내려오나니 그는 변함도 없으시고 회전하는 그림자도 없으시니라 그가 그 피조물 중에 우리로 한 첫 열매가 되게 하시려고 자기의 뜻을 따라 진리의 말씀으로 우리를 낳으셨느니라"(약 1:12-18).

성도들의 믿음생활에는 시험이 따르게 됩니다. 성도들 가운데 시험이 없는 자가 없습니다. 야고보서 1장 2절을 보면, "너희가 여러 가지 시험을 당하거든 온전히 기쁘게 여기라"고 하였습니다. 여기에서 시험은 내부로부터 오는 사람의 생각, 즉 죄의 유혹이 아니라 '시련'을 가리킵니다. 이 시련은 낙심하지 않고 인내하면 이길 수 있습니다. 이 시련을 통하여 자신의 믿음이 연단을 받아 더욱 굳건한 믿음으로 성장할 수 있습니다.

본문 12절이 말하는 시험은 2절과 동일한 시련입니다. 그렇지만 13절의 시험과는 차이가 있습니다. 이 시험은 '유혹'을 의미합니다. 이 시험은 사람의 마음에 유혹을 받아 주어지는 죄를 말합니다.

성도들의 믿음생활에 오는 문제가 바로 이 시험입니다. 이 시험에는 고통이 따릅니다. 우리는 이 시험에서 승리함으로 성장하기도 하고, 실패함으로 넘어지는 생활을 하기도 합니다. 성도들은 이러한 시험을 기쁘게 여기며 잘 감당해야 합니다. 물론 시험이 성도들을 보다 성숙시키기 위해 하나님의 선하신 뜻에 따라 허용되기도 합니다. 그러나 성도들 안에 남아 있는 육신의 정욕과 죄의 본성을 따라 들어온 유혹에 의하여 넘어질 수도 있습니다.

성도들이 자신의 육신의 정욕과 죄의 본성들을 쳐서 복종시킨다면 시험을 이기게 되고, 더욱 성숙한 신앙을 갖게 됨으로써 큰 기쁨을 맛볼 수 있습니다. 우리는 시험에서 승리하기 위하여 필요한 것을 깨닫고 시험을 기쁘게 여기는 성도의 생활을 해야겠습니다.

시험에서 승리하기 위하여 자신을 돌아보는 겸손한 자세가 필요합니다

성도들은 시험에서 기쁘게 승리하기 위하여 먼저 겸손한 자세로 자신을 돌아보아야 합니다. 그리고 자신을 시험의 올무에 빠지게 한 죄의 본성들과 육신의 정욕들을 쳐서 복종시켜야 합니다. 성도들은 이 세상에 사는 동안 옛 성품의 타락한 부패와 오염이 나타나 끊임없이 유혹하여 넘어지고 있습니다. 그러므로 자신을 살핀다는 것은 매우 중요합니다.

먼저 자신을 돌아봄으로 자신의 무지함과 연약함과 유한됨을 깨달아야 합니다. 그럴 때 죄성(罪性)을 가진 자신을 발견하게 되고, 정욕적인 삶을 버리는 겸손함을 취하게 됩니다.

사람은 시험 중에도 자신의 육신의 정욕과 죄의 본성을 감추고 고집하며 마치 자신에게 아무 잘못도 없는 듯이 시험의 상황만을 핑계하고 불평하고, 심지어 하나님을 원망하기까지 합니다. 이렇게 되면 더욱 깊은 시험의 올무에서 빠져나올 수 없게 됩니다.

내게서 난 시험은 사탄의 유혹으로 온 것입니다. 이제 우리는 어떤 시험을 만나든지 자신을 먼저 돌아보아 그러한 시험의 올무에 빠지게 했던 자신의 죄성과 정욕을 회개하고 돌이킴으로써 그 모든 문제를 극복하고, 기쁨으로 승리하는 겸손한 자들이 되어야 하겠습니다.

시험에서 승리하기 위하여 하나님을 의지하는 자세가 필요합니다

시편 28편 7절에 "여호와는 나의 힘과 나의 방패이시니 내 마음이 그를 의지하여 도움을 얻었도다 그러므로 내 마음이 크게 기뻐하며 내 노래로 그를 찬송하리로다"라고 하였습니다. 우리가 시험을 당하면 고난이 따르게 됩니다. 시험 중에 우리가 의지할 분은 오직 힘이 되시고 방패가 되시는 여호와 하나님뿐입니다. 하나님을 의지할 때 도움을 얻을 수 있고, 그 도우심으로 마음에 기쁨과 찬양으로 승리의 길로 나아갈 수 있습니다.

전능하신 하나님이 항상 우리와 함께하시고 굳게 하시며 끝까지 붙잡아 주시기에, 우리는 어떠한 시험 중에도 행복하고 승리하는 삶 속에서 기뻐할 수 있습니다. 그러나 시험 가운데 있으면서도 전능하신 하나님을 의지하지 않고 헛된 세상 것들을 의지하거나 연약한 사람을 의지하면 더욱 큰 시험 중에 빠지는 어리석은 자가 되고 맙니다. 그러므로 시험 중에 하나님을 원망하거나 불신에 빠져들어 실패와 멸망의 길로 나아가는 자가 없기를 바랍니다.

진정 시험을 기쁘게 잘 감당하는 성도의 생활을 하려면 반드시 승리하게 하시는 하나님만을 전적으로 의지해야 할 것입니다.

시험에서 승리하기 위하여 끝까지 인내하는 자세가 필요합니다

시험을 당할 때에 주님이 주시는 기쁨을 얻지 못하는 경우가 많습니다. 그 이유 중의 하나가 끝까지 인내하지 못하기 때문입니다. 하나님이 우리에게 허용하시는 시험에는 인내가 요청됩니다. 시험은 인내로써 극복할 때 하나님이 예비해 놓으신 신앙 성숙의 은혜와 더 큰 승리의 영광과 기쁨을 맛보게 됩니다.

성도들로 하여금 언제 어디서나 성령의 인도하심을 따라 살게 하셨습니다. 어려운 시험 중에도 성령의 도우심을 힘입어 생활하게 하십니다. 성령은 그의 열매인 인내를 맺게 하십니다.

본문 12절에 "시험을 참는 자는 복이 있나니"라고 하였습니다. 악한 세력이 가득 찬 이 세상에서 성도들은 시험을 피할 수 없지만 그것을 물리치고 기쁨으로 승리하는 권세를 받았습니다.

창세기 22장 1절을 보면, "그 일 후에 하나님이 아브라함을 시험하시려고 그를 부르시되 아브라함아 하시니 그가 이르되 내가 여기 있나이다"라고 기록되었습니다. 그 말씀 다음에 하나님이 아브라함을 부르시고 그를 시험하신 사실이 기록되어 있습니다. 하나님께서 아브라함에게 주신 시험은 이삭을 바치라는 시험이었는데 아브라함은 그 시험에서 승리하였습니다. 그리고 믿음의 조상이 되었습니다.

49 신앙생활에 실패한 교인

> "이 세상이나 세상에 있는 것들을 사랑하지 말라 누구든지 세상을 사랑하면 아버지의 사랑이 그 안에 있지 아니하니 이는 세상에 있는 모든 것이 육신의 정욕과 안목의 정욕과 이생의 자랑이니 다 아버지께로부터 온 것이 아니요 세상으로부터 온 것이라 이 세상도, 그 정욕도 지나가되 오직 하나님의 뜻을 행하는 자는 영원히 거하느니라"(요일 2:15-17).

하나님의 자녀는 구속을 받은 사람입니다. 구속을 받은 사람은 모두 예수 그리스도를 구주로 믿는 사람이며, 그러한 신앙을 소유한 자들이 성도입니다. 성도들은 모두 하나님의 자녀로 인도함을 받아 신앙생활에서 성공합니다.

교회를 다니는 교인들 중에는 신앙생활에 성공한 사람이 있는가 하면, 실패한 사람들도 있습니다. 이 사실은 물질의 부요함과 궁색한 생활이나, 세상에 있는 인생의 부귀공명이나 희로애락으로 결정되는 것이 아닙니다.

성공은 하나님과의 바른 관계회복을 통해 주어지는 믿음의 여부

(興否)입니다. 성도인 우리는 신앙생활에 성공한 사람입니다. 그렇기에 성도의 생활에는 실패가 없습니다. 오늘날 우리는 하나님이 주시는 신앙을 소유한 자로 성공한 생활을 하며 최대의 영적 특권을 누려야 하겠습니다. 성도 된 우리는 신앙생활에 실패가 없는 성공적인 생활로 하나님께 영광을 돌립시다.

세상을 사랑하는 사람은 신앙생활에서 실패하게 됩니다

본문 15절에 "이 세상이나 세상에 있는 것들을 사랑하지 말라"고 하였습니다. 성도는 하늘의 시민권을 가진 자들입니다. 성도들의 소망은 이 땅이 아니요 하늘에 있는 영원한 나라에 있습니다.

그러나 사탄은 세상과 세상의 것들을 사랑하게 하고, 그것 때문에 망하게 합니다. 골로새서 3장 1-4절을 보면, "그러므로 너희가 그리스도와 함께 다시 살리심을 받았으면 위의 것을 찾으라 거기는 그리스도께서 하나님 우편에 앉아 계시느니라 위의 것을 생각하고 땅의 것을 생각하지 말라 이는 너희가 죽었고 너희 생명이 그리스도와 함께 하나님 안에 감추어졌음이라 우리 생명이신 그리스도께서 나타나실 그때에 너희도 그와 함께 영광 중에 나타나리라"고 하였습니다.

성도는 그리스도와 함께 다시 산 자가 되었고, 소망은 그리스도에게 있습니다. 그리스도는 하나님의 우편에 앉아 계십니다. 그러므로 성도는 땅의 것을 생각하지 않고 위의 것을 생각합니다. 세상을 사랑하는 자는 세상의 염려와 재리의 유혹으로 결실치 못하는, 가시떨기에 씨를 뿌린 자같이 됩니다(마 13:22).

성도들의 시민권은 하늘에 있습니다. 우리는 세상에 속한 자들의 형통을 부러워하지 않고 항상 여호와 하나님만을 경외해야 합니다(잠 23:17). 믿음의 조상 아브라함은 세상의 부귀영화를 초개와 같이 버림으로 신앙생활에 성공하였습니다. 성도는 세상을 사랑하지 않는 사람들입니다.

세상을 사랑하는 사람은 세상의 힘을 의지하다가 실패합니다

성도들은 세상의 힘을 의지하지 않습니다. 그 이유는 세상의 힘을 의지하면 실패한다는 사실을 알기 때문입니다. 그러나 세상을 사랑하는 자들은 육신의 판단에 의해서 잠깐의 환난을 견디지 못한 자로, 흔들리는 불완전한 신앙으로 세상의 힘을 의지하며 삽니다.

성도들은 환난을 당할 때 세상의 힘을 의지하지 않고 하나님의 힘을 의지합니다. 사람이 세상을 육신의 눈으로 볼 때 세상이 인생의 모든 문제를 해결해 줄 수 있는 것처럼 보입니다. 그러나 그것은 진정으로 도움을 줄 수 없는 환상에 불과합니다. 세상은 처음에 우리에게 유익이 되는 것 같지만 궁극적으로는 오히려 우리를 괴롭게 하는 가시와 엉겅퀴로 변합니다.

세상은 성도들이 의지할 곳이 되지 못합니다. 성도 된 우리는 시련을 당할 때 잠잠히 하나님의 도우심을 기다리는 것이 가장 빠른 해결 방법임을 알고 있습니다.

사도 요한은 본문 15절에서 "이 세상이나 세상에 있는 것들을 사랑하지 말라"고 하였고, 사도 바울은 고린도전서 3장 19절에서 "이 세상 지혜는 하나님께 어리석은 것이니 기록된 바 하나님은 지혜 있는 자들로 하여금 자기 꾀에 빠지게 하시는 이라"고 하였습니다.

믿음의 조상 아브라함도 한때 세상을 의지하다가 순간적으로 실패하였습니다. 육신의 판단을 좇아 세상을 의지하다가 실패하는 성도들이 되지 않기를 바랍니다.

세상을 사랑하는 사람은 세상의 위안을 구하므로 실패합니다

우리의 생활에 환난이 있으면 그 원인이 무엇인가를 속히 깨닫고 제자리로 돌아와야 합니다. 어리석게 세상의 위안을 바라고 쾌락을 추구하여 방종(放縱)한다면 비참한 종말을 경험하게 될 것입니다(슥 10:2). 그 이유는 세상의 위안은 달콤하게 보이지만 결국 삼손처럼 번뇌케 하고(삿 16:16), 욥의 고백처럼 헛될(욥 21:34) 뿐이기 때문입니다.

많은 사람들이 하나님을 멀리하고 그 대신 세상의 위안을 찾다가 자멸하고, 스트레스를 받아 정신병에 걸리며 우울증으로 고생하기도 합니다. 성도 된 우리는 어떤 환난 속에서도 잠잠히 기다리는 자가 되어야 하겠습니다.

요한복음 14장 18절을 보면, "내가 너희를 고아와 같이 버려두지 아니하고 너희에게로 오리라"고 하였습니다. 우리는 하나님의 말씀을 기억하고 세상의 위안을 구해서는 안 됩니다. 우리에게 환난과 시련이 닥칠 때 세상을 바라보거나 세상의 힘을 의지하지 말아야 하겠습니다.

성도들은 환난과 시련이 오면 하나님만을 바라보고 위로를 받기를 원하며 기도드려야 합니다. 그럴 때 참된 행복을 얻게 될 것입니다.

50 성도는 하나님의 형상을 가진 사람

"하나님은 모든 사람이 구원을 받으며 진리를 아는 데에 이르기를 원하시느니라 하나님은 한 분이시요 또 하나님과 사람 사이에 중보자도 한 분이시니 곧 사람이신 그리스도 예수라 그가 모든 사람을 위하여 자기를 대속물로 주셨으니 기약이 이르러 주신 증거니라"(딤전 2:4-6).

창세기 1장 26절에 하나님의 형상을 따라 그 모양대로 사람을 만드셨다고 하였습니다. 사람은 하나님의 형상을 가진 자로 하나님에 의하여 창조되었습니다. 인류의 대표인 아담이 하나님과 맺은 행위언약에 불순종함으로 죄로 인하여 오염되고 부패되어 하나님의 형상을 상실하고 사망에 이르게 되었습니다.

하나님께는 창세 전에 만사만물에 대한 계획이 있었습니다. 이것을 작정과 예정으로 구분하는데, 작정은 만사만물에 대한 계획이며, 예정은 사람에 관한 계획을 말합니다. 예정은 선택과 유기로 구분합니다. 창세 전에 택함을 입은 사람들은 하나님과의 관계를 유지하는 생활을 할 수 있습니다. 하나님과의 바른 교제를 할 수 있게 됩니다. 타락 이후에 사망에 이르러 사람은 하나님과의 교제가 끊어져 단절되었습니다.

하나님은 가인과 아벨을 통하여 하나님의 뜻을 보여주셨습니다. 아벨은 선택자의 모형이요, 가인은 유기된 자의 모형을 나타내고 있습니다. 아벨은 하나님께로 난 자들이지만, 가인은 유기된 육체로 난 자들로 사탄에게서 난 자들입니다.

하나님께로 난 자들은 구원을 받아 영생을 얻습니다. 그러나 육체로 난 자, 곧 사탄에게서 난 자들은 불순종에 의해 하나님에게서 쫓겨나 하나님을 모르고 살다가 사망, 곧 영벌에 처하게 됩니다.

히브리서 12장 24절에 "새 언약의 중보자이신 예수와 및 아벨의 피보다 더 나은 것을 말하는 뿌린 피니라"고 합니다. 하나님의 택함을 입은 자들은 하나님의 형상을 입어 하나님과 교제할 수 있도록 되어 있습니다.

성도는 창세 전에 선택된 자로 하나님 형상을 따라 살 수 있는 자입니다

하나님께서 창조하신 아담에게 요구하는 바는 하나님과 교제하며 주신 말씀에 따라 순종하는 것입니다. 그렇지만 그 요구에 응하지 못하고 불순종함으로 범죄로 사망에 이르게 된 것입니다.

아담의 후손 된 인류는 하나님과의 교제가 단절되어 하나님과 더불어 생활할 수 없게 된 것입니다. 이것이 영적 사망이라는 형벌입니다. 그러나 선택된 자들에게는 관계 회복의 길을 열어 주셔서 다시 사는 역사가 이루어진 것입니다.

본문 4절을 보면, "하나님은 모든 사람이 구원을 받으며 진리를 아는 데에 이르기를 원하시느니라"고 하였습니다. 모든 사람은 택함을 받은 믿는 자들을 말합니다. 디모데전서 4장 9-10절을 보면, "미쁘다 이 말이여 모든 사람들이 받을 만하도다 이를 위하여 우리가 수고하고 힘쓰는 것은 우리 소망을 살아 계신 하나님께 둠이니 곧 모든 사람 특히 믿는 자들의 구주시라"고 하였습니다. 예수님은 "모든 사람 특히 믿는 자들의 구주"라고 하였습니다. 하나님의 택함을 받은 모든 사람들을 반드시 구원하신다는 하나님의 의지를 나타내신 말씀입니다.

하나님은 창세 전에 택하심을 받은 모든 사람을 때를 따라 부르셔서 하나님과 교제를 이루며, 하나님의 형상을 따라 살게 하십니다.

성도들에게 구원을 주시는 분은 오직 그리스도뿐입니다

하나님이 택하신 백성들을 구원하시려면 죄를 해결해 주셔야 합니다. 하나님과 택한 백성 사이에 있는 죄가 해결되어야 하나님과의 교제를 이룰 수 있습니다.

이 죄를 해결하실 분은 오직 예수 그리스도뿐입니다. 본문 5절을 보면, "하나님은 한 분이시요 또 하나님과 사람 사이에 중보자도 한 분이시니 곧 사람이신 그리스도 예수라"고 하였습니다.

사람에게는 죄가 있기 때문에 하나님과 사람 사이에는 중보자가 있어야 합니다. 중보자는 죄가 없는 사람이어야 합니다. 그러므로 하나님이 육신을 입은 사람으로 죄 없이 오셔야 되고, 죄인을 대신할 수 있어야 합니다. 예수 그리스도만이 중보자가 되시며, 우리의 구원의 길은 오직 한 길밖에 없습니다,

사도행전 4장 12절을 보면, "다른 이로써는 구원을 받을 수 없나

니 천하 사람 중에 구원을 받을 만한 다른 이름을 우리에게 주신 일이 없음이라 하였더라"고 하였습니다. 하나님은 택하신 백성이 그리스도 예수를 믿음으로 이루어 놓으신 구속의 은혜를 따라 죄에서 사함을 받게 하시고, 하나님의 형상을 따라 살게 하십니다. 우리는 하나님의 특별한 은혜로 택함을 입고 부름을 받아 구원을 얻어 하나님과의 교제를 회복하여 하나님의 자녀로 살고 있습니다.

성도들의 생활을 인도하시고 하나님의 형상을 따라 하나님과 교제하며 살게 하시는 분은 성령이십니다

하나님의 형상을 따라 교제를 이루어 사는 자가 되려면 하나님의 특별한 은총을 받은 자가 되어야 합니다. 이 은혜를 받아 누리려면 반드시 성령의 역사하심이 있어야 합니다. 이 일을 위하여 구속을 완성하신 예수님이 성령을 보내주셨습니다. 택하신 자를 부르시는 일도 성령께서 행하시고 거듭나게 하시며 새롭게 태어나는 은혜를 베풀어 주시는 일을 행하십니다.

성도인 우리에게 새 생명을 주시고 그 생명으로 살게 하시고, 구원에 필요한 모든 일을 행하기도 하십니다. 또한 우리 안에 계신 성령으로 살게 하는 역사를 통하여 하나님과의 교제를 이룰 수 있게 하십니다. 성령의 인도하심을 통하여 살게 됩니다.

갈라디아서 5장 16절을 보면, "내가 이르노니 너희는 성령을 따라 행하라 그리하면 육체의 욕심을 이루지 아니하리라"고 하였습니다. 하나님의 형상을 이루는 것은 성령을 따라 행하는 일입니다. 이 일을 행하면 육체의 욕심을 이루지 않습니다. 우리는 하나님의 형상을 소유한 자들입니다.

51 우리가 가야 할 소망인 본향

"또 그가 수정같이 맑은 생명수의 강을 내게 보이니 하나님과 및 어린 양의 보좌로부터 나와서 길 가운데로 흐르더라 강 좌우에 생명나무가 있어 열두 가지 열매를 맺되 달마다 그 열매를 맺고 그 나무 잎사귀들은 만국을 치료하기 위하여 있더라 다시 저주가 없으며 하나님과 그 어린 양의 보좌가 그 가운데에 있으리니 그의 종들이 그를 섬기며 그의 얼굴을 볼 터이요 그의 이름도 그들의 이마에 있으리라 다시 밤이 없겠고 등불과 햇빛이 쓸 데 없으니 이는 주 하나님이 그들에게 비치심이라 그들이 세세토록 왕 노릇 하리로다"(계 22:1-5).

한 해를 보내면서 우리가 가야 할 소망인 본향에 들어갈 때가 가까운 줄을 생각하면 할수록 오히려 기쁨과 평안을 얻게 됩니다. 본문은 우리의 소망인 가야 할 본향, 완성된 천국, 새 하늘과 새 땅, 새 예루살렘에 대한 말씀입니다. 그때에는 첫 창조 때에 에덴에서의 생활처럼 하나님과의 충만한 관계가 회복될 것입니다.

우리가 가야 할 본향에는 영원한 생명과 하나님과 어린양의 보좌가 있습니다. 사도 요한은 하나님과 어린양의 보좌로부터 흘러

나오는 생수의 강을 보았습니다. 그리고 생명나무가 서 있는 것을 보았습니다. 이 생명수의 강은 영원히 흐르는 생명의 근원입니다. 이 생명은 새 예루살렘에 끊임없이 흘러 그 안에 거하는 모든 성도들이 구원과 영생을 이루게 된 것입니다.

또한 생명나무는 열매가 풍성히 맺힐 것이요, 이 열매는 하나님께서 성도들에게 주실 영생을 의미하며, 성도들이 맺을 성령의 열매를 상징하기도 합니다. 보좌는 하나님의 주권을 상징합니다. 하나님의 절대 주권적 통치하에서는 평강과 희락과 복된 영광이 있습니다. 더 이상 실패나 저주가 없습니다.

우리가 가야 할 본향에서는 새 예루살렘에서 구속받은 성도들의 생활을 볼 수 있습니다. 이곳에는 다시 저주가 없습니다. 에덴 동산에서 아담과 하와에게 선포되었던 저주는 제거될 것이며, 성도들은 핍박하고 방해하던 죄악도 없기 때문입니다. 이 모든 문제가 예수 그리스도를 통하여 해결된 것입니다. 그리고 성도들은 하나님의 얼굴을 볼 수 있을 것입니다. 이것은 성도들이 받을 최고의 복입니다.

모세조차도 하나님을 완전히 볼 수 없었습니다. 주님의 얼굴을 보는 것이 성도들의 소원입니다. 우리가 가야 할 처소에서 우리의 소원이 이루어집니다.

그리고 성도들은 이마에 하나님의 이름을 표로 가질 것입니다. 이 표는 하나님께 속해 있고 하나님께서 영원히 주가 되셔서 보호하고 인도하실 징표입니다.

또한 우리가 가야 할 본향에는 밤이 없고 등불과 햇빛이 쓸 데가 없습니다. 하나님은 빛이시기 때문입니다. 그러므로 그 안에 거하는 성도들은 실족할 염려가 전혀 없고 항상 하나님의 영광 중에 살게 됩니다.

그리고 성도들은 전심전력으로 기쁨과 신령과 진정으로 하나님을 섬기게 됩니다. 성도들은 하나님을 직접 볼 뿐만 아니라 하나님의 보좌를 중심으로 생활 전체로 예배하며 살게 됩니다.

또한 성도들은 새 예루살렘에서 영원토록 왕 노릇 하게 됩니다. 세상의 왕들처럼 지배하는 것이 아니라 왕의 영광을 가지고 하나님 안에서 완전한 자유와 참된 권위를 가지고 사는 것을 의미합니다.

우리의 소망인 가야 할 본향은 저주받은 육신을 벗어 버렸기 때문에 영원한 세계입니다. 그곳에는 죽음이 없습니다. 애통이 없습니다. 눈물이 없습니다. 맹수와 마귀가 없습니다. 저주(죄)가 없습니다. 그곳에서는 영광스러운 흰옷을 입고, 음식은 생명나무 과실을 먹게 됩니다. 그곳에는 성부 하나님과 성자 예수님과 14만 4천의 순교하는 성도들과 성령 하나님이 함께 있습니다. 그리고 많은 성도들과 수종드는 천군천사들과 같이 사는 영원한 낙원입니다.

우리는 소망의 확신을 가지고 살아야 합니다. 그리스도께서 우리를 위하여 있을 곳을 예비하셨습니다. 성도 된 우리는 이 세상이 전부가 아닙니다. 더 좋은 미래에 우리가 가야 할 영원한 본향이 기다리고 있습니다.

성도들이 이 땅에서 사는 동안 어렵고 힘들고 환난과 핍박이 많고 수고가 있지만 우리에게 약속된 새 하늘과 새 땅을 보니 큰 위로가 됩니다. 우리 주님의 약속대로 세상에 다시 오시면 반드시 이 아름다운 천국에서 위로를 받으며 영원히 행복하게 살 것입니다.

요한복음 14장 1-4절을 보면, "너희는 마음에 근심하지 말라 하나님을 믿으니 또 나를 믿으라 내 아버지 집에 거할 곳이 많도다 그렇지 않으면 너희에게 일렀으리라 내가 너희를 위하여 거처를 예비하러 가노니 가서 너희를 위하여 거처를 예비하면 내가 다시 와서 너희를 내게로 영접하여 나 있는 곳에 너희도 있게 하리라 내가 어디로 가는지 그 길을 너희가 아느니라"고 하였습니다.

승천하실 예수님은 우리가 있을 아버지의 집에 거할 처소를 예비하러 가신다고 하셨고, 그 처소를 예비하면 다시 오시겠다고 약속하셨습니다.

우리가 가야 할 소망인 본향은 준비되어 있습니다. 우리는 감사할 뿐입니다.

52 성례의 의미를
바르게 알고 실천하자

"내가 너희에게 전한 것은 주께 받은 것이니 곧 주 예수께서 잡히시던 밤에 떡을 가지사 축사하시고 떼어 이르시되 이것은 너희를 위하는 내 몸이니 이것을 행하여 나를 기념하라 하시고 식후에 또한 그와 같이 잔을 가지시고 이르시되 이 잔은 내 피로 세운 새 언약이니 이것을 행하여 마실 때마다 나를 기념하라 하셨으니 너희가 이 떡을 먹으며 이 잔을 마실 때마다 주의 죽으심을 그가 오실 때까지 전하는 것이니라 그러므로 누구든지 주의 떡이나 잔을 합당하지 않게 먹고 마시는 자는 주의 몸과 피에 대하여 죄를 짓는 것이니라 사람이 자기를 살피고 그 후에야 이 떡을 먹고 이 잔을 마실지니 주의 몸을 분별하지 못하고 먹고 마시는 자는 자기의 죄를 먹고 마시는 것이니라"(고전 11:23-29).

오늘은 성례주일로 예배를 드립니다. 성례는 세례와 성찬을 말합니다. 세례는 이미 초대교회에서 시행하였습니다. 그리스도인이 되는 인증이 되었고, 신앙고백에 의하여 회개하는 자가 죄를 씻는 은혜를 받는 증표가 되었습니다.

　신약의 교회는 세례를 받은 자들로 구성되었습니다. 그러므로 개개인에게 세례는 매우 중요한 일입니다. 또한 성찬식은 교회의 가장 중요한 예식 중의 하나입니다. 교회에 허락된 하나님의 은혜의 방편은 말씀과 성례와 기도입니다.

그중 하나가 성례입니다. 세례는 죄를 씻는 수단입니다. 성찬의 기원은 예수님께서 잡히시던 밤에 식탁에서 제자들에게 떡을 나누어 먹게 하시고 포도주를 마시게 하심으로 제정하신 것입니다.

성찬의 의미에는 많은 신학적 논란이 있습니다. 천주교에서는 화체설을 주장하여, 그들은 성찬식에서 먹고 마시는 떡과 포도주가 성도의 몸으로 들어갈 때에 그리스도의 살과 피로 변한다고 주장합니다.

루터파는 공재설을 주장하는데, 이것은 그리스도의 살과 피가 실제로 '요소 안에', '요소와 함께', '요소 속에' 존재한다는 것입니다. 그들의 주장은 옳지 않은 주장입니다. 또한 성경적인 주장은 예수님의 죽음을 기념하는 기념설과 영적으로 임재한다는 영적 임재설이 있습니다.

본문 26절을 보면, "너희가 이 떡을 먹으며 이 잔을 마실 때마다 주의 죽으심을 그가 오실 때까지 전하는 것이니라"고 하였습니다. 성찬에 참여하는 성도는 그 의미를 올바르게 알고 믿음으로 떡과 잔을 합당하게 먹고 마셔야 하겠습니다.

만약 성찬에 참여하는 자가 성찬의 의미를 모르고 먹고 마신다면 이것은 주의 몸과 피를 범하는 죄가 됩니다. 우리는 이 성찬식에 올바른 태도로 참여해야 하겠습니다.

성찬은 예수 그리스도의 죽으심을 오실 때까지 기념하는 것입니다

우리는 그리스도의 십자가 죽음을 회상해야 합니다. 예수님께서 잡히시던 밤에 먹게 한 떡은 우리의 대속을 위한 찢기신 몸이며, 마시게 한 잔은 우리의 구속을 위한 십자가에서 흘리신 피라고 하셨습니다. 이 사실을 우리는 '나의 죄를 대속하시고 구속하심'을 깨달아 확신하며 기억해야 합니다.

성도는 그리스도의 고난과 죽음이 우리 자신의 죄 때문임을 깊이 자각해야 합니다. 예수님은 십자가에 달려 자신의 육체가 찢기시고 고귀한 피를 한 방울도 남김없이 모두 쏟으셔서 우리의 죄를 대속하신 것입니다. 그것은 나의 죄 때문이라는 것입니다.

성도는 그리스도께서 나를 위하여 고난을 받으셨다는 사실을 믿고 시인해야 합니다. 예수님의 고난의 죽으심은 한 사람이 죽음으로 많은 사람이 구원을 얻는다는 사실을 이루신 것입니다.

성도는 그리스도와 영적으로 연합되어 한 몸을 이룬 성도 상호 간의 아름다운 교제와 사랑을 나누게 된 것을 확신해야 합니다. 성도들은 그리스도와의 신비로운 연합으로 한 몸 된 교회를 이루게 된 것을 알고 진정한 교회를 이루어야 하겠습니다.

또한 마지막 날 재림하신 주님께서 베푸실 천국 잔치를 회상해야 합니다. 요한계시록 19장 7-9절을 보면, "우리가 즐거워하고 크게 기뻐하며 그에게 영광을 돌리세 어린 양의 혼인 기약이 이르렀고 그의 아내가 자신을 준비하였으므로 그에게 빛나고 깨끗한 세마포 옷을 입도록 허락하셨으니 이 세마포 옷은 성도들의 옳은 행실이로다 하더라 천사가 내게 말하기를 기록하라 어린 양의 혼인 잔치에 청함을 받은 자들은 복이 있도다"라고 하였습니다.

그리고 성찬에 임하는 성도는 떡을 먹으며 포도주를 마실 때에 주님이 영적으로 우리에게 임하신다는 것을 확신해야 합니다.

우리 자신의 신앙을 점검한 후에 성찬에 참여해야 합니다

자신이 성찬에 참여하기에 합당한가를 살펴야 합니다. 본문 27절에 "그러므로 누구든지 주의 떡이나 잔을 합당하지 않게 먹고 마시는 자는 주의 몸과 피에 대하여 죄를 짓는 것이니라"고 하였습니다.

'합당하지 않게'라는 뜻은 성찬의 의미를 바르게 깨닫지 못하는 경우로 예수님의 죽음에 대하여 생각하지도 않고, 그를 경외하지도 않으며, 다른 사람을 사랑하지도 않고, 죄인을 구원하신 그리스도의 고난에 대해 기억함과 감사함이 없이 참여하는 것입니다. 이러한 자는 주의 몸과 피를 범하는 죄가 있다고 하였습니다.

또한 본문 28절에 "사람이 자기를 살피고 그 후에야 이 떡을 먹고 이 잔을 마실지니"라고 하였습니다. 성찬에 참여할 수 있는지 자신의 신앙상태를 스스로 돌이켜 살펴보아야 한다는 것입니다. 먼저 자신을 살펴보아야 합니다. 이는 그리스도의 고난에 대해 감사함으로 기념하며 고난에 동참하기를 원하는지 스스로 살펴야 함을 의미합니다.

본문 29절에는 "주의 몸을 분별하지 못하고 먹고 마시는 자는 자기의 죄를 먹고 마시는 것이니라"고 합니다. 우리는 성찬의 가치와 의미를 바르게 인식해야 합니다. 회개가 뒤따르지 않는다면 일시적인 징계가 있습니다.

요한일서 1장 9절을 보면, "만일 우리가 우리 죄를 자백하면 그는 미쁘시고 의로우사 우리 죄를 사하시며 우리를 모든 불의에서 깨끗하게 하실 것이요"라고 하였습니다.

"진실로 진실로 너희에게 이르노니 믿는 자는 영생을 가졌나니 내가 곧 생명의 떡이니라 너희 조상들은 광야에서 만나를 먹었어도 죽었거니와 이는 하늘에서 내려오는 떡이니 사람으로 하여금 먹고 죽지 아니하게 하는 것이니라 나는 하늘에서 내려온 살아 있는 떡이니 사람이 이 떡을 먹으면 영생하리라 내가 줄 떡은 곧 세상의 생명을 위한 내 살이니라 하시니라 그러므로 유대인들이 서로 다투어 이르되 이 사람이 어찌 능히 자기 살을 우리에게 주어 먹게 하겠느냐 예수께서 이르시되 내가 진실로 진실로 너희에게 이르노니 인자의 살을 먹지 아니하고 인자의 피를 마시지 아니하면 너희 속에 생명이 없느니라 내 살을 먹고 내 피를 마시는 자는 영생을 가졌고 마지막 날에 내가 그를 다시 살리리니 내 살은 참된 양식이요 내 피는 참된 음료로다 내 살을 먹고 내 피를 마시는 자는 내 안에 거하고 나도 그의 안에 거하나니 살아 계신 아버지께서 나를 보내시매 내가 아버지로 말미암아 사는 것같이 나를 먹는 그 사람도 나로 말미암아 살리라 이것은 하늘에서 내려온 떡이니 조상들이 먹고도 죽은 그것과 같지 아니하여 이 떡을 먹는 자는 영원히 살리라"(요 6:47-58).

우리 성도들은 예수 그리스도의 십자가 공로에 의지하여 성찬에 참여해야 합니다.

53 큰 기쁨의 좋은 소식

"그 지역에 목자들이 밤에 밖에서 자기 양 떼를 지키더니 주의 사자가 곁에 서고 주의 영광이 그들을 두루 비추매 크게 무서워하는지라 천사가 이르되 무서워하지 말라 보라 내가 온 백성에게 미칠 큰 기쁨의 좋은 소식을 너희에게 전하노라 오늘 다윗의 동네에 너희를 위하여 구주가 나셨으니 곧 그리스도 주시니라 너희가 가서 강보에 싸여 구유에 뉘어 있는 아기를 보리니 이것이 너희에게 표적이니라 하더니 홀연히 수많은 천군이 그 천사들과 함께 하나님을 찬송하여 이르되 지극히 높은 곳에서는 하나님께 영광이요 땅에서는 하나님이 기뻐하신 사람들 중에 평화로다 하니라"(눅 2:8-14).

본문을 보면 양 떼를 지키던 목자들이 주의 영광이 두루 비치므로 무서워하고 있는데 천사가 나타나 "무서워하지 말라 보라 내가 온 백성에게 미칠 큰 기쁨의 좋은 소식을 너희에게 전하노라 오늘 다윗의 동네에 너희를 위하여 구주가 나셨으니 곧 그리스도 주시니라"고 하였습니다.

천사들이 백성들에게 미칠 큰 기쁨의 좋은 소식을 전한다고 하였습니다. 그것은 다윗의 동네에 하나님의 백성들을 위하여 구주가 나셨다는 것입니다. 이 구주는 그리스도 주라고 하였습니다.

오늘날 영적 이스라엘 백성인 우리 성도들에게도 이것은 큰 기쁨의 좋은 소식입니다. 어떠한 소식이기에 그토록 큰 기쁨의 좋은 소식인지 잘 살펴봅시다. 그 의미를 다 살펴 헤아릴 수 없지만 성령께서 도와주시고 인도하여 주실 것을 확신합니다.

구약 예언의 성취로 오실 큰 기쁨의 좋은 소식을 천사들이 전한 것입니다

구약은 메시아 곧 그리스도가 구원할 자로 오실 것을 예언하고 있습니다.

여인의 후손으로 태어남 - 창 3:15; 갈 4:4
베들레헴에서 탄생 - 미 5:2; 마 2:1
탄생의 시각 - 단 9:25; 눅 2:1-2
동정녀 탄생 - 사 7:14; 마 1:18

이 예언된 메시아이신 구주가 세상에 탄생하실 것을 전하는 것이기에 큰 기쁨의 좋은 소식인 것입니다. 세상의 어느 누가 자기 탄생을 미리 예언하고 그 성취로 태어난 사람이 있습니까? 오직 예수 그리스도밖에는 없습니다.

예수님의 탄생이 큰 기쁨의 좋은 소식인 것은 그리스도요, 구속주로 오시기 때문입니다

본문 11절에 "오늘 다윗의 동네에 너희를 위하여 구주가 나셨으니 곧 그리스도 주시니라"고 하였습니다. 육신을 입고 오신 예수님은 구주이신 그리스도 주로 오신 것입니다. 그분은 세상이 죄로 인하여 하나님이 주시는 아름다움을 상실하게 되었는데 그 상실한 것을 회복하시는 분이십니다. 세상에 죄가 있게 만든 인간이지만 구원계획에 따라 자기 백성인 성도들을 그 죄에서 구원하시기 위하여 오신 분이십니다. 이러한 일로 오신 주 예수 그리스도는 큰 기쁨의 좋은 소식이 되십니다.

예수님의 탄생이 큰 기쁨의 좋은 소식인 것은 그리스도는 죄의 결과인 사망을 대신하여 영생을 얻게 하시기 때문입니다

요한복음 20장 31절에 "오직 이것을 기록함은 너희로 예수께서 하나님의 아들 그리스도이심을 믿게 하려 함이요 또 너희로 믿고 그 이름을 힘입어 생명을 얻게 하려 함이니라"고 하였습니다.

세상에 오신 예수님께서 요한복음 5장 24절에 "내가 진실로 진실로 너희에게 이르노니 내 말을 듣고 또 나 보내신 이를 믿는 자는 영생을 얻었고 심판에 이르지 아니하나니 사망에서 생명으로 옮겼느니라"고 하셨습니다.

이 생명은 성도 된 우리를 영생에 이르도록 하십니다. 예수 그리스도는 죄의 결과인 저주의 사망에서 생명을 얻어 영생을 얻게 하셨습니다. 이 일이 우리에게 은혜입니다. 이 은혜는 매우 큰 것입니다. 우리에게는 큰 기쁨의 좋은 소식입니다.

예수님의 탄생이 큰 기쁨의 좋은 소식인 것은 그리스도를 통해 죄의 결과인 비참한 죄악에서 의와 선을 이룰 나라를 회복하시기 때문

입니다

　현존하는 이 세상은 죄악이 관영함으로 비참한 죄악이 나타나 인생을 괴롭히고 있습니다. 예수님은 이러한 세상을 구원하시려고 오신 것입니다.

　이 세상은 어둡습니다. 죄로 가득 차 있기 때문입니다. 죄악으로 어두워진 세상은 괴로움과 슬픔으로 가득 찰 수밖에 없는 비참한 현상들이 계속되고 있습니다.

　사람에게 고통과 불행한 일들이 일어나고 있습니다. 예수 그리스도는 이러한 비참한 죄악을 해결해 주시고 의와 선한 주님의 나라를 회복하여 빛의 나라를 만드신 것입니다.

예수님의 탄생이 큰 기쁨의 좋은 소식인 것은 그리스도께서 평화의 왕, 평강의 왕으로 오시기 때문입니다

　평화와 평강은 인생에게 최대의 행복인 기쁨을 풍성히 얻게 합니다. 예수님은 구원의 완성을 이루시고 부활하셔서 먼저 따르는 자들을 만나 "너희에게 평강이 있을지어다"라고 축복해 주셨습니다.

　예수님은 죄의 비참한 불안과 공포에서 진정한 평안을 주셨습니다. 우리에게 소망이 있게 하신 것입니다. 예수 그리스도는 평화의 왕이요, 평강의 왕으로 오신 분입니다. 하나님의 나라는 평화의 나라이기에 기쁨이 충만할 것입니다.

　예수님이 세상에 오신다는 것은 큰 기쁨의 좋은 소식이 아닐 수 없습니다. 본문 12-14절에 "너희가 가서 강보에 싸여 구유에 뉘어 있는 아기를 보리니 이것이 너희에게 표적이니라 하더니 홀연히 수많은 천군이 그 천사들과 함께 하나님을 찬송하여 이르되 지극히 높은 곳에서는 하나님께 영광이요 땅에서는 하나님이 기뻐하신 사람들 중에 평화로다 하니라"고 하였습니다.

　우리는 강보에 싸여 구유에 누이신 아기 예수님을 믿음으로 보았습니다. 이 사실이 '큰 기쁨의 좋은 소식'임을 확증하는 표적입니다. 우리는 이 사실을 믿습니다. 우리도 천군 천사와 함께 찬송하며 지극히 높은 곳에서는 하나님께 영광이요, 땅에서는 기뻐하심을 입은 우리 중에 평화임을 선포합시다.

　그리고 이 평화를 마음껏 누림으로 하나님이 주시는 진정한 기쁨이 충만한 생활을 합시다.

54 진정한 성도의 성공적 생활

• • •

"들으라 너희 중에 말하기를 오늘이나 내일이나 우리가 어떤 도시에 가서 거기서 일 년을 머물며 장사하여 이익을 보리라 하는 자들아 내일 일을 너희가 알지 못하는도다 너희 생명이 무엇이냐 너희는 잠깐 보이다가 없어지는 안개니라 너희가 도리어 말하기를 주의 뜻이면 우리가 살기도 하고 이것이나 저것을 하리라 할 것이거늘 이제도 너희가 허탄한 자랑을 하니 그러한 자랑은 다 악한 것이라 그러므로 사람이 선을 행할 줄 알고도 행하지 아니하면 죄니라"(약 4:13-17).

• • •

사람은 불멸의 존재입니다. 하나님의 창조에 의하여 세상에 태어난 사람은 한 번 태어나면 없어지지 않고 영원히 존재할 것입니다. 개인의 탄생은 영원을 향한 출발입니다. 사람은 영원한 존재입니다. 하나님을 경외하는 우리는 하나님의 말씀을 따라 영원한 존재인 줄 알고 하나님 앞에서 사는 자들이 되어야 하겠습니다.

이 세상은 영원한 인간의 생애에서 하루아침에 있다가 없어지는 안개와 같은 것입니다. 이 세상에서의 개개인의 삶은 탄생에서 죽음까지이며, 또한 이 세상의 존재는 창조에서 역사의 종말까지 유한한 시간입니다. 성도 된 우리는 이 세상에서의 생활만 생각해서는 안 됩니다. 우리에게는 영원한 세계가 있습니다. 우리는 영원한 세계 속에서의 성공적인 생활을 발견하고 그 생활로 하나님께 영광을 돌려야 할 것입니다.

진정한 성도의 성공적인 생활은 유한하고 불확실한 이 세상에서의 삶이 아닙니다. 이 세상의 삶은 육신을 좇아 사는 허탄하고 허무한 정욕적인 자기중심적인 것으로, 마침내는 영원한 멸망을 초래하는 것입니다.

우리는 이 사실을 깨닫고 하나님의 뜻에 합당한 삶이 최고인 줄을 알고, 현재에 하나님이 주신 삶에 자족하고 감사하며 미래를 준비하는 생활에 최선을 다하여야 하겠습니다. 자족의 생활은 현실을 긍정적으로 받아들이는 것입니다. 사람들 중에는 현실을 긍정적으로 받아들이지 못하고 비현실적인 욕망에 사로잡혀 우울증에 빠져 고민하는 경우가 많습니다.

네덜란드의 베아트릭스 여왕이 여왕의 자리에 오르는 기쁜 날, 암스베르크 공은 우울증에 걸려 정신병원에 입원했습니다. 아내가 여왕이 되자, 남편인 암스베르크 공은 어깨가 축 늘어지고, 발을 질질 끌면서 침을 흘리는 괴상한 증상이 나타난 것입니다. 결국 정신병원에 갇혀 자살 방지 치료를 받으면서 우울한 나날을 보내야 했습니다. 자기가 처한 현실을 긍정적으로 받아들이는 자족의 정신을 갖추지 못했기 때문에 정신병자가 되고 말았던 것입니다.

삶의 성공과 실패는 빈부나 귀천에 따라 정해지는 것이 아닙니다. 어떤 처지에서라도 자족할 수 있다면 그것이 바로 성공이며 승리라고 말할 수 있습니다. 주어진 환경을 긍정적으로 받아들이면서 그 환경을 통해서 하나님의 뜻을 이루고자 하는 적극적인 삶의 자세가 필요합니다.

야고보는 본문 13-14절에서 "들으라 너희 중에 말하기를 오늘이나 내일이나 우리가 어떤 도시에 가서 거기서 일 년을 머물며 장사하여 이익을 보리라 하는 자들아 내일 일을 너희가 알지 못하는도다 너희 생명이 무엇이냐 너희는 잠깐 보이다가 없어지는 안개니라"고 하였습니다.

이 말씀에서 "너희 생명이 무엇이냐?"라고 하는 것은 '너의 생명이 무엇을 위하여 존재하는가?'라는 의미입니다. 이 말씀은 당시 상인들의 생활 관념과 태도를 꼬집어, 자신의 이익에만 집착하고 하나님의 뜻을 무시하는 상인들의 어리석고 고집스러운 교만을 지적하고 있습니다.

본문은 하나님의 손길을 무시한 채 자기 이익에만 눈이 먼 자들의 삶을 경고하고 있습니다. 아무리 짙은 안개라도 태양이 떠오르면 사라져 버림과 같이 인간의 생명이 덧없고 짧다는 점을 들어 헛된 인간의 욕망에 집착하여 확신하는 자들의 모든 생각과 행위가 헛된 것을 교훈하고 있습니다.

인간은 영원한 존재임을 망각하고 유한한 세상에서의 삶을 계획하고 자랑하는 것이 헛된 것임을 깨달아 알 때 성공적인 삶을 살 수 있습니다

잠언 27장 1절에 "너는 내일 일을 자랑하지 말라 하루 동안에 무슨 일이 일어날는지 네가 알 수 없음이니라"고 교훈하고 있습니다.

본문에서도 "내일 일을 너희가 알지 못하는도다"라고 하였습니다.

잠깐 머무는 세상의 모든 것이 헛되고 허무한 것을 깨닫고, 현재의 일이 아닌 미래의 영원한 세계를 생각하며 소망 중에 하나님의 뜻에 합당한 지혜 있는 생활을 해야 합니다.

마태복음 6장 33-34절을 보면, "너희는 먼저 그의 나라와 그의 의를 구하라 그리하면 이 모든 것을 너희에게 더하시리라 그러므로 내일 일을 위하여 염려하지 말라 내일 일은 내일이 염려할 것이요 한 날의 괴로움은 그날로 족하니라"고 하였습니다.

우리는 현재의 삶의 우선순위를 따라 먼저 하나님의 나라와 그 나라의 백성으로 의의 생활을 이루어야 하겠습니다.

'인생의 생명이 무엇을 위하여 존재하는가?'라는 물음에 올바른 대답을 할 수 있는 사람이 성공적인 삶을 살 수 있습니다

사람은 하나님으로부터 세상에 왔고, 하나님으로 말미암아 살고, 마침내는 하나님께로 돌아가는 존재입니다(롬 11:36). 우리는 하나님을 위하여 사는 존재입니다. 이 삶이 성공적인 생활입니다.

톨스토이의 우화에 나오는 이야기입니다. 물고기들이 사람들의 대화를 엿들었습니다. 사람들은 세상에서 가장 중요한 것이 '물'이라고 했습니다. 물고기들은 그토록 중요한 '물'이 어떤 것인지 궁금했습니다. 그래서 늙은 물고기를 찾아가 물었더니 "우리가 지금 물속에서 살고 있다. 물은 곧 생명이다. 우리 몸은 항상 물에 적시어 있으며, 날마다 그 속에서 산다. 그러나 우리는 느끼지 못하고 있다"라고 대답했습니다.

인간도 마찬가지입니다. 절대자의 사랑 속에서 호흡하면서도 그 사랑을 모르고 살아갑니다. 성도 된 우리 모두 하나님의 사랑

속에서 호흡하며 살고 있습니다. 우리는 하나님의 사랑 안에서 살아야 하는 생명을 가지고 있습니다.

성도들은 영원한 세계를 바라보고 주의 재림을 바라보면서, 하나님의 뜻에 합당한 생활을 행하고 미래를 준비하며 살아야 합니다

고린도전서 10장 31절에 "그런즉 너희가 먹든지 마시든지 무엇을 하든지 다 하나님의 영광을 위하여 하라"고 하였습니다.

골로새서 3장 1-4절에 "그러므로 너희가 그리스도와 함께 다시 살리심을 받았으면 위의 것을 찾으라 거기는 그리스도께서 하나님 우편에 앉아 계시느니라 위의 것을 생각하고 땅의 것을 생각하지 말라 이는 너희가 죽었고 너희 생명이 그리스도와 함께 하나님 안에 감추어졌음이라 우리 생명이신 그리스도께서 나타나실 그때에 너희도 그와 함께 영광 중에 나타나리라"고 하였습니다.

성도의 영광된 삶은 하나님의 뜻에 따라 합당한 생활을 하며, 미래에 대한 하나님의 약속을 믿고 사는 성공적인 생활입니다. 우리의 소망은 영원한 하나님의 나라에 있음을 확신하며 소망 중에 살아야 합니다.

부록

사랑이 실천되는 교회

소명의 동력, 목회철학

나의 목회철학은 '사랑'(ἀγάπη)이다. 목회자가 되면 이 철학을 실천하겠다고 다짐했다. 이 사랑은 인간의 본성에 주어진 인간의 사랑(φιλέω)이 아니다. 이 사랑은 하나님이 소유하신 것으로, 택하신 자기 백성에게 베푸신 특별한 은총이다.

하나님의 특별 은총인 사랑은 창세 전에 택하신 자기 백성에게 주신 구속의 은혜로 표현하셨다. 이 구속의 은혜는 복음으로 말미암아 주어지게 되며, 이 복음은 곧 예수 그리스도이시다. "하나님이 세상을 이처럼 사랑하사 독생자를 주셨으니 이는 그를 믿는 자마다 멸망하지 않고 영생을 얻게 하려 하심이라"(요 3:16)고 하셨다. 이 말씀에서 '사랑하사'(ἀγαπάω)라고 표현된 것이 바로 하나님이 우리를 사랑하신 그 사랑(ἀγάπη)이다.

그 사랑을 더 설명하면, 예수님께서 "요한의 아들 시몬아 네가 이 사람들보다 나를 더 사랑하느냐(ἀγαπᾷς)"라고 물으셨던 '사랑'이다. "요한의 아들 시몬아 네가 나를 사랑하느냐"라고 두 번째 물으셨던 '사랑' 역시 같은 사랑이다. 이것이 하나님의 사랑이다. 그러나 베드로는 인간으로서는 할 수 없는 사랑의 요구이기에 인간적인 자기 사랑(φιλέω)으로 "주님을 사랑하는 줄 주께서 아시나이다"라고 대답했다. 베드로는 계속된 예수님의 물음에 자기 사랑으로 대답한 것이다. 예수님은 이런 베드로의 마음을 아시고 세 번째는 "네가 나를 사랑(φιλεῖς)하느냐"라고 물으셨다. 그때 베드로는 "주님 모든 것을 아시오매 내가 주님을 사랑하는(φιλῶ) 줄을 주님께서 아시나이다"라고 대답한 것이다. 예수님이 시몬 베드로에게 이 질문을 하신 것은 "내 양을 치라, 먹이라"는 소명을 주시기 위함이었다(요 21:15-17).

하나님은 필자에게도 목회를 위한 소명을 주셨다. 내가 행할 일이 주어진 것이다. 주께서 허락하신 소명을 감당하기 위해서는 목회철학이 필요했다.

하나님이 주신 확신, '사랑'(ἀγάπη)

나의 목회철학은 필로우가 아니라 아가페이다. 하나님이 우리를 먼저 사랑하셨던 그 사랑이다. 오순절 성령 강림 이전에는 사람이 아가페는 할 수 없고, 필로우만 할 수 있었다. 그러나 강림 이후에는 그리스도 안에 있는 자들은 아가페를 실천할 수 있는 은혜를 누리게 되었다. 신약의 성도는 새롭게 거듭난 피조물이 된 우리 안에 거하신 성령으로 좇아 행할 때 아가페를 생활의 열매로 맺을 수 있게 된 것이다.

예수님이 오늘 필자에게 "네가 나를 사랑하느냐"라고 물으신다면 "나는 할 수 없지만 내게 보내주신 성령의 지배를 받으며 인도함을 받을 때 행할 수 있나이다"라고 대답할 수 있다.

필자는 하나님이 목회소명을 주시고 동시에 지혜를 더하여 목회철학인 '사랑'(ἀγάπη)을 주신 것을 확신하며 오직 감사할 뿐이다. 이 사랑을 실천할 수 없다면 필자의 목회는 실패할 수밖에 없을 것이다. 필자에게는 이 철학의 실천이 가능하기에 하나님은 목회의 핵심인 철학을 사랑으로 결정하게 하신 것이다. 이에 소명과 목회철학을 하나님이 주신 것으로 믿으며 주어진 목회사역에 실천하기로 결심하였다.

사도 요한은 요한일서 4장 7절에서 "사랑하는 자들아 우리가 서로 사랑하자 사랑은 하나님께 속한 것이니 사랑하는 자마다 하나님으로부터 나서 하나님을 알고"라고 했다. 여기에 표현된 사랑이 아가페이다. 하나님의 택하심을 받은 백성들은 하나님의 사랑의 대상이며, 그 사랑으로 부르심을 받아 거듭남으로 새로운 피조물로 변화를 받게 된다.

하나님은 신약교회의 성도들을 하나님의 사랑의 대상으로, 하나님 나라의 백성으로 살게 하신다. 목회사역은 지상의 교회에서 실시하게 된다. 하나님이 필자에게 목회의 소명을 주셨다면, 반드시 하나님의 양들을 보내주셔서 주어진 목회사역을 감당하도록 도와주실 것이다. 그러한 성령의 도우심으로 목회생활을 하게 하실 줄로 믿는다.

개척, 소명의 길

목회 이전에는 수학을 가르치는 교사였다. 그러한 생활에서 목회의 길을 택한다는 것이 쉬운 일은 아니었다. 그러나

하나님은 목회의 길을 가도록 주변 환경을 변화시켜 그 길로 인도하셨다.

목사 안수 전에는 신학교 재학 중에 부안 신흥교회에서 목회를 하며 전서고등성경학교 교사로서 맡겨진 일을 감당했다. 전북 부안읍교회의 당회장 문홍길 목사의 추천을 받아 대한예수교장로회(합동) 전서노회 목사후보생 고시에 합격하고 총신대학교 신학대학원에 입학하였다. 졸업 후에는 총회 강도사고시와 전서노회의 목사고시에 합격하여 노회 절차를 따라 1982년 10월 5일에 안수를 받아 목사가 되었다. 소명이 늦은지라 40세가 지난 후에 안수를 받고 목회를 시작하게 된 것이다.

주어진 목회철학은 항상 마음에 새겨져 있었고, 주어진 목회소명이 있었기에 하나님이 항상 함께하실 것을 확신하고 있었다. 이제 목사가 되었으니 교회를 하나 개척하여 지상에 남겨 놓고 하늘로 부르심을 받고 싶은 마음이 있었다. 세상에서 주어진 물질 등은 아무것도 없었다. 그러나 개척하려는 마음은 변함이 없었다. 이러한 중에 개척지를 대전으로 정하였다. 연고는 거의 없었다.

　하나님은 여호와 이레로 고등학교 시절에 가르쳤던 제자가 대전에서 선교원 교사로 일하도록 준비해 두셨다. 그래서 대전을 방문하여 그를 만나 보았다. 그와 의논한 결과 선교원 장소를 교회 예배당으로 사용할 수 있도록 자모회의 허락을 받게 되었다. 그런데 건물 주인이 그 장소를 교회로 사용할 수 없다고 하여 어려움이 시작되었다. 그러나 개척은 나에게 주어진 사역의 시작이므로 계속 진행하였다. 성경과 찬송가만 들고 대전으로 가서 개척을 시작하게 된 것이다.

　목사 안수를 받고 1982년 10월 10일 주일에 선교원 교사가 사는 작은 방을 기도처로 삼고 5명이 예배를 드렸다. 가족은 함께 올 수 없었다. 가족이 옮길 만한 집을 마련할 수 없었기 때문이다. 모든 과정을 통해 하나님의 소명에 의하여 목사가 되었음을 깨닫게 되었고, 이 소명에 따라 지상에 주님의 교회를 세우게 되었다. 하나님이 함께하시는 흔적을 따라 잘 진행되었다. 장소는 20평 정도의 지하실로 보증금도 없이 매월 5만 원의 월세로 시작하였고, 복음을 전하는 중 1983년 3월 10

일에 대전노회의 허락을 받아 태평제일교회를 설립하였다.

교회를 설립하기까지 하나님은 필자를 사랑하셨고, 그 사랑을 실천하는 사랑(ἀγάπη)의 교회를 이루게 하신 것이다. 이 교회는 계속 목회철학을 실시하는 일을 통해 오늘까지 도우시는 에벤에셀의 하나님 되심을 확신하게 되었다. 또한 하나님께서는 여호와 이레로 내일의 미래를 준비해 주셨다. 예배장소의 월세는 매월 8만 원, 10만 원으로 올랐고 그 과정을 지나 하나님의 은혜로 1천만 원 전세로 2층에 위치한 34평짜리 장소로 옮기게 되었다. 그 후에 적당한 장소가 없어서 2층 슬래브를 빌려 60여 평의 조립식 건물을 건축하여 진행하여 오던 중에 대전광역시 중구 유등천동로 566(태평동) 대지 200여 평을 구입하였다. 그 후 3년 뒤에 평면 100평 2층 철골조 건물을 건축하여 오늘에 이르기까지 예배당으로 사용하게 되었다. 모든 것이 하나님이 함께하시는 흔적뿐이다. 그래서 이 모든 것이 간증이 된다.

사랑의 에클레시아(ἐκκλησία)

우리 교회는 필자의 목회철학을 실천하며 맡은 일에 최선을 다하였다. 성도는 사랑하는 가족과 같이 천국의 모형을 이루고 있다. 4명의 장로가 장립되었는데 이분들은 모두 필자에게 세례를 받아 성장하여 장로가 된 것이다. 그리고 성도는 3대를 이루어 가며 아름다운 사랑의 공동체인 교회를 이루고 있다. 요즈음은 열 가정에서 손자, 손녀들을 낳아 웃음바다를 이루고 있다.

개척 이후 32년간 진행된 목회철학인 '사랑'으로 형성되는 에클레시아를 이루어 온 것이다. 사랑이 실천되는 교회에는 하나님이 주시는 믿음이 있고, 그 믿음은 소망을 갖게 한다. 참 행복하다.

우리 교회에는 복음인 예수 그리스도를 통한 자유를 얻어 그 자유 속에 성령의 인도하심을 따라 말씀에 순종하는 아름다운 생활이 있다. 목회철학은 하나님 중심, 하나님의 말씀 중심, 교회 중심의 교회를 이루게 하였다. 이 목회철학을 계속 실천할 것이다.

　또한 목사가 된 후 말씀의 지혜와 지식의 은사를 구하여 이 은사로 인해 신학교 사역을 하였다. 서울 홍은동에 있는 대한예수교장로회 총회신학교에서 강의를 하였고, 대전신학연구원 원장과 경기신학교, 바울신학교, 대전대한신학교 및 혜천대학 등에서 강의를 하였다. 또한 동경에 있는 일본선교신학교 교수 및 후원이사로 일하였고, 중국교회 지도자들을 대상으로 목단강, 하얼빈, 심양, 청도, 제남, 항주 등에서 강의를 했다.

　대전에서 서울 홍은동에 있는 총회신학교를 20여 년 이상 올라다니며 강의했으며 결강도 거의 없었다. 총회합동으로 신학교에 변화가 있어 마침내 홍은개혁신학연구원이 되어 이 신학교의 총장으로 일하게 되었다. 그리고 기독교 언론계에서는 합동보수 측 총회신문인 〈기독민보〉와 개혁 측 〈총회개혁신문〉의 논설위원과 〈대전기독교소식〉의 편집자문위원으로 일하기도 하였다. 이 모든 사역에 있어 목회철학의 영향을 받아 맡은 일에 최선을 다했다.

　필자는 주경신학, 역사신학, 교의(조직)신학, 실천신학 중에서 교의신학을 전공하였고, 1989년 2월에 트라이스테이트 신학교(Tri-state Theological Seminary in USA)에서 조직신학을 전공함으로 철학박사 학위를 받았다. 목사로 부르신 하나님의 은혜를 따라 이 땅에 주님의 교회를 개척할 수 있었고, 신학교 사역을 비롯한 여러 모습으로 일할 수 있었다.

나의 목회철학은 '사랑'이다. 이 철학은 성령의 열매이다. 이 사랑은 하나님의 사랑으로만 가능하며, 인간 자신의 행동으로는 실천할 수 없는 것이다. 이 사랑은 하나님의 은혜로 거듭난 성도만이 실천할 수 있는 덕목이다. 사랑은 하나님의 율법의 대강령이며, 하나님 법의 완성이다. 이 사랑이 실천되는 교회는 진정한 교회가 틀림없다.

SFC 학생 시절, 〈월간목회〉 편집 겸 발행인 박종구 목사와 함께 진리를 지켜 보겠다고 힘썼던 기억이 난다. 남다르게 문학을 좋아했던 친구의 모습이 떠오른다. 주어진 은사를 잘 활용하여 목회자들을 향한 열정으로 일하는 친구의 모습을 보며 감사하고, 좋은 친구로 남아 있다는 것이 행복하다.

영혼의 양식 생명의 말씀

1판 1쇄 인쇄 _ 2015년 12월 20일
1판 1쇄 발행 _ 2015년 12월 30일

지은이 _ 이무홍
펴낸이 _ 이형규
펴낸곳 _ 쿰란출판사

주소 _ 서울특별시 종로구 이화장길 6
편집부 _ 745-1007, 745-1301~2, 747-1212, 743-1300
영업부 _ 747-1004, FAX 745-8490
본사평생전화번호 _ 0502-756-1004ㅈ
홈페이지 _ http://www.qumran.co.kr
E-mail _ qrbooks@gmail.com /qrbooks@daum.net
한글인터넷주소 _ 쿰란, 쿰란출판사
등록 _ 제1-670호(1988.2.27)
책임교열 _ 김영미, 박은아

ⓒ 이무홍 2015   ISBN 978-89-6562-832-3 93230

책값은 뒤표지에 있습니다.
이 출판물은 저작권법에 의해 보호를 받는 저작물이므로 무단 복제할 수 없습니다.
파본(破本)은 구입처에서 교환해 드립니다.